文物鉴定系列教材

青铜器鉴定基础

FUNDAMENTALS OF BRONZE IDENTIFICATION

刘雄 编著

图书在版编目(CIP)数据

青铜器鉴定基础 / 刘雄编著. — 北京：北京大学出版社，2018.1
（文物鉴定系列教材）
ISBN 978-7-301-28930-3

Ⅰ.①青… Ⅱ.①刘… Ⅲ.①青铜器(考古)—鉴定—中国—高等学校—教材 Ⅳ.①K876.414

中国版本图书馆CIP数据核字(2017)第263137号

书　　　名	青铜器鉴定基础 QINGTONGQI JIANDING JICHU
著作责任者	刘　雄　编著
责任编辑	魏冬峰
标准书号	ISBN 978-7-301-28930-3
出版发行	北京大学出版社
地　　　址	北京市海淀区成府路 205 号　100871
网　　　址	http://www.pup.cn　　新浪微博：@北京大学出版社
电子信箱	zpup@pup.cn
电　　　话	邮购部 62752015　发行部 62750672　编辑部 62767349
印　刷　者	北京中科印刷有限公司
经　销　者	新华书店
	787 毫米×1092 毫米　16 开本　30.5印张　432千字 2018 年 1 月第1版　2020 年 8 月第 2 次印刷
定　　　价	220.00 元

未经许可，不得以任何方式复制或抄袭本书之部分或全部内容。
版权所有，侵权必究
举报电话：010-62752024　电子信箱：fd@pup.pku.edu.cn
图书如有印装质量问题，请与出版部联系，电话：010-62756370

前言 FOREWORD

一、建立科学的文物鉴定学科的必要性

1. 科学的文物鉴定是社会发展的需要

中国的文物鉴定,是一门古已有之的学问,它的发生与发展和我国的文物艺术品收藏热潮紧密相关。中国历史上曾经历过宋朝、明末清初、民国几次大的艺术品收藏热潮期,每一次收藏热潮的背后都掀起了一股仿古造假的浪潮,人们在对当世仿品的辨伪鉴定以及对文物真品的研究鉴赏的同时,客观上促进了文物艺术品鉴定与鉴赏这门学问的发展。改革开放以来,随着人民生活水平的日益提高和精神文化需求的日益增长,中国文物艺术品收藏爱好者队伍日益扩大,古代艺术品市场日益繁荣。当下的中国形成了历史上的又一次收藏浪潮,这次收藏浪潮在中国历史上是史无前例的。据中国收藏家协会统计,我国目前的收藏爱好者群体已超过8000万之众,数量惊人。随着人们对于古玩艺术品需求的剧烈增长,仿古艺术品越来越多地充斥于古代艺术品市场,而且做旧制假水平及仿真度越来越高,我国对文物鉴定这门学问的需求也前所未有地提高了。考古学者"十墓九空"的经验告诉我们,流散在世界各地被机构和个人收藏的占全国出土文物比例绝大多数的非科学考古发掘文物,失去了其地层学依据,同时也大大降低了其科学研究的价值。我们认为如果将质量和数量都不亚于考古发掘品的文物排除在科学研究之外,那么我国的文物研究是不完整的,我国悠久灿烂的历史文化甚至是大打折扣的。怎样将这些流散文物从浩如烟海的赝品中甄别出来以及怎样对文物做好鉴定研究工作,如何通过对文物的研究指导收藏家的实践行为,这都迫切地需要文物鉴定学这门古老的学问走向科学化。

中国的文物鉴定工作应该如何走向科学化以适应社会的需求？传统的口耳相传的经验的"眼学"如何能发挥更大的作用？这是我国的文物鉴定工作者所面临的十分重要的问题。党的政策将创意文化产业确定为将来国民经济支柱性产业，文物艺术品作为创意文化产品，如果不能解决辨伪鉴定的问题、不能澄清收藏市场上的种种混乱迹象的话，将严重地影响我国新时代经济发展的大局。

2. 科学的文物鉴定学科建设，是解决当前辨伪鉴定乱局的关键环节

因为文物鉴定学科发展的滞后，鉴定标准不统一，鉴定对象不明确，鉴定方法不一致，造成目前文物鉴定行业乱象丛生。那些与文物直接打交道的行家本应是辨伪鉴定的真正专家，但是他们一方面缺乏科学的理论体系作指导，常常在鉴定中失之片面；另一方面出于经济利益和经营生存的需求驱使，亦往往不能客观求真。这些先天的不足造成其并不能肩负文物辨伪鉴定的重大责任。而另一群与文物鉴定学科相关的历史学科或者考古学及博物馆学科的专家学者，在并不研究仿品及真伪区别的情况下越俎代庖，行使着文物鉴定学家的权利，造成错误百出的混乱局面。科学的文物鉴定学科的建立，将培养特定的科班人才，对文物及有真品诉求的仿古艺术品进行专门的科学研究，应用自身独特的研究方法论，做出本专业领域的科研成果。同时能在本学科的领域内用共同的专业术语进行对话和研究，得出比较客观实际并得到行业内部普遍认同的结论。这样，便能摒弃过去人人皆可自称文物鉴定专家的乱象，使文物鉴定有章可循、有理可据、有法可依。

3. 科学的文物鉴定学科建设是培养专业人才的迫切需求

自古以来，文物辨伪鉴定这门学问如同传统医学一般，以师徒相授的形式传承着古老的经验。然而这种行业内部传统的师徒相授的人才培养模式并不能满足社会对人才培养的需求。况且师徒相授、艺不外传也容易造

成故步自封和经验过时老套，不利于学术的发展和人才培养。

目前文物鉴定学科化的革命是自下而上的，基于国家和社会对于文物鉴定人才的大量需求，从21世纪初期以来，一些有市场意识的学校（全国约十几所）如首都师范大学、北京联合大学、南京艺术学院、北京北大资源研修学院、北京东方大学等在校内率先设置文物鉴定与保护的专业，我国部分高校开始自觉地适应社会发展潮流在历史学科、艺术学科等相关学科下，设置了文物鉴定专业方向。经过十余年的发展，目前来看，专业内部始终没有一部通论性的教材，文物鉴定的定义、研究范围、研究的方法论等基本理论问题也没有明确，文物鉴定也未能真正意义上成为一门科学。很多院校的学科负责人甚至在文物鉴定是什么的基本问题上都不统一，在培养目标与规格、培养模式、课程设置、教学大纲方面则更是千人千面了。

科学的文物鉴定学科建设有利于文物鉴定这门学问的传承和发展，也有利于人才的培养。

4. 科学的文物鉴定是学科自身发展的需要

文物鉴定专业作为一门大学开设的专业，其学科建设必须要及时地推进。传统的文物鉴定存在定义不明确、研究范围不清晰、研究方法不科学等弊端，严重阻碍了学科的进步与发展。科学的文物鉴定必须解决学科的基本理论和基本方法论等问题。在文物鉴定的实际操作过程中，离不开人对于现象的判断，由于判断的过程缺乏系统而严格的方法，以至于判断结果不可避免的有出入。方法的科学性决定了认识的科学性，带有很大争议的历史学之所以能成为一门科学，在于其本身有一套严密的方法和逻辑。文物鉴定应学习考古学，建立一套像《田野考古操作规程》一样的规程和制度。严格按照鉴定的规程和制度进行鉴定实践，最大限度地减少对现象判断的主观随意性，最后得出科学的鉴定报告。人们可以通过鉴定报告所体现出来的操作规程，分析造成鉴定结论出入的原因到底出现在何处，鉴定的哪个环节出现了差错。我们知道理科的实验一样会因为实验环境、材料和操作过程中的偏差而造成实验结果和结论的巨大差异，但这并不能说明实验本身的不科学。

笔者以为，在文物鉴定的理论与实践过程中，必须科学地规范我们的传统文物鉴定学，同时要重视前辈学人研究和总结的经验与成果，取其精华去其糟粕。通过认真的类比和分析，将建立在理性认识基础之上的真伪差别特征理论化、体系化，探求蕴含在真品与赝品之间的可知的、客观的、不可调和的根本矛盾，并阐述其原理。与此同时我们还应建立一套科学而严密的文物鉴定操作规程，使文物鉴定有规律可循，有程序可依，有道理可讲。唯有如此文物鉴定才能真正成为一门现代化的学问，成为大学教育中名副其实的一门科学。

二、建立科学的文物鉴定学科的可能性

1. 悠久的传统学问是文物鉴定学科的历史基础

据文献考证，文物鉴定这门学问早在东周时期就已经产生。乐正子春、孔子、韩非子分别成为有史记载的器物辨伪鉴定、定名鉴定和断代鉴定实践的突出者。到宋元时期，传统金石学的形成和发展，客观上对古器物进行了名称和用途的考释，对文物鉴定的发展起到了积极的促进作用，是我国古器物学研究的形成时期。南宋赵希鹄撰《洞天清录》，该书内容分为古琴辨、古砚辨、古钟鼎彝器辨、怪石辨、研屏辨、笔格辨、水滴翰墨真迹辨、古今石刻辨、古今纸花印色辨、古画辨，代表了宋代古器物辨伪学的较高水平。明清时期"古董学"兴起，曹昭的《格古要论》是明代存世最早的一部论述文物概述、名玩优劣、作伪手法和真伪鉴别的文物鉴赏专著。谷应泰的《博物要览》明确指出了清初已有人工染玉之法，并对作伪手法进行了揭秘。清乾隆敕撰《西清古鉴》《西清续鉴甲编》《西清续鉴乙编》《宁寿鉴古》四部书，收清宫藏商周至唐代铜器4000多件，是一部古玩综合性图录。民国时期随着又一次收藏热的兴起，以古玩行经验

为基础赵汝珍著《古玩指南》成为一部研究古玩这门学问的综合性著作。

我国历代以来对文物、古董、古玩的鉴定与鉴赏的学问和经验，在历代的文献中和口耳相传中传承下来，形成了丰富的经验，这些丰富的经验是现代科学的文物鉴定学科建设的历史基础。

2. 前所未有的丰富的研究资料

随着1949年以后我国基本建设的进展，地下出土文物前所未有地增多，新的社会制度下，馆藏的文物能给科研工作者提供科学的研究资料，学术界的研究人员甚至是普通的大众皆能接触到这些宝贵的研究材料，这与古代文物艺术品仅为少数权贵阶层占有的局面形成鲜明的对比。而由于经济的发展，收藏热的盛行，盗墓出土的大量文物与更大量的作伪艺术品充斥于市场，客观上也为文物鉴定研究提供了前所未有的丰富资料。这一切都为文物鉴定的学科建设提供了材料前提。

3. 前辈学人科学研究的尝试和成果初现

随着20世纪20年代以来西方科学的考古学引进到中国并得到发展，一些先进的学者主动将考古学的研究成果直接引入到古器物的研究中来，以科学的发掘品作为研究对象，标志着文物鉴定学走向了科学研究的道路，并且取得了比较多的学术成果。比如郭沫若先生采用考古类型学的方法对青铜器进行系统的整理，从青铜器的形制、纹饰等方面出发作了开创性的研究。其所创"标准器断代法"在青铜器研究中建立了殷周青铜器研究的新体系，开创了新局面。陈万里先生走出书斋，运用考古学的方法对古窑址进行实地考察，搜集了大量瓷片标本，进行排比研究，开辟了一条瓷器考古的新途径，从而使我国陶瓷学进入了一个崭新的阶段，为现代陶瓷学研究奠定了科学的基础。出现了一批以科学的发掘品为研究基础的通论性的著作，如朱凤瀚先生《古代中国青铜器》等等。同时也涌现了一批文物研究的佼佼者，如耿宝昌、马承源、吴棠海、贾文忠、谢稚柳、杨建芳等等。正是这些科学的文物鉴定研究的探索和尝试，为科学的文物鉴定学科建设提供了实践基础。

4. 自然科学的进步与发展

现代自然科学的发展与进步，使得我们的研究方式和方法得到了根本的改进。这为科学的文物鉴定学科建设提供了技术基础。技术的进步集中体现在工具的进步中。唯物史观告诉我们，生产工具的进步是生产力发展的前提和表现。以放大镜的广泛使用为例，放大的微观世界看到了以前看不到的东西，当然也使仿制更加难以做到逼真。人类社会从赤手空拳到木棍石头再到金属冷兵器再到枪支大炮再到核武器，我们放倒对手解决问题的能力在每一次工具的进步中得到提升和发展，文物鉴定这门技术也并不例外。目前碳十四测年技术、热释光技术、X光成像技术以及源于材料科学技术的材质及成分分析法等等自然科学技术已经在文物辨伪鉴定中得到初步应用，为解决文物鉴定的实际问题提供了重要的科技支撑。

三、创建科学的文物鉴定学科是我们这一辈人的历史使命

认识的规律是由实践到理论，再由理论指导实践的反复运动的过程。文物鉴定作为博物学的范畴，符合人们对客观事物认识的这项基本规律。从宋元时期以来，我们国家经历了几次大的收藏热潮，每次大的收藏热潮都掀起了仿古作假的高潮，同时人们对文物的鉴定能力也相应提高。随着现代考古学的引入和越来越多科学考古发掘文物的出土，我们对文物的认识也前所未有地提高了。从春秋时期开始到现在，我们有着有史可稽的两三千年的文物鉴定史。中国在文物鉴定方面形成了具有鲜明特点的文物鉴定方法论体系，这为科学的文物鉴定理论奠定了坚实的基础。当然，日新月异的自然科学的进步与发展，为文物鉴定提供了新的视角和手段，也从客观方面为学科的发展提供了条件。

目前文物鉴定的方法，依然是一种"眼学"，凭着专家的修养和主

观上的判断，常常造成对同一件艺术品各位专家意见不一致的现象。而民众对于这些意见也是莫衷一是。自2005年起，北京北大资源研修学院的文物鉴定教学和研究已经有十余载春秋，也已经有了八届的毕业生。作为新中国文物鉴定学科最早在高等教育机构的实践教育单位之一，我们云集了一批乐于奉献的教师，在这里虽然研究条件艰苦，但是秉承着思想自由兼容并包的态度，不唯学历不唯头衔，只唯学识。他们有的是国内资深的文物界权威的知名专家教授；有的是既有理论又有实战经历的双师型人才；还有的是直接从事市场一线收藏与鉴定的行业精英。只要他的方法应用性强、有科学依据，无论什么出身与来历，甚至是摆摊开店的一线行家也可站讲台授课。十年的教学实践，这群不计报酬、只为对一项事业的热爱与执着和对一份责任的坚守的教师们，着实可以用可歌可泣这四个字来形容。他们约定传播正确的文物知识，他们倡导文物鉴定的方法应当科学化。所谓的科学化是指应该有一个较完善的理论体系；应该有一套可以被掌握的方法论；应该对文物的辨伪有一套可行的可以被认识的，可以重复可以受到实践检验的客观的鉴定指标。这套可行的鉴定指标体系应当分门别类地进行多学科合作和多角度研究，通过找寻真品与伪品在现象与本质之间的必然区别和联系，让感性认识上升到理论高度来确立。他们坚持科学化的研究方法，认为文物鉴定学不应该仅仅是"眼学"，应当是在对大量的出土发掘品和一些重要的无可争议的馆藏品、传世品中选取典型的标本，建立数据库。对文物的不可复制历史工艺，特别是随着时间的流逝而形成的次生变化等方面，通过具体而微的研究，分门别类地总结出一整套可行的可控的文物鉴定学指标体系。他们重视理论建设，思考学科的定义、研究范围、研究的方法论，将鉴定实践上升到学术的高度，将感性认识上升为理性认识，并指导具体的鉴定实践。他们创造性地总结了一套科学而严格的《文物鉴定操作规程》，来保证鉴定过程的规范性与和鉴定结论的可靠性。

　　十年了，我们应该对我们的教学实践以及各位专家老师相互探讨和激辩中确立的研究成果进行一次系统的梳理与总结，作为一项阶段性的成果，将之固化下来，为推进文物鉴定学科的科学化、系统化、理论化做出一点微薄的贡献。更主要和直接的目的是让我们的教学实践有一套建立在实践基础之上的、经过实践检验的教材作为参考。抛砖以引玉，希望这些自珍的成果能给相关院校的同仁一定的示范和借鉴作用。让我们共同努力，促进文物鉴定学科的发展，同时也为满足社会需求和应对国家新的经济布局提供学术方面的支撑。苟如是，亦不愧对诸位同仁与前辈的辛勤付出和校领导的关怀与支持。

丁酉年春刘雄于北京北大资源研修学院

目 录

前　言 ··· 1

第一章　绪论 ··· 1

第一节　青铜的基本知识 ······························· 3
一、青铜的定义 ·· 3
二、合金中各种金属成分对青铜器的影响 ············· 3

第二节　青铜时代及青铜器使用意义 ················· 6

第三节　青铜器发展简史 ······························· 7
一、青铜器的起源 ··· 7
二、青铜器的发展 ··· 8

第四节　青铜器鉴定研究简史 ························· 8
一、春秋时期是我国文献可考的青铜器辨伪鉴定的第一次尝试 ·· 9
二、汉代对青铜器铭文的研究奠定了青铜器鉴定研究的长期基调 ·· 9
三、宋元明清时期掀起了青铜器鉴定研究的高潮 ········· 10
四、民国时期的青铜器鉴定走向了科学化的发展道路 ····· 11
五、当今的青铜器鉴定——青铜器鉴定的学科化 ········· 12

第五节　青铜器鉴定的方法论 ························ 12
一、形名学 ··· 13
二、器物标型学 ·· 14
三、材质分析学 ·· 16
四、工艺学 ··· 16
五、次生变化学 ·· 17

第六节　青铜器鉴定的内容与任务 ··················· 18

第二章　青铜器形名鉴识与断代　19

第一节　青铜礼器的鉴识与断代　23
　　一、青铜饮器　24
　　二、青铜食器　52
　　三、青铜洁器　76

第二节　青铜乐器的鉴识与断代　86

第三节　青铜兵器的鉴识与断代　99

第四节　生活用器的鉴识与断代　118
　　一、车马器　119
　　二、日用铜杂器　127
　　三、凭信工具　151
　　四、宗教用器　154
　　五、明器　156
　　六、货币　162

第五节　异形青铜器的鉴识与断代　167

第三章　青铜器纹饰鉴识与断代　175

第一节　动物类纹饰　178
　　一、兽面纹　178
　　二、龙纹　180
　　三、鸟纹　186
　　四、神兽纹　190
　　五、其他写实动物纹　191

第二节　几何形类纹饰　198

第三节　人物故事类纹饰　205

目 录

第四章 青铜器铭文鉴识与断代 ········ 211

第一节 铭文的分布规律 ········ 213

第二节 历代金文的书体结构与鉴定 ········ 214

第三节 铭文的铸制工艺与鉴定 ········ 225

第四节 铭文的内容及价值评判 ········ 230

　　一、商代青铜器铭文的内容及价值 ········ 230

　　二、西周青铜器铭文的内容及价值 ········ 234

　　三、春秋战国青铜器铭文的内容及价值 ········ 237

第五章 青铜器铸制工艺鉴识 ········ 241

第一节 块范法铸造工艺 ········ 244

第二节 历代陶范法工艺特征 ········ 252

　　一、夏代至商代早期青铜器范铸规律 ········ 253

　　二、商代中期青铜器范铸规律 ········ 255

　　三、商晚期至西周早期青铜器范铸规律 ········ 255

　　四、西周中期至春秋中期青铜器范铸规律 ········ 263

　　五、春秋中期至战国青铜器范铸规律 ········ 266

　　六、青铜器的纹饰制作 ········ 269

第三节 古代熔模法工艺 ········ 270

第四节 翻砂法铸造工艺 ········ 272

第五节 现代失蜡法工艺 ········ 274

第六节 青铜器铸后加工工艺 ········ 278

　　一、嵌错工艺 ········ 278

　　二、包贴工艺 ········ 282

　　　　三、外镀工艺·················· 283
　　　　四、髹漆工艺·················· 286
　　　　五、彩绘工艺·················· 288
　　　　六、槌制錾刻工艺················ 289
　　　　七、螺钿工艺·················· 290

第六章　器物标型学与青铜器辨伪·············· 293

第一节　器物标型学辨伪原理················ 295
　　　　一、齐步走的原理················ 296
　　　　二、坚持共性与个性的统一············ 296
　　　　三、注重新材料，及时更新标型学指标特征····· 298
第二节　器物标型学在青铜辨伪鉴定的应用举例······· 298

第七章　青铜器的材质分析学与青铜器辨伪········· 301

第一节　材质分析学对合金本身性能研究的鉴定学意义··· 303
第二节　材质分析学对青铜器原材料杂质测定的鉴定学意义· 313

第八章　工艺学与青铜器辨伪··············· 317

第一节　青铜器铸制工艺与真品指标特征·········· 319
　　　　一、青铜时代的范铸工艺特征与辨伪鉴定指标···· 319
　　　　二、范铸逻辑辨伪指标特征············ 336
　　　　三、古代特种工艺的其他工艺学辨伪鉴定指标特征· 340
第二节　现代铸制工艺常见仿品信息············ 343
　　　　小结······················ 348

目 录

第九章 次生变化学与青铜器辨伪 … 349

第一节　次生变化学辨伪的基本原理 … 351
第二节　青铜器的次生变化与辨伪原理 … 352
第三节　真品青铜器次生变化主要种类及特征 … 354
　　一、附着物 … 354
　　二、锈蚀物 … 361
　　三、真品常见自然老化痕迹特征 … 374
　　四、使用痕迹 … 379
第四节　真品青铜器次生变化的辨伪逻辑 … 383
第五节　常见造假青铜器次生变化特征 … 388
　　一、界面锈做旧 … 388
　　二、界外锈做旧 … 389

第十章 青铜器造假揭秘 … 397

　　一、整体造假 … 399
　　二、局部造假 … 399
　　三、拼凑组装 … 401
　　四、减料改器 … 401
　　五、局部做真 … 401
　　小结 … 402

第十一章 青铜器鉴定操作规程 … 403

第一节　青铜类文物鉴定工作的注意事项 … 405
　　一、鉴定工作者的自我保护 … 405
　　二、鉴定工作者对文物的保护 … 406

第二节　青铜器鉴定的步骤 ······················ 408

第三节　青铜类器物的定名与断代 ················ 411

　　一、定名的实质与功用 ······················ 411

　　二、青铜器定名的方法 ······················ 411

第四节　青铜类器物描述 ·························· 414

　　一、青铜容器类器物各部位的名称及规范语词 ······ 415

　　二、青铜兵器工具类 ························ 416

　　三、青铜钱币类 ···························· 418

　　四、青铜乐器类 ···························· 418

第五节　青铜类器物描述的举例 ···················· 419

第六节　青铜类文物的定级与评估 ·················· 426

第十二章　青铜器鉴定报告写作 ·············· 429

第一节　文物鉴定报告的含义 ······················ 431

第二节　文物鉴定报告写作的意义 ·················· 431

第三节　青铜类文物鉴定报告写作的格式与主要内容 ···· 432

第四节　青铜文物鉴定报告写作范例 ················ 433

附　录 ································ 441

　　一、铜镜常见铭文 ·························· 443

　　二、典型器物描述示意图 ···················· 450

　　三、文化部文物藏品定级标准(2001年) ·········· 453

附　件 ·· 457

参考文献 ·· 461

后　记 ·· 467

第一章

绪 论

第一章
绪 论

第一节 青铜的基本知识

一、青铜的定义

所谓青铜，是指铜和其他金属的合金。原主要指铜与锡和铅的合金，现代冶金科学将除黄铜、白铜以外的铜合金均称青铜，并常在青铜名字前冠以第一主要添加元素的名。如锡青铜、铅青铜、铝青铜、铍青铜、磷青铜等等。

青铜是人类历史上一项伟大发明，也是金属冶铸史上最早的合金。与红铜相比，青铜具有熔点低、硬度高、可塑性强、耐磨、耐腐蚀、色泽光亮等优点。纯铜的熔点是1083℃，加入一定比例的锡或铅以后，其熔点可下降至700－900℃之间。含锡10%的青铜，硬度为红铜的4.7倍。熔化的青铜在冷凝时体积略有涨大，所以青铜铸件填充性好，气孔少，具有较高的铸造性能。青铜自发明后，基于其优点立刻盛行起来，从此人类历史也就进入新的阶段——青铜时代。

二、合金中各种金属成分对青铜器的影响

从现在冶金学的角度来看，我国古代的青铜器可分为锡青铜、铅青铜和铅锡青铜。锡青铜是指合金元素中主要以铜锡为主，锡含量一般为3%～14%，而其他的元素含量极小，均低于2%。铅青铜指合金元素中主要以铜铅为主，铅含量一般高于3%，而其他的元素含量极小，均低于2%。铅锡

青铜指的是青铜合金中，锡、铅含量均高于3%。

1. 锡元素在青铜合金中的作用

第一，降低了青铜合金的熔点。纯铜的熔点是1083℃，而锡的熔点仅232℃。加入一定比例的锡以后两者溶体的熔点会显著降低，如加入25%的锡，其熔点将降至810℃。这将有利于降低青铜冶铸的条件。

第二，提高了合金的强度。在一般情况下，含锡量低于5%～7%的锡青铜的平衡状态组织，是面心立方晶格。它既保留了纯铜的良好塑性，同时由于锡溶于铜而产生的固溶强化作用，其强度比纯铜高。由于锡在铜中的固溶强化作用，此时的锡在青铜合金中含量越高，合金的抗拉强度和伸缩率就越高。当合金中锡含量超过5%～7%以后，合金组织出现硬而脆的复杂立方晶格，此时随着含锡量的增加，合金的伸长率就急剧下降，但强度还继续增高。当合金中的锡含量达到20%时，由于合金的伸长率已下降到极低，强度也急剧下降。所以除非铸造一些特殊的需要高锡含量的铜器，一般青铜器的锡含量都控制在20%以下。

第三，提高了合金的耐磨性能和耐腐蚀性能。锡青铜合金中以电子化合物（$Cu_{31}Sn_8$）为基的固溶体，为复杂立方晶格，常温下硬而脆。在锡青铜中，以硬的质点镶嵌于软的面心立方晶格中，从而有利于提高合金的耐磨性能。

第四，改变了合金的颜色。加入一定比例的锡以后，纯铜由红色转变为金黄色，更具有高贵感，故而古人将青铜称之为"吉金"。随着合金中锡含量的持续增多，会呈现银白色的光泽。

2. 铅元素在青铜合金中的作用

第一，提高了青铜合金溶液的流动性，从而提高了其铸造性能。铅在固态下不溶于铜，在液态下也是有限相溶。它在铜液中均匀地分布作滴状浮悬，使铜液在灌注时流畅性能好。

第二，提高耐磨性能。铅性软，润滑性好。它不溶于铜也不形成新的化合物，而是以独立相的形态存在。当铅以小颗粒均匀分布在基体上时，就像铸铁中的石墨一样，具有良好的润滑作用，从而显著地提高了合金的耐磨性。一般3%~5%的铅即可达到这一效果。

第三，提高合金的切削加工性能。由于铅不溶于铜而是以单个分散的颗粒分布在合金固溶体中，打破了铜基体的连续性，从而有效地改善了合金的切削加工性能。

第四，减低了铸造成本。相对于铜和锡来说，铅是一种廉价而易得的金属，铅的加入可以降低原料的成本。

第五，降低了合金的熔点。熔点高达1083℃的纯铜，当加上15%的铅，其熔点降到960℃。

3. 其他金属杂质在青铜合金中的作用

我们知道，由于古代冶金技术的局限性，在金属冶炼和铸造过程中，或多或少的会将原生矿中伴生的其他杂质带到青铜合金中来。他们主要有铁、锌、金、银、镍、钴、砷、锑、铝、铍、磷、硅、硫、铋、钙、镁等等。

铁杂质的存在对青铜合金有一定的影响。从合金组织角度来看，铁在铜中的溶解度很低，约1%左右。少量铁的存在对青铜合金有细化晶体、提高合金性能的作用，但是当铁含量过高时，大量富铁相在晶界析出，会严重影响合金的强度和耐腐蚀性。

锌也是青铜器中常见的杂质元素之一。锌元素同时也是黄铜的合金元素，它是一种活泼的金属。但是作为青铜合金中微量级含量的杂质，它应是随原料夹杂而来的。铅与锌常常共生，所以杂质元素锌应该主要是随原料铅而来。一般来说，微量的锌杂质对青铜合金基本上无影响，而少量的锌的存在对青铜合金是有益处的，它一方面可以缩小青铜合金的结晶温度范围，提高合金的充型能力和补缩能力；另一方面，由于锌的沸点低（907.5℃），蒸气压较大，可以起到除气的作用，从而降低合金产生气孔的倾向。此外，少量锌的存在，还可以提高青铜合金的耐腐蚀性。

其他金属杂质对于青铜合金性能几乎没有影响，但是对于理解青铜器的发锈状态会有帮助，也能因此而起到辨伪的辅助作用，故而在此先作说明。

第二节 青铜时代及青铜器使用意义

青铜器由于其良好的铸造性能，一旦被人类认识和掌握，立刻广泛地应用到了社会生活中的各个方面，使人类进入了青铜时代。所谓的青铜时代，是指在生产和生活中，以青铜器作为主要工具的时代。青铜时代是一个外来的名词，最早是丹麦皇家博物馆馆长克·吉·汤姆森提出并使用的。他在整理馆藏文物时，将人类的历史分为石器时代、铜器时代和铁器时代几大阶段。并在其著作《北方古物指南》中，定义青铜时代是"以红铜或青铜制成武器和切割器"的时代。后被考古人类学家广泛应用。但是中国的青铜时代有其自身的特色，即重礼仪而事权贵，重祭祀而轻民用。青铜制品主要为贵族享有，普通的劳动者难得应用青铜制品作为生产工具。

青铜器在人类历史上的使用引起了一连串的反应，并影响了人类历史的向前发展：

首先，青铜冶炼术的发明和应用，使金属冶炼业得到大力发展，促进社会大分工。手工业得以从农业中分离。

其次，青铜冶炼术应用于农业工具制造领域，促进了农业生产技术的革新，提高了社会生产力。

再次，用青铜制造武器提升了军队战斗力。

最后，青铜器在人类生活中的使用，使人们生活质量有所提高，并推动了文化的繁荣。

第三节 青铜器发展简史

一、青铜器的起源

世界上最早的铜制品出现在近东地区，在伊朗、土耳其等地区发现过距今9000年前的小铜珠子、别针、钻等。但使用自然铜只是一个开端，而冶炼出金属铜才是人类进入金属时代的标志。世界上最早的炼铜制品发现于伊朗的苏萨遗址早期（公元前4100—公元前3900年），古埃及、两河流域也是炼铜制品最早出现的地区。

在我国，铜制品在仰韶时代的遗址里面常有零星出土，如西安的半坡遗址、临潼的姜寨遗址，都发现过质地不纯的黄铜片。说明我国在距今六千年之时已经出现了铜制品。其后的龙山时代，出土铜制品的材料就更多了。

青铜作为铜和其他金属的合金，是在认识到合金金属特性的基础上发展起来的。据文献记载，大约在夏代前后，我国已经有了青铜制品。并掌握了青铜的冶炼技术。《越绝书·记宝剑》里记载风胡子对楚王谈到轩辕氏、神龙氏、赫胥氏"以石为兵"，黄帝"以玉为兵"，夏禹"以铜为兵"，到春秋战国之际"作铁兵"，威服三军。《左传》《史记·楚世家》也都记载了大禹铸九鼎的传说，我们认为都是比较可信的材料。

考古发掘情况证实了文献的记载。在时代相当于夏代的河南偃师二里头文化以及甘肃齐家文化的遗址中，我们发现有大量的青铜制品，既有礼器也有生活用器，证实了从我国的第一个王朝时期已经进入了青铜时代。这个时期青铜器应用广、铸造技术高，并且不乏优秀的艺术作品。

从考古发掘的资料来看，二里头文化期已经全面进入了青铜时代。然而青铜技术的产生则能向前追溯到新石器时代末期。考古发掘资料不乏其例。1975年，甘肃东乡林家马家窑文化遗址，发现有青铜刀。在山西临汾陶寺文化遗址中，发现有铜铃。在登封王城岗遗址，我们甚至发现有青铜容器的残件。正是新石器时代末期漫长的青铜铸造技术的发明和经验的日益积累，为二里头时代全面进入青铜时代奠定了基础。

二、青铜器的发展

自二里头时代中国全面进入青铜时代开始，青铜器作为一种优良的材质，广泛应用到权贵社会生活的各个方面。经过夏代和商代前期的发展，我国的青铜艺术在商、西周时期达到了顶峰。到春秋战国以后，随着铁器的发明和使用，为青铜器的加工工艺提供了更高的科技支持，镶嵌玉石、嵌错金银、錾刻等各方面的技术达到了新的巅峰。战国汉代以后，铁器、漆器以及瓷器越来越多地运用到社会生活中来。据考古和文献资料来看，我国在战国时期已经有多处的冶铁工厂，汉代甚至直接在各郡县设有铁官，铁质工具作为一种更为优良且容易获取的材料立刻取代了青铜工具、农具应用于社会的生产活动之中。同时代，漆器和瓷器的广泛应用一举取代了青铜器的礼制功能，使得青铜器退出了权贵阶级礼制行为之中，青铜艺术也就此走向了衰落。

然而青铜合金基于其耐磨性、耐腐蚀性和光泽度好、强度高等优点，在我国的钱币铸造、铜镜、铜炉、佛造像等方面仍然发挥了其不可替代的作用，为我国的文明史和艺术史、科技史做出了卓著的贡献。

第四节　青铜器鉴定研究简史

青铜器鉴定作为文物鉴定学科的一门分支学科，在研究内容与研究方法方面遵循着文物鉴定的基本理论和基本的方法论。文物鉴定将古代文物艺术品及当代仿古艺术品作为研究对象，应用形名学、工艺学、器物标型学、材质分析学、次生变化学等方法论，对研究对象进行定名、用途及文化背景的考释，并判定其应属年代及真伪，评判其价值。具体到青铜器这门分支学科的鉴定方面，我们研究的内容遵循着文物定名、断代、辨伪、材质鉴别与分析、分期、工艺史、科技史、文化史、艺术史的评判等等方面鉴定内容的同时，应该着力于研究青铜器的器形、纹饰、铭文、铸造工艺、合金成分分析、锈蚀物等次生变化等方面的内容。并且能通过这些基础研究进一步深入研究青铜器的文化史、艺术史、科技史，将青铜器置于学术史的高度评判其应有的价值和达到辨伪的鉴定目的。

一、春秋时期是我国文献可考的青铜器辨伪鉴定的第一次尝试

青铜器鉴定作为一门学问，自古以来就有。春秋时期一些著名的富于实践精神的学者为了阐明古代文物资料或宣扬自己的政治主张而注重研究实物资料，并出现了最早一批的古物鉴定人才。据《韩非子·说林》记载，早在春秋时期，我国就已经有了青铜器的辨伪知识，并进行了青铜器辨伪的实践。文中记载，齐伐鲁，索谗鼎，鲁以其赝往。齐人曰："赝也。"鲁人曰："真也。"齐曰："使乐正子春来吾将听子。"鲁君请乐正子春，乐正子春曰："胡不以其真往也？"君曰："我爱之。"答曰："臣亦爱臣之信。"可以说乐正子春是我国较早文献记载的文物辨伪鉴定家之一。

二、汉代对青铜器铭文的研究奠定了青铜器鉴定研究的长期基调

到了汉代，对青铜器铭文的研究成为一门学问。许慎在《说文解字》序云："郡国亦往往于山川得鼎彝，其铭即前代之古文。"并在《说文解字》中对鼎彝铭文有所收录和释读。《汉书·郊祀志》有记载，时人张敞对于美阳出土青铜器铭文进行释读。《后汉书·窦宪传》亦记载有对南单于在漠北送给窦宪青铜鼎铭文的释读。可以说，汉代对于青铜器的研究与鉴定主要在于对其铭文的释读，这是受到发达的中国史学传统中证经补史为目的倾向所影响的，同时也奠定了我国古代对青铜器研究主要侧重于铭文研究的长期基调。

三、宋元明清时期掀起了青铜器鉴定研究的高潮

宋代是我国古代经济发展的一个高峰时代，经济的高度繁荣也必然带来文化的繁荣。在丰富的物质基础之上，宋代好古之风兴盛，朝野上下兴起了一股古玩收藏之风。文人士大夫凭借其政治特权和经济实力购入玉器、青铜器、书画等古物供其欣赏和收藏，并由此掀起了一场金石研究之学。据蔡绦撰《铁围山丛谈》记："……独国朝来寖乃珍重，始则有刘原父侍读公为之倡，而成于欧阳文忠公，又从而和之则若伯父、君谟、东坡数公云尔。"刘原父出守长安库，古器丰富，自著《先秦古器记》；欧阳修喜集往古石刻，遂又著《集古录》一书，使收藏与著录结合。

宋哲宗元祐年间，吕大临根据收集的青铜器资料，编撰了《考古图》十卷，内收青铜器二百一十件，此书发凡起例，按器物用途分类，每器摹刻图像，有铭文者摹刻铭文。每器有一篇或长或短的说明，记录器物各部分的尺寸、重量、容量。有条件者并注明出土地点和收藏者，这是青铜器见诸文物鉴定和学术研究图录的开端。

对于青铜器定名的考辨，应提到北宋元丰后文士李公麟，他"性希古，则又取其平生所得暨其闻睹者作为图状，说其所以，而名之曰《考古图》"。他收藏钟鼎古物，"循名考实，无有差缪"。

北宋大观年间，徽宗乃效法李公麟的《考古图》，敕令王黼编撰《宣和博古图》。此书分十八类，每类皆有总说，收器凡八百三十九件，图文并茂，每器一图并摹写铭文，给出文字说明、记录尺寸、容量、重量和铭文考释，是青铜器研究的重要著作，为青铜器分类、定名的鉴定及铭文的研究打下了良好的基础。近代学者王国维对宋人在青铜器定名鉴定方面做出的卓越贡献给予了高度的评价："凡传世古礼器之名，皆宋人所定也。曰钟、曰鼎、曰鬲……皆古器自载其名，而宋人因以名之者也。曰爵、曰觚、曰觯、曰角、曰斝，古器铭辞中均无明文，宋人但以大小之差定之，然至今日，仍无以易其说。"

沿着宋人创造的青铜器鉴定研究的存目、定名、图摹、铭文考释等研究方法。一直到了清朝，乾隆年间根据宫廷收藏的古器一千四百三十六件编撰了《西清古鉴》四十卷，后来又出《西清续鉴》甲、乙二编，后又出《宁寿鉴古》十六卷。以图录的形式为推动青铜器鉴定研究起到了重要的作用。清代其他关于青铜器研究与鉴定的著作主要有钱坫《十六长乐堂古器款识考》、阮元《集古斋钟鼎彝器款识》、曹载奎《怀米山房吉金录》、吴荣光《筠清馆金文》、潘祖荫《攀古楼彝器款识》、刘心源《古文审》及《奇觚室吉金文述》等等，包括晚些时候的吴大澂、方濬益、罗振玉等不一而足，以存目著录和铭文释读为主，未脱离宋人窠臼。唯需注意的是明代的曹昭和清代的阮元。曹昭在其《格古要论》中提出了青铜器辨伪方面的鉴定经验和记载，可惜未有重要的撰述。阮元在其书卷首有《商周铜器说》和《商周兵器说》短文两篇，开辟了后代青铜器鉴定总论性质的先河。

四、民国时期的青铜器鉴定走向了科学化的发展道路

民国时期，由于西学东渐的影响，考古学传到中国，极大开拓了人们的眼界。由于有明确的出土地层作为参考，又由于前所未有的绝对可靠的丰富的出土品作为研究对象，文献材料与考古出土材料相互印证的"二重证据法"，以及建立在考古类型学方法论之上的文物鉴定的标型学方法论的应用，青铜器鉴定从此走上了科学化的发展道路。

青铜器鉴定的科学化首先表现在研究手段的多样化。以前青铜器鉴定的研究方法不过是存目、摹图、录文、考证等，现在新增加了总论、断代分期、辨伪及铸造工艺研究等等。

青铜器鉴定的科学化的另一个表现就是以可靠的考古发掘品作为参考研究对象，主动应用考古类型学的方法论进行文物鉴定工作。

此期还出现了一批以王国维、郭沫若、李济、容庚等学者为代表的研究青铜器鉴定的大家。

五、当今的青铜器鉴定——青铜器鉴定的学科化

新中国成立以后，特别是改革开放以来，随着人民生活水平的极大提高，文物收藏热在国内迅猛发展。传世的文物艺术品远远不能满足人民日益增长的精神文化需求的需要，于是盗墓盛行、仿古做旧和造假大肆兴起，而且手段越来越高明。中国历史上从未像今天这般迫切地需求青铜器鉴定，特别是辨伪鉴定的发展。越来越多的学者开始注重青铜器鉴定学的研究，并出版了许多专著。在现代考古学的影响下，器物标型学的方法论在对青铜器的研究中被应用到了极致，其代表作如朱凤瀚先生的《古代中国青铜器》；工具书性质的研究图录严谨规范，如文物出版社出版的《青铜器全集》《陕西出土青铜器全集》《殷墟出土青铜器》等等；青铜器形名考证与鉴定的工具书达到了一个新的水平，其代表作如王然主编的《中国文物大典》铜器卷等等。除此之外关于青铜器合金成分的研究也开始成为一种新的鉴定研究趋势，如周卫荣《中国古代钱币合金成分研究》等等。另有不少学者试图利用青铜器的工艺学进行鉴定，如董亚巍《范铸青铜》等等。这些研究成果逐渐使青铜器鉴定这门古老的学问朝着现代学科化方向发展。

如今新的自然科学技术如X射线成像技术、原子吸收光谱法测成分技术等等，被引进到青铜器鉴定的领域中来，青铜器复制与修复的技术与方法也越来越为人所重视并应用到辨伪鉴定的实践中来，一些高校文博专业先后设立了文物鉴定与保护的研究方向，鉴定专门人才的培养得到社会各方面的关注，青铜器鉴定的学科化呼之欲出。

第五节 青铜器鉴定的方法论

青铜器鉴定是文物鉴定的一个分支，其基本的鉴定方法离不开文物鉴定学的方法论作指导。文物鉴定作为一门独立的学科，本质上是博物学的范畴，是对物的认识和判定的一门学科。它之所以能独立成为一门学科，因为它有着不同于其他学科的独特的方法论。

青铜器鉴定，不脱离文物鉴定学的五大方法论，即形名学、器物标型学、工艺学、材质分析学、次生变化学。

一、形名学

形名学，是根据器物的直观形象及特征为其规定名义的理论科学。青铜器的形名对应关系，应该根据形名学的基本原理来确定。形名学源自于传统的名学，它的性质是规定事物的本质内涵并使之分明的理论。传统的名学理论，可以上溯到孔子的正名思想。《论语·子路》："必也正名乎。"正名思想的哲学本质，是辨定事物的实在与其名称的统一关系。《释名·释言语》："名，明也。明实事使分明也。"所以说，物之名是有其特定的含义的。定名的目的是揭示并规定实物的本质特征。文物形名学是对文物固有的真实性与本质特征进行表述的理论依据。

在中国先秦时代，诸子各家的逻辑思想大都是围绕名实问题和正名问题展开的。《春秋繁露·深察名号》："名众于号，号其大全。名也者，名其别离分散也。号凡而略，名详而目。目者，遍辨其事也。凡者，独举其大事也。"认为号与名是对立统一的关系。号是对名的概括；名是对号的解析，二者对立统一才能准确表达实物的真实性和本质特征。在青铜器的定名中，"号"是对某类器物的总称，是属于一般性、共性。"名"属于个别、个性。器物的形态特征与名的辩证统一是青铜器形名学的先决条件。

文物鉴定的形名学的方法，应按照中国传统逻辑学的"达名""类名"和"私名"三个概念为理论基础。达名是指物的普遍性的共名概念，如"青铜器"是所有青铜器的达名。类名是反映实物的分类的概念，如"青铜酒器"，是青铜器的类名。私名是反映单一事物的概念，是文物定名使形名统一的最终目标，是某一事物的专用名称。

青铜器鉴定中的形名学首先要解决的就是青铜器的私名。青铜器的使用离我们所处的时代很久远，有些器物我们不再使用，也有些器物我们虽然还在延续使用，但是其形态与其祖形产生了太大的变化，再加上文献记载的缺失，我们已经很难确定某一具体实物的私名。私名的确立属于青铜器鉴定的一项重要内容。当然也有其科学的方法。

形名学定名的方法总结起来主要有以下几条原则：

第一，器物的自铭。有相当一部分有铭文的青铜器即记载了器物自身当时的名称。如"秦公作宝簠""越王勾践自作用剑""河平元年共工昌造铜铿"……这都为青铜器的定名提供了最为直接的证据，这是青铜器定名最为重要的原则。理论上来说，如果目前约定俗成的青铜器名如有与自铭相抵触者，应该以自铭为准。然而需要注意的是，青铜器上的自铭有的是一类器物的通称，如尊、彝；也有的是青铜器的别称或特称，这都需要在鉴定实践中经过细致的考订并加以区别。

第二，伴随出土物的物账清单。这是青铜器定名的间接证据。如古代墓葬的遣册等。众所周知的"秘色瓷"就是法门寺地宫出土物的清单上记载并确定下来的。汉代墓葬习惯使用遣册，遣册上内容为逐件记录随葬物品的名称、数量和各种物品的分类小计。这有助于我们将出土实物与遣册内容进行比对，以确定其名称。

第三，文献的记载。东汉许慎著的《说文解字》，战国时期成书的《周礼》，工具书性质的《尔雅》等等，都有对青铜器器形或名称的解释。我们可以通过这些文献记载的青铜器器形及名称的解释，推定其所指，并最终确定青铜器的型名对应关系。如《说文解字》记载，簠为"黍稷圆器也"；《尔雅》记载"鼎之款足者谓之鬲"等等，这一定程度上为我们确定青铜器的名称提供了依据。

第四，现代习用的器物通称。这对于前面几种情况均无，材料依据缺失的青铜器进行暂定名称是比较科学的。疑则疑之，等将来新材料的发现再进行准确的定名。

二、器物标型学

器物标型学有时称器物形态学，它按照外部形态研究考古遗迹遗物的演化顺序，是专门研究遗迹、遗物或器物花纹形态变化规律的科学。所谓标型学原理，就是学术界对古器物的断代等方面研究，以古墓葬出土的年代明确的典型器物为"标型"，比照"标型"来断代和辨伪。标型学汲取生物学中的分类原理，其方法是：将遗迹和遗物按用途、制法和形制归类，根据形态的差异程度，排列出各自的发展序列，确定出土物的相对年代关系。对不同文化的遗迹、遗物类型进行比较，还可以判定文化之间的承继或相互影响关系。器物形态学是科学地归纳、分析文物资料的方法论。

　　器物标型学原理可以引入青铜器的断代鉴定当中来。假定特定的时代，青铜器具备特定的总体时代特征，那么我们将那些有铭文记载的或者出土墓葬、遗址年代明确的青铜器定为标型，通过系统研究、科学比对就能总结一时年代的材质、造型、纹饰、铭文、工艺等方面的风格特征。那么对于年代不明确的被鉴定青铜器，则可通过标型学比对，由已知求未知，从而科学地判断被鉴物的年代。同时被确定的这些青铜器，其本身的造型、纹饰、铭文等题材，又丰富了本时代标本数据库里面的标型学指标特征，为其他青铜器的断代提供了更多的参考依据。

　　器物标型学的原理同样可以引入到青铜器辨伪鉴定中来。在我们对科学考古发掘及真伪真实可靠的传世青铜器认识越来越详尽，标型学指标数据库足够反映真实规律的时候，我们可以确定不符合标型学特征的被鉴物是存疑甚至是臆造的仿品。当然，组成器物的各个要素如材质、造型、纹饰、铭文等等方面都有各自的时代发展规律和指标数据库，而同一器物不同的要素必须都符合所处年代的共同风格和标型特征。这种限制是时代背景对古器物的一种限制，青铜器标型学研究的重要任务就是寻找组成器物的不同要素各自的起源、流行、衰亡等历史的框架和边际。这种框架和边际是利用器物标型学进行断代和辨伪鉴定的基础。这需要我们及时地跟进和利用考古学对青铜器类型学特征研究的最新学术成果，提高应用青铜器标型学断代和辨伪的技能。

三、材质分析学

青铜器作为人工制造的艺术品，是历史年代下的产物，制造青铜器所用的原材料，其无可避免地也要受所处的时代的限制。材质学所要研究的就是这种限制。我们应该利用包括冶金考古学在内的一切自然科学的先进成果，分区域、分年代，实事求是地研究各历史年代和各区域内青铜器铸制所使用的原材料的成分、结构等问题，以达到无限接近对其本质的认识的目的，并以此作为青铜文物辨伪鉴定的依据。

四、工艺学

青铜器鉴定工艺学原理是，作为手工业产品，不同时代的青铜器制作工艺也必不能脱离其时代的局限性，要受到当时的工艺水平的约束。青铜器铸制工艺学原理主要内容包括以下几方面：

1. 青铜器的铸制工艺一直随着社会生产力水平的发展和人类改造自然能力的进步而逐渐改进和质变。因此各时代、各地域由于生产力水平的不一致，其青铜器的铸制工艺也会有所差别。了解不同时期、不同地域的青铜器铸制工艺成为我们准确鉴定青铜器的关键。

2. 不同的铸制方法会在其成品中释放其各自的工艺信息与特征。对这些工艺信息与特征规律的总结成为我们判定其工艺信息的客观依据。

3. 应注意同一种青铜铸制工艺可能会随着时代的变化，在具体操作细节和关键技术方面会有各自的特征。比如同为模范法铸造的青铜器，可能因时代的不同，各时代的分范方式、风格方面的差异，造成范线的位置和分布的不同。

4. 同一时代可能会因地域不同，而造成铸制工艺的水平各异。

5. 实验性模拟复原已经消失的生产技术从理论上是可能的，但是要达到其真实水平具有现实之不可能性。因为不同时代因手工业主流技术的关注不同，就必然造成某一主流技术在其受关注最甚的年代，在实践最丰富的年代，达到手工工艺的顶峰。这是由工匠的熟练程度造成的，也是由对传统技术和方法的把握能力造成的。

五、次生变化学

"次生变化学"是一个比较新鲜的名词。它是目前文物鉴定辨伪实践中一项重要的方法论。在坊间称其为"包浆"之学。然而笔者在教学实践中，发现"包浆"作为一个名词或者一种鉴定方法，无论是从定义内涵等理论层面还是从辨伪实战的应用过程，都显得模糊笼统，表述不准确，认识不统一，掌握不真切，有失科学精神。故此特地引用"次生变化"这一名词作进一步的阐述。所谓的次生变化，也称次生灾害。次生，即是再次生成的，间接造成的，派生的。我们认为当一件器物或一件艺术品做成之后，自其诞生那一刻起，在大自然中与光、空气和水接触，就可能发生各种各样直接或间接的派生变化。此种变化有的可能很剧烈，如发生的外力引起的破碎、断裂。也有的是缓慢的，如氧化、虫蚀、锈蚀、污染、土沁、擦划、磕碰等等。次生变化是客观存在甚至是不可逆转的，它会随着年代的推移日积月累必然地产生。同时这种变化是有规律的，这种规律也是能被我们认识和把握的。

次生变化学指的是研究次生灾害的原理和规律的一门科学。我们通过研究器物次生变化的原理，于是便能分析何种变化是缓慢发生的；何种变化特征是短暂化学变化造成的；何种变化需要年岁的积累才能产生。慢积累的变化有何具体的指标特征；常见作伪手段造成的变化又有何具体的指标特征；他们之间的区别和联系分别是什么？这些问题的答案将构成文物真伪辨别具体而微的指标特征体系。这些指标特征是可以被认识的，可以被大家论证和掌握的，是符合事物的发展规律和逻辑的，因而是客观的，也是科学的。

次生变化学用于青铜器辨伪鉴定的原理是，随着时间推移自然缓慢生成的次生变化与仿古做旧为目的短时间急速生成的次生变化之间本质上有着不可调和的矛盾，这个矛盾就是次生变化学用于青铜器辨伪鉴定的依据。可以说，次生变化学是科学的青铜器鉴定学的一个重要基础和方法论。

第六节 青铜器鉴定的内容与任务

青铜器的鉴定，应该在博物学思想的指导下进行，具体应包括对被鉴定物的鉴别认知以及对被鉴定物的判定两个方面的内容。

就青铜器的辨别与认知这个研究内容而言，主要包括定名、断代、功能用途考证、材料识别、铸造工艺认知等方面的内容。而对于青铜器的判定这个方面，主要是指对其真伪的判定和对其历史价值、艺术价值、科技价值的评定。

青铜器鉴定的任务就是要做好对青铜器的辨别认知与判定的工作。它主要通过对为青铜器作器物描述和通过科学的鉴定实践出具青铜器鉴定报告的形式来实现。这个任务就是我国传统学术中所谓的"格物"之学。"格"是靠近而研究的意思，通过"格物"，我们达到"致知"的任务。我们相信，一切知识都是从实践中来的，都是从格物中来的，致知而后心正。格物致知对于人来说，是人自身进行教化的一个最为重要的基本和途径。青铜器鉴定作为文物鉴定的一个分支，它担负着致知、而且是致良知的重要使命。当今社会，文人固守故纸堆，以讹传讹，致使良知散失，话语权控制在这些学问家手里，代代相因，由于疏于格物，错误的认知越来越根深蒂固。苟能掀起文物鉴定之风，从格物做起，其必能对史学界乃至人类知识界的发展与革新起到深远的影响。

第二章
青铜器形名鉴识与断代

第二章
青铜器形名鉴识与断代

  青铜器鉴定首先要解决的是其定名、功能用途及年代的问题，这也是青铜器鉴定的关键一环。青铜器所流行的商周时代距今已经两三千年，很多器类自战汉以来已经不再使用，汉代以来的古人已经不能辨识其形名及用途，今人若不加以研究与考证则更是无法认知。目前青铜器的定名主要由宋代人所考定，如宋人吕大临的《考古图》以及王黼等编撰的《博古图》等研究专著中所见，宋代的古器物研究者为各类器物考订了专属名称，使得著录的每一件器物都有一个符合统一规范的定名。这一青铜器研究中的创造性成果，为今日研究青铜器的形名鉴识问题打下了一个良好的基础。然而由于材料的不足和考订上不可避免的差错，宋人所定之名称目前看来亦有不少的错误。这些错误积蓄已久，加之现代学人对于青铜器定名不够重视，或约定俗成人云亦云或不加考究以讹传讹，有意无意地将错误继续延续下去，造成了目前青铜器定名不甚科学的局面。

  青铜器的定名和用途等基本知识的研究，是青铜器收藏和鉴定工作者的基本功。作为一名合格的青铜器鉴定与鉴赏家，应加强青铜文物的基本知识的研究。人云亦云和不求甚解不是我们对待传统文化应有的态度。随着近代考古学的发展，出土文物日渐增多，今人所掌握的古器物的资料已经远超于古人，对于部分由古人考订的青铜器名，在新材料的支持下有颇多值得商榷修正之处。学术界有必要应用新的材料和科学的定名方法，对传统的青铜器定名作一次综合的清算与整理，以方便我们更好地研究青铜器。青铜器形名对应的综合清算与考订需要遵守前文所述的形名学的基本原则，这是青铜器定名准确与否的关键所在。

另一方面，随着科学考古的进一步发展，有越来越多的出土青铜器公之于世。这其中不乏前所未见之器形，更有不少具铭青铜器为研究定名提供了新的材料。青铜器用途的考订也需遵守形名学的基本原则，比如说通过有铭青铜器的自铭、文献的推定或者常识的推理判断这些方法进行研究，都是可行的。

青铜器的断代问题目前比较可靠的是运用考古类型学参考标准器进行断代的方法。即通过地层或时代明确的器物作为参考的标准器进行断代。早些时候郭沫若先生曾在《两周金文辞大系》中将西方的考古类型学原理应用于青铜器研究，并提出了我们后人总结的"标准器断代法"，即对于历代相传与近今出土的铜器铭文作了系统的整理，在数千件有铭文铜器中先选定青铜器铭文中已有年代纪录的器物，作为周代各时期的标准器，形成年代坐标，再以铭文里人名事迹，联成线索，将金文文辞体裁、文字风格、花纹形制相近的青铜器先后串联。以上互相参证，形成一组组年代先后有序的器组，并形成西周、东周青铜器的总体年代序列。"一个时代有一个时代的文体，一个时代有一个时代的字体，一个时代有一个时代的器制，一个时代有一个时代的花纹。"这种方法成为为青铜文物断代治学的重要方法论。

对于青铜器的断代，我们遵从考古学界对青铜器的分期断代的具有广泛共识性的学术意见，结合青铜器器形的实际发展演变情况，以典型的考古发掘青铜器群为依据，尊重青铜文物鉴定与鉴赏领域的习惯，将青铜器分为以下几个期别：

史前时期：以陶寺遗址、甘肃齐家文化遗址所出土的青铜器群为代表的青铜器初创期。

夏晚期：河南偃师二里头等遗址出土的二里头文化时期青铜器群为代表的典型夏文化成熟期。

商代早期：以郑州商城二里岗下层文化时期青铜器群为代表的商代风格初创期。

商代中期：以郑州地区所出土的二里岗上层文化时期至安阳所出土的殷

墟文化初期青铜器群为代表的商代风格形成期。

商代晚期：以殷墟中晚期出土青铜器群为代表的典型商文化繁荣期。

西周早期：以年代确切可靠的周武王至昭王时期青铜器群为代表的西周风格初创期。

西周中晚期：以年代确切可靠的周穆王至幽王时期青铜器群为代表的西周风格成熟期。

春秋早期：以年代可确定为两周之际到典型春秋文化风格形成期以前的过渡期。

春秋中晚期：指青铜器的典型的春秋文化风格形成时期。

战国早期：指春战之交到典型战国文化繁盛期的过渡时期。

战国中晚期：典型战国文化青铜器群。

秦汉以后，历史年表较为清晰，如无明确说明，以中国历史年表的纪年为准。

本章的内容即是综合了前人对青铜文物形名辨识的研究成果，并利用形名学的基本原理、标准器断代法的重要方法论，系统地梳理常见青铜文物的形名鉴识和断代问题。为了介绍的方便，结合我国青铜文化的特质，分为礼器、乐器、兵器、生活用器、异形器等类别，具体分类标准详述于以下各节。

第一节 青铜礼器的鉴识与断代

礼乐文明与制度是我国青铜文化的核心，中国的青铜文化有别于其他国家青铜文化的特质也在于此。何谓"礼"？"礼"是中国古代的等级制度，以及与之相适应的道德规范和社会规范。作为道德规范，它是国家领导者和贵族等社会群体一切行为的标准和要求。在孔子以前已有夏礼、殷礼、周礼。夏、殷、周三代之礼，因革相沿，到周公时代的周礼，已比较完善。

《礼记》云："礼者所以定亲疏，决嫌疑，别同异，明是非也。"董仲舒云：礼者"序尊卑、贵贱、大小之位，而差外内远近新故之级者也"。

《白虎通德论》云：礼所以"序上下、正人道也"。这些话都证明礼是一种行为规范与秩序。礼同时还是富于差别性、因人而异的行为规范，所以"名位不同，礼亦异数"。每个人必须按照他自己的社会、政治地位去选择相当于其身份的礼，符合这条件的为有礼，否则就是非礼。

在长期的历史发展中，礼作为中国社会的道德规范和生活准则，对中华民族精神素质的修养以及社会秩序的维系起了重要作用；同时，随着社会的变革和发展，礼不断被赋予新的内容，不断发生着改变和调整。那么，礼从何而起，又需要通过什么来实施和具体体现呢？礼可以分为军礼、嘉礼、宾礼、吉礼、凶礼五类，它渗透到中华民族生活中的方方面面，从广义上来说，行礼之器都可称之为礼器，林林总总的青铜制成的礼器即成为我国青铜器门类中最为重要的一类。基于礼的分类，青铜礼器类也就可以分为：军礼用器、嘉礼用器、宾礼用器、吉礼用器、凶礼用器五类。然而以此五礼的分类来对青铜礼器进行归类的话，我们会发现同一器物在不同的场合会有不同的用途，势必会造成同一器物可以划分为不同的类别的现象。这种一物多类的现象将会造成研究者无从下手，也容易造成理解上的混乱。正所谓，"礼之初，始于饮食"。饮食是人类生存的关键，而我国礼的源起，也正是从饮食的规矩中来的，礼正是通过饮食之器最为直接地体现出来。青铜作为一种贵重的材料，在其发明以后，在我国被广泛应用到饮食之中来，被应用到礼制层面上去。所以，我们在本书中，首先将青铜器礼器分为饮器与食器两大类。这是一种比较折中的办法，即能体现青铜器作为礼器的基本性质，也照顾到实际操作的可行性。

一、青铜饮器

饮器包括爵、觚、觯、斝、尊、壶、卣、方彝、觥、罍、盉、缶、枓、勺及与之相关的禁等等。在中国古代最主要的饮料是酒，这些饮器往往被古今研究者直接定为酒器。在人类的童年时期，人们对自然界和自然现象的科学认识极为有限，会不可避免地将一些毫无根据的现象联系在一起，也常常会不由自主地将自己改造自然界时遇到的困难求助于所谓的神灵，而我国古代与神灵交流的一个比较有效的方式就是喝酒。当人类发现酒这种饮料能将自己带入一个麻醉的神奇境界以后，便把它重视起来，使其成为祭祀活动中不可或缺的内容，正所谓"以酒通神"。这与国外一些原始部落在祭祀祷告之时集体吸食大麻以致幻是一样的道理。

1. 爵、角

爵是最早出现的青铜酒器。爵的定名并不是青铜器上的自铭，而是通过文献的考证而确定的。《说文·鬯部》："爵，礼器也，象爵之形，中有鬯酒。又，持之也，所以饮。器象爵者，取其鸣节节足足也。"认为爵通雀，金文中爵字为象形字。前有流似嘴，后有尾，足修而锐若雀之爪，两柱为耳。

爵据文献记载是一种用于祭祀与饮酒之器。少数爵之杯底有烟炱痕，或许跟温酒有一定的关系，但是这绝非普遍现象。

爵的基本形制见图，前有流，即倾酒的流槽，后有尖锐的尾，中为腹部，杯身以容酒，杯体一侧有鋬，下有三足，流与杯口之间有柱。

爵起源于夏代晚期，盛行于商代，到西周中期以后衰落，东周以后墓葬有见爵杯者，多为随葬用品而非实用器了。根据标型学的原理，有明确出土地层的爵杯分为两种类型共五期。

第一期：夏代晚期。此期的爵体薄而轻巧，无柱或仅有钉形小矮柱，流狭长、尾短，平底束腰，三条锥足瘦长有不稳定之感。鋬上有的有镂空装饰，年代要更早一些。这些镂空装饰或许跟原材料较少有关。

第二期：商代早期。此期的爵仍然为平底，杯身不再像夏晚期那样收束，而变为桶型腹部。口部至尾部常有一条加厚的唇边。不少研究者普遍认为这是为了防止器壁过薄，口沿容易破裂之故。近来有人提出可能与铸造工艺有关，较为可信。

第三期：商代中期。器壁加厚，爵柱发达，锥足加宽较早期更为粗实。

第四期：商代晚期。流壁加深、宽槽。新出现卵形底爵，双柱由流与口之际靠后移。鋬上面常有兽头做装饰。新出现的有三角刀型足。

第五期：西周早中期。此期的爵杯鋬小、双柱更靠后。

● **典型的爵断代标准器**

① 夏晚期素面爵。二里头遗址出土。

② 商早期兽面纹爵。郑州白家庄出土。

③ 商中期兽面纹爵。上海博物馆藏。

① 商晚期兽面纹爵。中国国家博物馆藏。

② 鸟纹爵,西周恭王。扶风庄白出土。

作为爵的一种变体,角出现时间比爵要晚。其基本形制跟爵相同,差别只是在于无流,无立柱,前后皆尖状尾。关于角的定名,也不是得于自铭,其名为宋人所考订。然而今日根据文献资料再次求证,却经不起推敲。《礼记·礼器》记载:"宗庙之祭……尊者举觯,卑者举角。"从考古发掘实际情况来看,这类被称之为角之器,皆大墓所出,墓主人的身份地位显赫,而绝少处于小墓者。另外其常常有盖同出,富丽堂皇,显然不是所谓的"卑者"所举。《周礼·考工记·梓人》贾公彦疏引《韩诗》称:"一升曰爵,二升曰觚,三升曰觯,四升曰角,五升曰散。"据此从容量上来看,角应该为较大容量的酒器。但是从北宋以来被称之为角的这类酒器,其容量与爵并无明显出入。所以角的形名关系问题还有待进一步的考证,这

晨肇宁角,西周早期。信阳地区文物管理委员会藏。

里仅以长期以来约定俗成的称谓姑且名之。

角的功能根据文献记载定为饮酒之器基本上是成立的。结合考古学出土资料，由于其形态与爵相似，于大墓中出土，富丽堂皇，到西周早期以后立刻消亡的特征，或许角是为一种商代末期流行于商王朝的上层贵族阶层区别于其他中小贵族所用的爵，而标示其身份地位的酒器，为爵的一种改造变形。在安阳殷墟大墓里，有20个觚与10个爵10个角的组合，根据商晚期爵觚等量相配（20觚配20爵）的制度，显然此墓所出土的角是爵的一种替代、改造变形的衍生品。到了武王伐商以后，由于商王朝大贵族阶层遭到毁灭性打击，角这种用于高级贵族的器皿，也就立刻衰亡了。

角的流行时间为商代晚期至西周早期，故而不再进行断代分期。唯独1980年河南洛宁出土有一件带管状流的"角"，如下图所示，年代属于夏代晚期前后，笔者认为其仍应归为爵类。

管流爵（角），夏代晚期。河南洛宁出土。

2. 觚

觚，形如上下粗大而中腰细小的圆筒，上为敞口深腹杯，下为外撇的喇叭形高圈足。觚的形名关系，也是沿袭宋人的考订而非青铜器的自铭。其定名的依据是器上有四条扉棱，"削之可以为圜，故曰破觚为圆足之四棱"。但是这种解释疑点颇多，因为这类器物并不是所有的都有扉棱。当下学者多有质疑，只是因成说沿袭已久又没有更充分的证据，目前暂时沿用旧说。

关于觚的用途，据文献考证，仍为酒器。《说文·角部》："乡饮酒之爵也。一曰觚受三升者谓之觚。"《周礼·考工记·梓人》贾公彦疏引《韩诗》称："一升曰爵，二升曰觚，三升曰觯，四升曰角，五升曰散。"据考古资料来看，觚是商文化最具代表性的礼器，它与爵一起，同为区别等级高卑和身份地位的礼器，是商文化铜礼器组合的核心。商文化中，觚与爵等量相配，其数量的多寡，与持有者的身份等级有着直接的关系。从最低级的1觚1爵起，以上依次为2觚2爵、3觚3爵、5觚5爵、10觚10爵和20爵20觚诸等级。其中10觚10爵出土在殷墟妇好墓，妇好为商王武丁之妻，并不是商朝最高等级墓葬，那么未被盗扰的商王大墓或许觚、爵组合的数量更多。

铜觚的实物资料，最早见于商代早期偏晚阶段，盛行于商与西周时期，到西周中期以后衰亡。依其形态可大致分为三期：

第一期：商代早期。此期的觚体粗短，腹部不鼓出，圈足上有宽阔的十字形镂空。

第二期：商代晚期。此期的觚较早期细高，口部外撇程度比早期要大，中腹外鼓。高圈足上镂空呈窄十字形。到晚期的偏晚阶段，十字形镂空消失，圈足下边有一段高台阶。

第三期：西周早中期。此期觚延续商晚期式样，唯新出一种中腰极细不分段式。

● **以下列举各期典型的觚断代标准器**

① 兽面纹觚，商早期。河南郑州出土。

② 旅父乙觚，西周早期。扶风庄白村出土。

兽面纹觚，商晚期。河南安阳出土。

3. 觯

觯，其形制平面呈椭圆形或圆形，立面呈侈口、束颈、垂腹、圈足之状，器口上往往罩有菌状钮弧顶器盖。关于其形名关系，北宋之时王黼在《宣和博古图》中名之为觯，但并没指出其依据。近代王国维根据东周时期有自铭的徐王义楚【耑】，其自铭为𫒧，认为"𫒧"与"觯"为同音假借字，文献中的觯即是指这类器物。自其考证之后，学术界基本从其说，未有异议。

觯的用途据文献记载为"乡饮酒之爵也"，"主人实觯酬宾"，为尊者所举。《礼记·礼器》记载："宗庙之祭……尊者举觯，卑者举角。"那么觯作为一种饮酒之器当无可疑。今考古发掘情况来看，其数量相对来说并不多,且多发现于出土铜礼器较多的墓葬中,单位数量以一件居多,最多的也只有两件,或许正可为"尊者举觯"作注脚。西周早期从考古出土资料来看,已成为礼器组合的重要组成部分。有一爵者往往配以一觯,有两爵者往往配以一觯一觚,表明觯有取代觚的趋势。这从另外一个方面可确定其为饮酒之器。从其形体和容积来看,也确实适合饮酒。

觯最早出现在商代后期,流行于商晚期至西周早期,东周仍可见,但较少。根据其形体可分为两期:

第一期:商晚期。此期觯体较粗,有椭圆体和圜体之分。

第二期:西周早中期。此期觯普遍体较细。

● **典型觯的断代标准器**

鸮纹觯,商晚期。传安阳出土。　　凤鸟纹觯,西周早期。上海博物馆藏。

4. 觥

商晚期龙纹觥。台北"中央研究院"历史语言研究所藏。

觥的基本形制如弯曲之牛角,一端大而开敞,另一端小而封闭。关于觥的形名关系,长期以来一直都有误解。传统上觥指的是前有流、后有鋬,下有圈足的带盖深腹的容器。今考证这类容器实为文献中的卣。详见下文。自这种容器在《续考古图》中被称为兕觥以后,延续至今成为学术界的一种主流认识。根据文献记载,《诗·豳风·七月》有"称彼兕觥"的诗句。今考诸这类器物,其形体硕大,若做容器盛酒尚可,如果用来"称",即举着饮酒的话,似乎不妥当。后世欧阳修在《醉翁亭记》中有:"觥筹交错"的语句,明确觥为酒杯,那么这类明显用以盛酒的容器当作饮酒的觥,肯定是没有说服力的。觥又作觵,《说文解字》:"觵,兕牛角,可以饮者也。"由此推断,铜觥应该为仿照牛或兕的角而做的器物。从考古发掘资料来看,河南安阳殷墟、江苏丹徒烟墩山曾出土过牛角型的铜容器,当就是觥。

觥的用途文献记载相当明确,为饮酒之用。然而目前铜觥的发现极少,可能觥在商代主要是角制而非青铜所制。

铜觥的实物见于商代晚期,其他时代不见,极具代表性。

5. 斝

斝的基本形制为敞口外侈,口上有两柱,身侧有鋬,三足。与爵相似但无流无尾，容量比爵大。斝之名亦非其自铭，是宋代人考订的。最早见于《宣和博古图》，但并未陈述考订的理由。近代学者罗振玉、王国维根据甲骨文资料考证其名为斝，并认为文献中的饮酒器"散"字，就是"斝"字的误称，现在被广为沿用。然而从考古资料来看，西周早期以后，斝这类器物退出了历史舞台，这与《周礼》《仪礼》等主要记载西周礼仪职官的文献常见"斝"之名相违背，况且这些被考订为斝的铜器，一般体量都较大，不宜作为饮酒之用。故而斝之形名关系还有待今后的资料作进一步的考证。

关于斝的用途，据文献记载，是用来盛酒以进行祼礼的用具。《周礼·春官·司尊彝》记载："秋尝，冬烝，祼用斝彝、黄彝。"明确记载斝为祼礼所用。据出土资料来看，有不少斝外底多有烟炱痕，内有白色水锈。结合斝的三足多为中空的形态，便于受热，故而推定其兼具温酒的功能。

斝最早见于夏代晚期，流行于商代到西周早期，为商人的重要礼器，不为周人所重，在西周早期以后基本消失。按其形态可分为球腹圜底、折腹平底或圜底、分裆三类。按时间顺序可分为四期：

第一期：夏代晚期。此期的斝主要为折腹圜底或平底斝，桶状尖锥足细高，与腹部连结为一体。

第二期：商代早期。此期的斝主要为折腹平底斝以及分裆的袋足斝。折腹平底斝平底下接斝空锥足，分裆的袋足斝足跟呈尖锥状。此期的折腹平底斝，三棱状尖锥足较之夏代晚期更为粗壮。

第三期：商代晚期。此期的斝主要为罐型斝和分裆袋足斝。双柱极为发达粗壮，鋬上有兽形装饰，分裆斝由商早期的尖足改为柱足。另见有方体斝，级别较高。

第四期：西周早期。此期的斝分为圜底和袋足斝两类。其袋足斝下部作联裆鬲型，鬲部肥大，裆与足部都比较矮。

● 铜斝的典型断代标准器图表

① 乳钉纹斝，夏晚期。河南博物院藏。

② 兽面纹斝，商早期。河南博物院藏。

③ 小臣邑斝，商晚期。美国圣路易艺术博物馆藏。

④ 罐形斝。河南博物院藏。

西周昭王兽面纹斝。陕西扶风出土。

6. 瓿

瓿的基本形制为大口短颈、肩腹圆鼓、下有圈足的体型较矮容器。这类器皿并没有铭文自铭，其定名乃源于文献资料的考订。瓿的称谓不见于先秦文献，是东汉才见于文献资料的。东汉许慎《说文解字·瓦部》："瓿，甂也。"又称："甂似小瓿，大口而卑。"北宋《考古图》最早将这种似罍但比罍口大体矮者定名为瓿，然而疑点颇多，有待进一步的资料确考。

瓿的用途，根据其形态来看，应属于罍属，而罍为盛酒器，则瓿主要也用于盛酒。然《说文解字》记载其"用食"，《汉书·杨雄传》所记以瓿盛酱，故而可能也兼做食器。1986年北京大学考古系等单位在山西曲沃曲村遗址发现一个形制近似簋的瓿，或许瓿这类器在商代晚期以后渐渐地融汇于簋而做食器。

瓿出现于商代中期，流行时间很短，在商代晚期即消失，是较具商文化特质的典型器。根据其形态可分为两期：

第一期：商代中期。此期的瓿形似罍，但比罍要低矮，折肩，肩腹部之间的折痕明显。圈足上有镂空装饰。

第二期，商代晚期。此期的瓿形似鼓腹敛口簋，圆肩，肩腹部转折不明显。圈足上无镂空装饰。

● **典型的瓿断代标准器**

商中期兽面纹瓿。河南灵宝东桥出土。

商晚期妇好瓿。河南安阳小屯出土。

7. 方彝

方彝的形制平面呈长方形，仿宫室外形，上有四阿顶盖，中为斗形器身，下接方形圈足。彝本是青铜器的通称，商代至战国时期的铜器中，各类饮器、食器、洁器都有自称为彝的现象。故而彝应泛指"宗庙之常器"。作为专名的彝，既不见于先秦文献也不见于青铜器自铭。关于彝作为专名确指这类方形器，乃始至于北宋王黼《宣和博古图》。盖因为这类方形铜器没有名称，故而用其共名"彝"来称之。由于其沿用时间较长，也就广为人所接受。但是其定名本身是很不科学的，随着将来新的资料出土或者文献上新证据的发掘，其形名关系的问题有望得到深入研究。

方彝的用途由于文献记载的缺失已经不好考证。但是从其形态来看，主要为盛器。由于方彝的腹壁较深且直，器腹深度超过器口长度，宜用于盛酒浆而不利于盛饭食，所以其用途推定为盛酒之器应是恰当的。

方彝发现得较晚，在商代晚期始见，一直行用到西周早期，西周中期以后消失。根据其形态可分为两期：

第一期：商晚期。此期的圈足上有缺口。就其相对年代来说，年代越晚其体态越由瘦高变得矮胖，腹部也由直壁变得外鼓而曲，使得腹部与足部连接处由一体变得分离。

第二期：西周早期。此期的圈足上无缺口，腹部绝大多数由直壁变得弯曲，使得腹部与足部连接处由一体变得分离。

● **典型方彝断代的标准器**

① 商晚期子蝠方彝。美国哈佛大学艺术馆藏。

② 西周早期兽面纹方彝。河南洛阳马坡出土。

8. 卣

卣的基本形制为前流上昂，后有鋬，高圈足，兽型器盖。关于卣的形名关系有必要详加说明。传统上一直将卣称作觥，而将提梁壶称作卣，实为北宋以来形名考证的一个误解。关于卣的造型，《周礼·春官·鬯人》中记载有"庙用脩"。脩读为卣，郑玄注："中尊，谓献象之属。"即，中尊，为牺象之形应为卣的基本形制。从古文字学的考证上来看，就造字法分析，此类中尊，为牺象之形的器物，其外形结构酷似"卣"字。昂首（丨）、短流（一）、尊身（口）、带鋬（Σ）。只是在造字之时，将鋬部书于身内，以节省字体空间，这是汉字造字习惯手法。

就卣的用途来看，其为尊贵的酒器，专用以盛祭祀所用的"鬯"酒。这从文献中可看出来。盂鼎铭文赏赐"秬鬯一卣，清酒百壶"。以"一"来修饰卣，以"百"来形容壶，表明卣的存世量应远远小于青铜壶。而目前无论从考古材料还是传世材料来看，其实物数量确实远小于铜壶，正与文献相符合，显示了其尊贵性。

卣始见于商代晚期，在商晚期到西周早期流行。从其形态来看，商代晚期的卣呈圆体，西周时期体更显方些。

- **典型卣的示意图**

商晚期兽面纹卣。美国旧金山亚洲艺术博物馆藏。

西周恭王
㝬卣。陕西扶
风庄白出土。

9. 尊

尊的形制为喇叭形长颈侈口、鼓腹、高圈足。尊与彝一样,是商周青铜器的通称。尊作为特指的鼓腹容器,其命名源于北宋王黼的《博古图》。现代考古发现东周时期的蔡侯墓出土铜尊与盘配套。且其盘有自铭为"舟"。《周礼·春官·司尊彝》注引郑司农云:"舟,尊下台,若今时承盘。"因此,与舟配合使用,置于其上的这类容器命名为尊,基本得到学术界的认可。尊的用途为盛祭祀用的鬯酒,故而鼓腹能容是其基本特征。后来将鼓腹能容的鸟兽形容器也习称为尊,故而尊依其形态可分为几何形尊与鸟兽形尊两类。

考古资料显示,青铜尊始见于商代中期前后,在商晚期及西周早中期最为流行,为商人高级贵族铜器组合中不可或缺的器类。西周中期以后渐不流行,仅在一些高级贵族的墓中见少量仿古的作品,地位远不及商代晚期。按

其形态及发展可将青铜尊分为三期:

第一期:商代中期。此期的铜尊为圆折肩几何形尊,肩部较广,高圈足上有镂空。

第二期:商代晚期至西周早期。此期的铜尊流行方折肩几何形尊及觚式尊和兽形尊几种型式。几何形尊高圈足上无镂空。兽形尊主要为象、犀、猪等大型动物造型。

第三期西周中期以后。此期的尊流行觯式尊及鸟兽尊,觯式尊形似觯,但比觯要更显巨型,容器的作用明显。鸟兽尊主要包括鸟、鸭、鸠、貘、马、鹿、兔、象等形态。

● **典型青铜尊断代标准器**

商中期龙虎尊。中国国家博物馆藏。

商晚期四羊方尊。中国国家博物馆藏。

① 西周早期何尊。宝鸡市青铜博物馆藏。

② 西周中期效尊。日本白鹤美术馆藏。

10. 罍

罍的形制为小口、直颈，广肩，肩部或饰有耳，下部有一鼻钮。罍的命名源自器物的自铭，如陕西扶风县庄白1号窖藏出土的陵方罍铭文："陵作父日乙宝罍"，形名关系清楚。罍的用途据《说文解字》释櫑（即罍）为"龟目酒尊"，可知罍与尊相类，皆为盛酒礼器。其质地有陶、木、铜多种，故古文献多有罍、櫑、鑘不同的写法。依其形制有圆、方两类。

考古资料显示，青铜罍出现于商文化中晚期之际，流行于商晚期至西周早中期，西周晚期以后为青铜瓿取代。按其形态可分为两期：

春秋棘刺纹尊。镇江博物馆藏。

第一期：商代晚期。此期的铜罍方圆皆有，肩上多有錾耳，腹下有一兽形钮，平底或方圈足，一般而言年代越晚，圈足越高。

第二期：西周早中期。此期铜罍以圆体为主，肩上多为兽首衔环耳，圈足，圆肩较广且隆起。一般而言，年代越晚，体形越矮。

- **典型青铜罍断代标准器**

商晚期青铜罍。河南省新乡市博物馆藏。

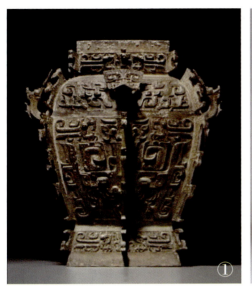

① 皿天全方罍。湖南省博物馆藏。

② 西周中期火龙纹罍。陕西历史博物馆藏。

11. 罍

铜罍形制与罍近似，与罍相比，肩部较宽广而圆折，底部无圈足。肩上为两龙形或圆形钮。罍的定名源自其自铭，如湖北随州熊家老湾出土的曾伯父罍，又比如上海博物馆藏仲义父铜罍，肩上有铭："仲义父作旅罍"。因其自铭故而与罍分别开来，独立为一个器类。

考古资料显示，罍出现在西周晚期，流行于西周晚期至春秋早中期之际，为周文化所特有的器类。由于它的出现时间恰恰与罍的消亡时间相衔接，故而学者普遍认为，罍或为罍的替代品。

铜罍一般鉴定为西周晚期至春秋早期，故而不再作分期。

● **仅举断代标准器如下**

西周晚期仲义父罍。上海博物馆藏。

春秋龙纹罍。

12. 壶

壶的形制如古文字中"壶"字的象形，口沿上有盖，颈、肩两侧设耳以供提携，腹部鼓出，器底设圈足。壶的命名源自器物的自铭，多自铭为"壶""甫"等。壶、甫古音相近，后者应是前者的假借字。壶有自带提梁者，在自北宋吕大临的《考古图》考证以来，一直被称作"卣"。依据的是"乐司徒从卣"的自铭，有学者指出其古文字释读的错误。从其形制来看，与西周自铭为壶者器物并无实质区别，故而所谓的提梁卣其实都是提梁壶。到了秦汉时代，人们还习惯将圆筒形的壶称为"鋞"，将扁壶称为"榼"或"錍"，将圆腹壶称作"锺"，将方腹壶称作"钫"。

从商代到汉代，不少壶内仍保存着酒类性质的液体，还有的壶内放有挹取酒用的铜斗。这说明青铜壶主要为盛酒器。铜壶的种类繁多，按其耳部形态可分为贯耳式、环耳式、兽首衔环耳式、铺首衔环耳式等；按其口颈形态可分为直口式、曲颈式、蒜头式等，按其腹部形态可分为圆腹型、方腹型、扁腹型、象生型等。

青铜壶自西周以后成为礼器组合的必备之器，是铜礼器群必不可少的组成部分。按其形态的发展演变可大致分为五期：

第一期：商代中期。此期壶多为提梁式，盖上多为菌状或半环状小钮。壶身更显瘦高，圈足上有镂空。提梁两端环部无兽头形装饰。

第二期：商晚期至西周早期。此期壶盖上多为瓜棱型或圈足状钮，圈足状钮壶尤以西周为多。壶身显低矮，圈足上无镂空。提梁两端多以兽头作装饰，富丽豪华。

第三期：西周中晚期。此期壶盖多为圈足状捉手，到晚期开始出现莲瓣形，装饰兽首衔环耳。

第四期：春秋至战国早期。此期壶盖多成莲瓣形，体椭方，腹侧多为攀附兽形，圈足底下接圆雕式兽足，较西周晚期相比，增加了更多的附加装饰。另一方面，象生式的瓠壶、鱼形壶流行，并且在流行地域有各自的别名或专称，如鈚、錍等。

第五期：战国中期至汉代。此期圆壶壶腹最大径上移至壶中部，新出现方壶、蒜头壶、扁壶等多种形式。腹侧多流行装饰铺首衔环耳。

① 商中期兽面纹壶。湖北省博物馆藏。

② 商晚期兽面纹壶。湖南省博物馆藏。

③ 西周中期波曲纹壶。陕西扶风齐家村出土。

④ 春秋莲鹤方壶。新郑李家楼出土。

⑤ 战国中期勾连云雷纹方壶。河北平山出土。

西汉中期甄氏壶。河北省文物研究所藏。

13. 樽

樽的基本形制为盆形或桶型，有盖，腹侧两旁有铺首衔环耳，下接三足，是一种用途很广的容器。从出土材料来看，它可以盛肉食、肉汤、酒，甚至竹简。亦可兼做温酒器。

樽的实物资料最早见于战国时期，秦到东汉时期成为当时最为流行的酒器。其命名得自于自铭，自铭为酒樽或温酒樽。自战国到汉代形制变化不大，此处不作断代研究，仅列几件典型的标准器以供断代参考。

① 战国中期错银兽面纹樽。

② 西汉晚期鎏金兽纹樽。
山西左玉大川出土。

③ 东汉晚期凤鸟禽兽纹樽。
广州市博物馆藏。

14. 鐎

鐎斗的基本形制为盆形、有流、平底或圜底、三足，一侧有兽首形錾，多为龙首。其定名源自青铜器的自铭，型名关系清楚。鐎斗的用途主要用来温酒、盛羹以及温羹。其起源于东周时期的鐎盉，西汉时期始为柄形，三国两晋南北朝时期继续流行，沿用至隋唐时期。按其形态可分为三期：

第一期：两汉时期。鐎斗为折沿敞口、浅腹圜底，口沿无流。

第二期：三国至南北朝时期。此期鐎斗口变小，腹变深，底变平，足外撇，带流，柄多为龙首。

第三期：隋唐时期。此期造型与南北朝时期相近，惟柄多为凫首。

● 鐎斗断代标准器举例

① 西汉晚期龙首鐎。广西壮族自治区博物馆藏。

② 三足式鐎斗。

15. 耳杯

耳杯的基本形制为椭圆形，两侧各有一弧形的耳。亦名"羽觞"，其形状似雀，两耳像雀之双翼。盛行于战国、汉代至晋。长沙马王堆汉墓出土的耳杯，制作精美，且书有"君幸食""君幸酒"字样。标明耳杯的用途既用来饮酒，也可盛羹。

历代耳杯的形态基本相同，无明显变化，不再作分期研究。

● **仅列典型器如下**

西汉中期阳信家耳杯及温酒炉。茂陵博物馆藏。

16. 瓒

青铜瓒的基本形制为有柄、桶型杯身。曾被定名为带柄觚或勺，其定名源自青铜器自铭。1976年陕西扶风县黄堆乡云塘村窖藏坑出土一对铜瓒，自铭为瓒。从文献记载来看，《尚书·文侯之命》"圭瓒"，伪孔传解释为："以圭为杓柄，谓之圭瓒。"湖北荆门包山2号楚墓出土的近似勺形的木器，遣册就记作"二瓒"和"二雕瓒"。青铜器的自铭于文献记载以及出土遣册记载均一致，故而此器物的形名关系清楚。

瓚为文献明确有记载的盛酒礼器，主要用于盛酒祭祀以及宴飨宾客。《周礼·春官·典瑞》记载："祼圭有瓚，以肆先王，以祼宾客。"伯公父铜瓚铭文也记载了："伯公父作金瓚。用献用酌，用享用孝……"

铜瓚的实物资料在商周时期都有发现，由于数量较少，不再作分期研究，仅举两件典型的断代标准器以供参考。所见者商代瓚为觚形杯身，两周时期为高柄杯形杯身。

① 商代兽面纹铜瓚。江西新干大洋洲出土。

② 西周中期伯多父瓚。陕西扶风召陈出土。

③ 鸟纹瓚。北京故宫博物院藏。

二、青铜食器

青铜食器是商周时期贵族在进行祭祀、丧葬、朝聘、征伐和宴享、婚冠时举行礼仪所使用的器物。作为礼仪重器，不同规格大小的青铜器皿盛煮食物可以代表相应的贵贱等级。青铜食器主要包括用于烹饪的鼎、鬲等和用于盛装黍稷的簋、簠、敦、豆等。附属于饪食器的有刀俎等。

1. 鼎

鼎的基本形制为三足两耳中腹。按照鼎的用途主要分为三类，即镬鼎、升鼎和羞鼎。"镬鼎为烹饪煮肉的大鼎"，《周礼·天官·亨人》："掌共鼎镬。"郑玄注："镬所以煮肉及鱼腊之器，既熟，乃脀于鼎。"升鼎是实牲之鼎，也就是周文化铜礼器中的"正鼎"。升是将煮熟的牲肉转盛于进献用的鼎的动作。升鼎也称为列鼎。考古发现的周文化成套铜升鼎的数量从九鼎到一鼎皆有，造型基本相同，大小逐渐相次。据礼书记载，一套正规的升鼎为奇数，天子所用九鼎，诸侯所用七鼎，鼎实为牛、羊、豕俱全的"太牢"；卿大夫使用五鼎，鼎实为无牛而有羊、豕的"少牢"；士用三鼎或一鼎，鼎实仅有豕的"牲"或"特"。羞鼎是盛放滋味备至"庶羞"的铜鼎，相对于盛放"不致五味"大羹的正鼎而言，称之为"陪鼎"。按照《仪礼》等记载，正鼎是太牢九鼎或七鼎可陪羞鼎三，正鼎是少牢五鼎可陪羞鼎二，正鼎是牲三鼎或特一鼎者，只陪羞鼎一。周文化的墓葬中，以随葬正鼎的居多，最多者为九件成列，有的甚至陪葬数套正鼎，以至于出土鼎的数量有的达到数十件之多。陪鼎随葬的数量和规律尚不明确。

青铜鼎最早见于夏代晚期的二里头文化遗址，一直沿用到汉代。依其形态可分为圆鼎、方鼎、罐形鼎、盆形鼎、温鼎、束腰平底鼎等类别。根据其造型的演变规律，可将青铜鼎分为八期。

第一期：夏代晚期。此期的鼎目前仅发现一件，器薄、立耳小、平底、尖锥足。

第二期：商代早期。此期的鼎有圆鼎和方鼎两类。器薄、直立耳较小、尖锥状足，方鼎的平面呈正方形。年代越晚者，立耳越高大，器体也越显厚重。

第三期：商代晚期。此期的鼎也是方圆皆有，器体普遍厚重、直立耳发达，鼎足由商早期的尖锥足演变为柱状足，扁足鼎流行。方鼎平面呈长方形。

第四期：西周早期。此期的圆鼎流行分裆鼎和平底的盂形鼎。方鼎的柱足较商代晚期更显细高。

第五期：西周中期。此期的鼎腹部横宽，腹由深变浅，鼎腹的最大径在下腹，造成腹部下垂之感。

第六期：西周晚期。此期的圆鼎除垂腹的形制外，还可见半球形，足断面呈"C"字形，流行上小下大的兽蹄形足。

第七期：春秋战国时期。此期的鼎多为附耳带盖鼎，子母口，兽蹄形足。

第八期：汉代。此期的鼎足根部肥大，有的腿足演化为熊足，鼎腹外围常有一周凸起的宽边装饰。

- **历代青铜鼎断代标准器举例**

夏晚期几何纹鼎。
河南二里头遗址出土。

① 商早期弦纹鼎。河南郑州出土。
② 商晚期兽面纹鼎。河南安阳郭家庄出土。
③ 西周早期堇鼎。北京琉璃河出土。
④ 西周中期大克鼎。陕西扶风任家村出土。
⑤ 西周晚期毛公鼎。陕西岐山出土。
⑥ 春秋蟠螭纹鼎。山西省考古研究所藏。

第二章 青铜器形名鉴识与断代

④

⑤

⑥

① 战国中期三牲鼎。河北省文物研究所藏。

② 西汉中期兽钮熊足鼎。河北满城汉墓出土。

2. 鬲

鬲的基本形制为立耳、侈口、分裆、袋足,与鼎相似,而器底三分为袋足。鬲的定名根据其自铭,《尔雅·释器》记载:"鼎款足者谓之鬲。"《汉书·郊祀志》也称鼎"空足曰鬲"。故而不少有自铭的青铜鬲自称为"鼎"。

鬲的功能为煮粥、烹饪之器。底足为空足,以加大受热面积。鬲是商文化中新出现的铜器种类,在商文化中数量、比例较小,到了西周中期以后很是盛行,成为不可缺失的礼器。鬲常常成组地被发现,最多有10件一组的。到了春秋战国之际,鬲多以偶数组合与列鼎配合使用,数量与铜簋相当,起着陪鼎的作用。到战国晚期以后衰亡。

依据鬲的形态,可将其分为三期:

第一期:商代早期。此期的鬲体态较高,一耳与一足对应,呈四点配列式,袋足肥大,分裆明显,下接空尖锥足根。

第二期:商代晚期到西周早期。此期的鬲器体变矮,耳与足不再对应,呈五点配列,肩颈不分,联裆,下接实的平根柱足。

第三期:西周中晚期至春秋。此期的鬲体态较矮,横宽,口沿平折,无耳,足跟由柱足变为蹄足。袋足脊背之上有扉棱。

3. 甗

甗的基本形制是上甑、下鬲,中间有箅子隔离。甗的定名考证源自青铜器的自铭,形名关系清楚。

甗的用途据北宋王黼的《宣和博古图》记载:"甗之为器,上若甑足以炊物,下若鬲足以饪物,盖兼两器而有之。"可知是一种炊器,其下的鬲部盛水,上面的甑部盛食,利用受热以后的水蒸气蒸熟甑部的食物。中间设有箅子,有的铜甗箅子可能为其他材料代替,故而在实物中不见。从考古发掘资料来看,铜甗在商文化中出土较少,西周时期逐渐增多,到春秋战国时期,一般只出土于较大规模的墓葬,并且一个铜器群一般只出土一件,是高

● 历代青铜鬲断代标准器举例

① 商代早期人字纹鬲。河南郑州张寨南街出土。

② 西周早期伯矩鬲。北京琉璃河出土。

③ 西周晚期鲁宰驷父鬲。山东邹城出土。

级贵族的器用之一，具有标明身份的作用。

鬲的实物最早见于商代早期，出土于湖北黄陂盘龙城商代遗址。由于其实用性强，一直到汉代以后才消失。根据其形态可以分为五期：

第一期：商代早期。此期的甗甑、鬲合体，口沿平折，上无立耳，甑部肥短，鬲部呈尖锥足。早期偏晚阶段甗口沿斜折，出现立耳。

第二期：商代晚期。此期的甗为立耳或錾耳，甑部瘦长，鬲部浅宽，下接柱状足。直立耳年代越靠后越往外撇。

第三期：西周时期。此期均为联裆甗、柱足，新出现方形四足甗。形制有从瘦高变得较为粗矮的趋势，其稳定性较强。

第四期：东周时期。此期的铜甗主要有方、圆两类，几乎都为甑、鬲分体式，下接蹄形足，甑、鬲部一般为附耳，耳以环耳居多。

第五期：汉代。此期的铜甗鬲部无足，被釜代替，一般为铺首衔环耳。

● **历代青铜甗断代标准器举例**

① 商早期青铜甗。湖北省博物馆藏。

② 商代晚期兽面纹甗。陕西凤翔花园村出土。

① 西周素面方甗。河南洛阳马坡出土。
② 春秋早期兽目交连纹甗。三门峡虢国墓地出土。
③ 西汉中期赵献甗。河北满城陵山刘胜墓出土。

4. 簋

簋的基本形制为侈口、鼓腹、圈足，形如带有圈足的圆形碗或盆。簋的定名源自青铜器的自铭，宋代的金石学家误将其自铭释读为敦，直到清代学者才将其纠正过来。

簋的用途为盛食的容器。《周礼·地官·舍人》记载："凡祭祀，共簠簋。"郑玄注："方曰簠，圆曰簋，盛黍稷稻粱器。"

青铜簋最早出现于商代早期，在商文化中地位不太高，这可能与商人重酒的仪俗有关。到了西周时期，簋的地位大增，簋以偶数的形式与鼎相配成为周文化的核心礼器组合。鼎、簋的配合依身份地位的高低，主要为9鼎8簋，7鼎6簋，5鼎4簋，3鼎2簋，以及1鼎1簋组合。大约西周中晚期出现大小形制、纹饰相同的列簋。到了春秋中期以后，簋的地位和作用开始发生变化，其使用范围缩小，数量锐减，仅在一些旧制残存的大型墓葬中使用，鼎簋组合配置的数量关系不复存在。到了战国晚期以后，基本退出历史舞台。

依据青铜簋的形制可分为五期：

第一期：商代早期。此期的簋无耳或鋬形耳，耳下无珥，圈足上有镂孔。

第二期：商代晚期。此期的簋以鋬耳为主、侈口，无耳簋仍较多见，偶见敛口带盖簋。鋬耳下有的还有小垂耳，高圈足，圈足上面没有镂空。

第三期：西周早期。此期新出现方座簋、四耳簋，敞口鼓腹、鋬耳，一般耳下有较大垂珥，新出现有垂珥长过圈足并用以支撑整器的现象。

第四期：西周中晚期。此期流行敛口簋，多有盖，腹部下垂、圈足下面接三足，并新见有环耳衔环的形制。

第五期：春秋战国。此期流行环耳簋，盖上有三个半环钮。

● 历代青铜簋断代标准器举例

① 商早期兽面纹簋。

② 商晚期母己簋。河南安阳孝民屯出土。

① 西周早期利簋。陕西临潼出土。
② 西周中期伯簋。山西曲沃曲村出土。
③ 春秋晚期兽目交连纹簋。河南博物院藏。

5. 盨

盨的形制平面呈椭圆形或圆角长方形，有盖、敛口、双耳、圈足，盖上设有圈状或矩尺状提手。盨的定名源自青铜器的自铭。由于其流行时间较短，先秦礼书中无盨之名，后世文献也记载混乱、解释不清，直到近代通过考古发掘并结合文字学考证，才彻底纠正过来。

盨的功用与簋相同，形态亦与同时代簋相近。在一些墓葬中，存在以盨代替簋的现象，其铭文除自铭为"盨"以外，也有多例自铭为簋者，这都说明盨、簋的功能用途相同。

依据考古发掘资料，盨最早出现于西周中晚期，在西周晚期最为流行，到春秋早期以后遽然消失。有学者通过其仅在大墓出土的特征，推断盨作为身份地位的象征，行用于高级贵族之中，而中小贵族无权使用。随着两周之交，大贵族遭到毁灭性打击，故其在春秋早期急剧消失。

由于其行用时间较短，其演变规律有待进一步的研究。现选取部分断代标准器以供参考。

西周晚期盨。

人形足簋。山西曲沃北赵村出土。

6. 瑚

瑚的基本形制如同上下扣在一起的两个长方形方圈足铜盘。这种形态的器物定名依据其自铭。胡、瑚也屡见于先秦文献，一般胡簋连称或对称。由于瑚在功用和古音上，与另一种青铜器"簠"相似，长期以来瑚被当作簠，这种现象一直影响到现代。目前青铜器研究方面的书籍以及博物馆的标识都将瑚当作簠，实为一种延续了数百年的错误。

瑚的用途与簋、盨相似但又有所不同，出现时代较晚，为周文化独创之器，用以盛放稻、粱以供祭祀。考古发掘的瑚最早见于西周早期，一直沿用到战国时期，战国以后衰落。

依据瑚的形态变化，可以将其分为三期：

第一期：西周期。体态较高，四坡较陡，器盖沿上、器口下未形成直壁。圈足较矮小，远小于口径。

第二期：春秋时期。体态较矮，四坡较缓，器盖沿上、器口下形成一段较矮的直壁。与口径近同。

第三期：战国时期。体态较高，器盖沿上、器口下形成一段较高的直壁。方圈足高大，显得稳重大气。

● 历代青铜瑚断代标准器举例

① 西周晚期伯公父瑚。陕西扶风云塘村出土。

② 春秋晚期蟠蛇纹瑚。太原金胜村出土。

宋公瑚。河南省文物考古研究院藏。

7. 豆

豆的基本形制为深盘觚形柄。豆的形名关系比较明确，其定名源于自铭。甲骨文中"豆"字为象形字，正像盛有饭食的高柄器皿之形。豆的盘壁外部常有漩涡纹的装饰，应该是仿木豆或漆豆装饰蚌泡的效果，从另一个角度确定了豆的形名关系。然东周方形青铜豆有自铭为"盍"者，当属地域性的别称。

豆的功能据文献记载为盛放肉酱等调味品。《周礼》："醢人，掌四豆之实。"并明确记载其实为肉酱、酸菜之类。然根据甲骨文的字形分析，豆在商代可能作为盛放饭食使用。周文化中豆是一种重要的礼器，体现使用者身份地位，不同身份的人其使用豆的数量有别。《礼记·礼器》记载："天子之豆二十有六，诸公十有六，诸侯十有二，上大夫八，下大夫六。"但是从考古发掘来看，青铜豆的出土并不多，可能当时主要以陶和漆木为之。东周时豆的地位进一步提高，甚至在铜礼器组合中取代了簋和敦的位置。

青铜豆的实物资料最早见于商代晚期，流行于周文化时期，到战国晚期以后衰亡。根据其形态特征，青铜豆可分为四期：

第一期：商代晚期。此期的豆盘较深，豆柄粗直不分段。

第二期：西周时期。此期的豆腰部多有一圈箍棱，形如分段。

第三期：春秋时期。此期的豆有盖，豆柄较高，腹侧多无环耳。

第四期：战国时期。此期的豆有盖，豆柄较矮，腹侧均有环耳。

● 历代青铜豆断代标准器举例

① 商晚期素面豆。

② 西周周生豆。陕西宝鸡出土。

③ 春秋晚期螭龙鋬豆。美国大都会博物馆藏。

④ 战国早期错金云纹豆。山西长治分水岭出土。

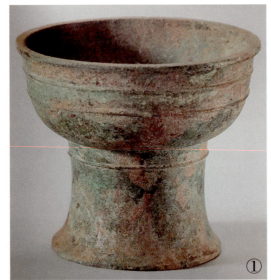

8. 敦

敦的基本形态为两个环耳鼎形或盂形器扣合在一起，为器、盖形态基本相同的圆形有盖三足或圈足器。在齐文化与楚文化的铜敦中，有自铭为敦者，故其形名关系较为确切。按其形态可分为盆形敦、鼎形敦和盛形敦数种。

关于敦的功能，《礼记·内则》"敦牟卮匜"郑玄注："敦、牟，黍稷器也。"文献记载"敦与簠、簋容受虽同，上下内外皆圆为异"。

青铜敦流行于东周时期，在晋文化、燕文化、齐文化、楚文化中常见。各文化区在形制方面略有差异和特色，以下举数例青铜敦作为断代参考。

战国早期变形蟠龙纹敦。北京市文物研究所藏。

① 战国早期镶嵌云纹敦。湖北省博物馆藏。

② 战国中期素面敦。中国国家博物馆藏。

9. 簠

簠的基本形制为浅盘镂空柄。与豆的形制较为相似，只是盘腹较浅，柄部镂空。自古以来，学者误将瑚定名为簠，并流传甚广，目前所见绝大多数研究青铜器的书籍以及博物馆著录仍延续着这一看法。据《说文解字》释簠为"黍稷圜器也"，很显然，这与瑚之为方器相抵触。直到此类器有自铭为簠者出土，其形名关系才得到比较好的解决，也正符合文献描述其为圜器的记载。

簠的功能据《说文解字》记载为盛食器，根据其镂空和浅盘的形态来看，似乎是仿于竹制之筐，因为竹编有孔隙，故而青铜簠多镂空。作为青铜礼器的簠，在周文化的铜器组合中，成偶数出现。《礼记》记载："鼎俎奇而筐豆偶。"簠仿自筐，也应是以偶数的形式出现。

簠最早见于西周早期偏晚阶段，在西周晚期到春秋早期流行。依据其形态演变可分为二期：

第一期：西周早期中期。此期簠粗柄较直，形态稍矮。

第二期：西周晚至春秋早期。此期的簠柄较前期更细高，中腰内弧，腰际有凸棱。

● **历代簠断代标准器举例**

西周中期微伯簠。
陕西扶风庄白村出土。

① 西周晚期鳞纹簋。陕西岐山董家村出土。

② 春秋早期窃曲纹簋。湖北随州博物馆藏。

10. 俎

西周早期带铃俎。辽宁省博物馆藏。

俎形态似家具几案，但比几案小。俎是用来盛肉和切肉的案子。陕西扶风窖藏出土铜壶有铭文记载俎的用途是放置麂、羊等牲肉的。《礼记·燕义》说："俎豆牲体，荐羞，皆有等差，所以明贵贱也。"《周礼·天官·膳夫》记载周王每天燕飨，"鼎十有二，物皆有俎"。由此可见俎通常与鼎相配用于宗庙燕飨，是一种重要的礼器。

青铜俎目前的出土器包括传世器罕见，主要为商代晚期和西周早期。可能当时的俎主要为漆木器而非铜器。这里不再作断代分期。

11. 匕

匕的基本形态为前匙后柄。其定名源自青铜器的自铭。

匕的主要用途为从鼎、俎上挹取牲体，或者是挹取饭食。《说文·匕部》："匕，所以用比取饭。"《仪礼·士婚礼》记载："匕俎从设。"郑玄注："匕所以别出牲体也。"从考古发掘情况来看，匕常常放在鼎、鬲或者甗当中，证实了文献的记载。

匕的发现最早在商代，流行于西周到战国时期。依其形态可分为两期：

第一期：商代至西周。此期的匕身一般呈两端尖锐的阔叶形，匕柄较扁，后部磬折，握手端稍宽。

第二期：东周。匕身一般椭圆。

● **青铜匕断代标准器举例**

① 西周早期透雕龙纹匕。

② 战国早期错金铭文匕。辽宁省博物馆藏。

12. 釦

釦的形制平面呈椭圆形，腹较浅，腹壁内收，平底或圈足，器两侧带有两环耳。釦通常被称为舟、椭杯或铏，后常见其自铭，遂正式确定为釦。然而文献并没有釦之为青铜礼器的记载，故而有学者指出，釦即为文献中的铏。

铏是古代盛菜羹的器具。《仪礼·公食大夫礼》记载："宰夫设铏四于豆西东上。"注："铏，菜和羹之器。"

铜釦实物资料最早出现于春秋中期，流行于春秋晚期到战国早期，战国中期以后逐渐消失。依其形态可大致分为两期：

第一期：春秋中期。此期釦口部较小，鼓腹，圜底。

第二期：春秋晚期到战国早期。此期釦口部变大，肩部逐渐不明显，底多置圈足或四小足。

● **青铜釦断代标准器举例**

春秋蟠蛇纹龙耳釦。

战国早期云纹錍。山西原平出土。

三、青铜洁器

礼之初，始于饮食。作为饮食之器的青铜容器，其在器用制度方面，处处体现着中国的"礼"的原则，规范着青铜时代人与人之间的秩序，也维系着整个社会正常秩序的运转。还有一类青铜容器，它们并不与饮食之器直接相关，由于据考证主要用以盛水，遂被历代藏家甚至是近代诸位知名的青铜器研究专家学者定为水器类。这类青铜器当然与盛水有关，但是考虑到它们在礼文化中的重要地位，考虑到作为礼器的青铜器在礼文化中的统一性，在这里，笔者认为将它们称为洁器更妥当。

饮食以洁是礼文化中相互尊重的表现，正所谓"食以洁为先"。《仪礼》记载："共饭不泽手。"在燕飨之时，手必须要干净，故而古人有一套盥洗之礼。文献记载："少者奉盘，长者奉水，请沃盥，盥卒授巾。"为了仪式感，也为了表现虔诚与尊重，在某些祭祀场合之前、在社交活动之中，洁器作为沐浴、盥洗等礼仪必备的器用，不可避免地也体现着礼的精神内容。

1. 盘

盘的基本形制为大口浅腹圈足。盘的定名源自青铜器的自铭，形名关系清晰准确。

盘的用途据《说文解字》记载为"承盘也"。在西周时期成为行盥礼的基本器用，也是周文化铜器的基本器类。《礼记·内则》记载："进盥，少者奉盘，长者奉水，请沃盥。"即盘是在沃盥之时用来承接洗手后弃用的脏水的用具。

青铜盘最早见于商代早期偏晚阶段，刚出现时比较少，仅出土于大型的墓葬。在周文化中流行，战国以后，礼崩乐坏青铜盘衰落。依据其形态的演变，可以分为四期：

第一期：商代早期。此期的盘腹部较深，无耳，圈足上有十字形镂空装饰。

第二期：商代晚期至西周早期。此期的盘腹部相对早期略浅，仍为无耳的式样，圈足上无十字形镂空装饰。

第三期：西周中晚期。此期的盘一般有两个附耳，盘底多有长篇铭文，双耳斜侈，圈足。

第四期：春秋战国时期。此期的盘为双附耳或龙形耳，圈足底下常接三短足，或省略圈足下直接接三足。

● **历代青铜盘断代标准器举例**

商早期兽面纹盘。河南郑州出土。

① 商晚期龟鱼纹盘。传河南安阳出土。

② 西周恭王时期墙盘。陕西扶风庄白村出土。

③ 战国早期曾侯乙盘。湖北随州曾侯乙墓出土。

2. 匜

匜的基本形制为敞口、圜底或平底、槽状流、半环形鋬，四足或无足。匜的定名源自青铜器的自铭，形名关系清楚无误。当然也有部分器物自铭为"盉"，应与盉关系密切。青铜匜出现得较晚，与青铜盉在时间上有先后交替的关系，说明青铜盉在早期起着青铜匜的作用。

匜的用途文献记载得极为清楚。《左传·僖公二十三年》："奉匜沃盥。"郑玄注："匜，沃盥器也。"孔颖达疏："匜者，盛水器也。盥谓洗手也，沃谓浇水也。怀嬴奉匜为公子浇水，令公子洗手。"从其形态来看，铜匜大概是仿自瓢。

匜的起源比较晚，最早在西周中晚期之际发现实物，一直行用至秦汉时期。根据其形态可分为三期：

第一期：西周中晚期至春秋。此期的匜鋬耳，下接三足或四足。从早到晚流变得稍长且更上扬。

第二期：战国。此期的匜呈瓢型，平底无足，无鋬。

第三期：秦汉时期。此期的匜呈瓢型，流变小，逐渐异化，成为日常生活中的实用之器。

● **历代青铜匜断代标准器举例**

春秋早期樊夫人匜。河南信阳平西出土。

① 战国早期曾侯乙匜。湖北随州曾侯乙墓出土。
② 秦方匜。湖北云梦睡虎地出土。

3. 盉

盉的基本形制为管状流、上有口、侧有鋬、下有三足或四足。盉的定名源自青铜器的自铭,形名关系对应清楚。

关于盉的用途,《说文解字·皿部》记载:"盉,调味也。"清末陕西宝鸡出土的西周青铜盉与其他酒器一同置于铜禁之上,可以推测其或为调和酒水浓淡之器。西周至战国青铜器铭文有盘、盉并称者,出土物也见盘盉同出。故而推定在匜未行用之前,盉取代着匜的地位作为盥洗之器。

青铜盉起源于夏代,一直行用至战国,是较早出现的铜礼器种类之一,依其形制可划分为前后演变的四期:

第一期:夏代至商代早期。此期青铜盉为袋状尖锥足,管状流置于器顶部,鋬身扁平无装饰。

第二期:商代晚期。此期青铜盉为分裆袋状柱足或圈足,管状流仍多置于器顶但有部分圈足式或提梁式盉流置于胸前。鋬上普遍装饰有兽头。

第三期:西周时期。管状流置于胸前,流较长,晚期流口新见兽形装饰。

第四期:东周时期。此期流行扁球体螭形提梁式,兽蹄足。管状流呈弯曲状,流嘴呈兽形或鸟形。蹄足由高变矮,提梁弧度由大变小,螭尾由上卷到下垂。

夏晚期素面盉。二里头遗址出土。

商晚期龙纹盉。河南安阳小屯出土。

● 历代青铜盉断代标准器举例

① 西周早期克盉。北京房山琉璃河出土。

② 春秋晚期蟠虺纹盉。河南淅川下寺出土。

4. 鉴

鉴的基本形制为大口、中腹有耳、平底或圈足。铜鉴的定名源自器物的自铭，形名关系清楚。铜鉴器体庞大，一般为高级贵族所有。

鉴的用途据《说文解字·金部》记载："鉴，大盆也。"用来盛水照容。甲骨文中的鉴字为象形字，像人俯首照容之形。作为洁器，鉴也是沐浴用的器物。《庄子·则阳》："灵公有妻三人，同鉴而浴。"当然，鉴还有一个用途是用来盛冰作为饮食之器。《周礼·天官·凌人》载："春始治鉴……祭祀共冰鉴。"

青铜鉴的最早实物资料为春秋中期，战国中期以后逐渐退出历史舞台。依据其形态可大致分为两期：

第一期：春秋中晚期。此期的鉴为平底。

第二期：战国前后。此期的鉴多为圈足。

● **青铜鉴断代标准器举例**

春秋中期蟠龙文鉴。山西侯马上马村出土。

战国早期狩猎纹鉴。美国弗利尔美术馆藏。

5. 缶

缶的基本形制为敛口、短直颈、鼓腹、平底。缶的定名源于青铜器的自铭。有见自铭为"尊缶""盥缶""浴缶"者,盖因缶的用途较为广泛。

青铜缶的用途,据《说文解字》记载:"缶,瓦器,所以盛酒浆,秦人鼓之以节謌。象形。凡缶之属皆从缶。"根据其自铭,缶这种容器可以用来盛酒和盛水。盛水之时作为一种洁器,用以盛沃盥礼时的洁净取用之水。"浴缶"则是在沐浴之时所用的器物。

青铜缶有方形和圆形两种。主要流行在春秋时期。其形态演变规律不太明显,这里仅举几例作为断代标准器参考。

春秋晚期佣盥缶。河南淅川下寺出土。

战国晚期楚高盥缶。山东泰安出土。

第二节 青铜乐器的鉴识与断代

"礼以乐为履",乐器也是行礼的重要器类。中国的五礼中,军礼、嘉礼、宾礼、吉礼、凶礼各项礼仪的执行都与乐器分不开。钟鸣鼎食的周人还创造了一套等级森严的用乐制度,"天子宫悬、诸侯轩悬、大夫判悬、士特悬"。乐器除了表现礼的秩序的一面,同时也展示了礼的和谐的一面。"乐用以和上下",在等级森严的礼面前,用乐来缓和严厉的气氛,我国的礼乐文明盖由此而源远流长。

1. 铙

铙的基本形制为合瓦形空腔体、直柄中空、柄腔相通。青铜铙的定名并没有自铭作为确证,乃是通过文献资料的描述来考订的。《周礼·地官·鼓人》载:"以金铙止鼓。"郑玄注:"铙如铃,无舌,有柄,执而鸣之。"这种似铃而稍大,无舌、有柄之器被认定为铙基本是可靠的。

铙的用途正如文献所言,是与鼓相配合使用用以指挥军队退却的军乐器。《说文解字·金部》:"铙,小钲也,军法:卒长执铙。"然而铙出土最大有二百多斤者,显然不可用来把持,或为与其他乐器配合使用的节奏性打击乐器。安阳殷墟有出土成编的铜铙,其演奏性的打击乐器功能更明显。

铜铙在中原流行于商晚期到西周早期,最早见于南方长江流域,以南方所见铜铙最为精美,在南方地区流行时间较长,东周时期仍然较多见。历代铜铙的形态演变不明显,断代主要依靠其纹饰。

- **仅举例以下断代标准器**

商晚期兽面纹编铙。河南安阳郭家庄出土。

春秋勾曲纹铙。江西新余界水出土。

2. 钟

钟的形制为合瓦型腔体、有柄或钮，悬挂而击。钟的定名源自青铜器的自铭，形名关系清楚。钟有的平口有的弧口，皆自铭为钟，然部分平口的钟自铭为镈，或为这类平口钟的专名。为了方便我们认识，结合其自铭和形态，可以将钟分为三类：甬钟、钮钟、镈钟。甬钟在腔体之上有长甬，弧口，侧悬而击；钮钟的钟体之上为几何型或兽形钮，弧口，正悬而击；镈钟为平口，亦是正悬而击。

钟的各个部位的名称源于先秦制钟工匠的规制。《周礼·考工记·凫氏》载："两栾谓之铣，铣间谓之于，于上谓之鼓。鼓上谓之钲，钲上谓之舞，舞上谓之甬，甬上谓之衡。钟悬谓之旋，玄虫谓之干。钟带谓之篆，篆间谓之枚，枚谓之景。于上之攠谓之隧。"

● 如图所示。

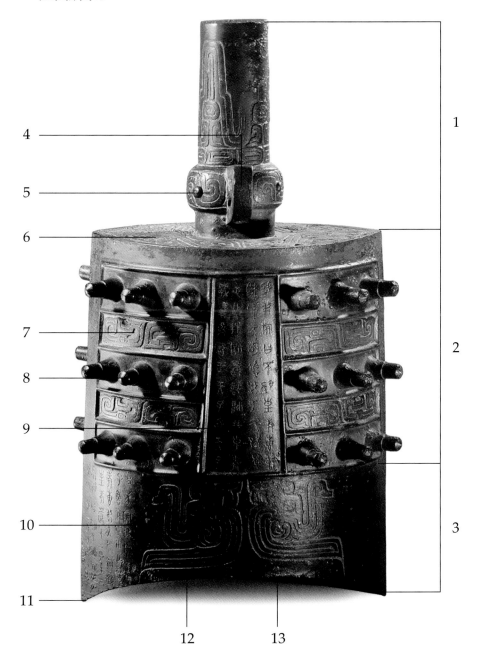

钟各部位名称示意图

1.甬部　2.钲部　3.鼓部　4.干　5.旋　6.舞

7.篆　8.枚　9.钲　10.鼓　11.铣　12.隧　13.于

钟的基本用途为打击乐器,据文献记载,主要用于祭祀和燕飨。周文化有着一套严格的用乐制度,以明上下尊卑之序。《周礼·春官·宗伯下》记载:"正乐县(悬)之位:王宫县,诸侯轩县,卿大夫判县,士特县。"天子所用的乐器要四面悬挂,如若四面有墙,谓之"宫悬";诸侯去其南面乐器作三面悬挂;卿大夫则东西两面悬挂;士仅一面悬挂。从曾侯乙墓出土的实物悬挂方式来看,其三面悬挂正符合礼制,也从侧面反映了当时礼制的规范性作用。

钟的最早实物见于西周时期,常成编成套出土,称为编钟。依其成编的数目及演变规律可分为三期:

第一期:西周早中期。此期主要以甬钟为主,常三件一套成编。

第二期:西周晚期。此期仍然以甬钟为主,一套编钟数量增加,常八件一套(抑或应是文献中的一堵)。

第三期,春秋战国。此期钮钟与镈钟盛行。一套编钟的数量进一步增加,音阶更为齐备。春秋时常见甬钟9件成套,而战国常14件成套。钮钟一般常见8件一套,而镈钟常为四件一套或8件一套。墓葬所见有的随葬数套编钟,总数能达数十件之多。

战国中期钮钟。河北省文物研究所藏。

春秋中期蟠龙纹镈钟。河南新郑城关出土。

3. 钲

钲的基本形制似铙，比铙体狭长，似钟，但口沿较平且有长柄可手持。用时口朝上，以槌敲击。钲的定名源自其自铭。据《说文解字·金部》记载："钲，铙也，似铃，柄中上下通。"钲在典籍中亦称丁宁。

钲的用途主要是一种作战时使用的军乐器。《国语·吴语》："王乃秉枹，亲就鸣钟、鼓、丁宁、錞于，振铎。"《国语·晋语五》："战以錞于、丁宁。"《诗》毛传："钲以静之，鼓以动之。"则钲或可推定为作战时用以退兵所谓"鸣金收兵"之器。

钲的实物发现数量不多，为春秋、战国之器。在此不作器型的分期，仅举例断代标准器如下图所示。

战国虎纹钲。四川广汉出土。

4. 勾鑃

勾鑃的形制似钲，所不同的是，其口沿为弧形内凹较深，更似钟体。勾鑃的定名源自其自铭。

勾鑃的用途据其铭文记载，主要为祭祀和燕飨的乐器。如铭文记载："以享以孝，用祈万寿。"或称："以乐宾客，及我父兄。"；或曰："以宴宾客，以乐我诸父。"勾鑃出土时常成组，也说明其为乐器之用途。目前所见有三件一组、七件一组或是十件一组者，大小相次。

勾鑃据考古出土的资料来看，其实物流行春秋战国之际的吴越、楚之地。断代的典型标准器如下图所示。

战国中期龙纹钩鑃。
湖北省荆门市博物馆藏。

5. 铃

铃的基本形制似钟但比钟小，铃内悬锤，平口或凹口，平顶或圆顶，拱形钮。与钟不同的是，铃在腔体之内系一游动的铃舌，靠摇动使之与铃体撞击发声。铃之为器一直用到现在，在西周时期还见有自铭者，其形名关系清楚。铃是我国出土所见最早的有舌乐器。

铃的功能在最早的时候主要用以祭祀，后亦用于装饰和燕飨。《周礼·春官·巾车》言："大祭祀，鸣铃以应鸡人。"铜铃的实物资料最早见于龙山文化晚期的陶寺遗址，都是大墓所出，其墓主人应该都是具有祭祀权利的首领。夏代晚期铜铃作为祭祀用器常出土于墓主人的胸腰之际。殷商之时，除祭祀之用外，还常见于动物脖子上作为装饰。有西周时期9件一组的编铃出土，作为乐器使用。

铜铃的流行时间较长，从龙山文化晚期一直到战国的整个青铜时代都有出土。按其类型可分为平口和弧形钟口两大类。前者一般而言比后者年代要早。

● **断代参考标准器**

夏晚期平口铃。河南偃师二里头出土。

6. 铎

铎的基本形制似铃，但是比铃大，腔体内有舌，顶有銎可以安木柄。铎的定名源于其自铭，其形制与《说文解字》记载的"铎，大铃也"相一致。形名关系清楚。

铎的用途在典籍中屡有记载，其主要用于行军作战之乐。《周礼·鼓人》记载："以金铎通鼓。"《周礼·夏官·大司马》："卒长执铙，两司马执铎，公司马执镯。"郑玄注："司马，两司马也，振铎以作众，作，起也。"由此可知，青铜铎是在军中用以起众以振奋的军用乐器。使用时以手持之振动其舌撞击腔体发声。

铎的实物最早见于春秋，一直流行至汉代。春秋时期铎柄较长可直接持拿，战国以后多见腔体顶部装有短长方形銎，装木柄使用。

● **青铜铎典型的断代标准器举例**

春秋中期卷龙纹铎。陕西凤翔出土。　　战国青铜铎。故宫博物院藏。

7. 鼓

鼓的使用比较普遍，一直沿用至今，形名关系清楚。其用途据文献记载主要为军乐器，同时也用于祭祀和庆典活动。《周礼·鼓人》："掌教六鼓四金之音声，以节声乐，以和军旅，以正田役。"在西南少数民族地区，鼓还作为权利和财富的象征。铜鼓在越南、老挝、缅甸和泰国甚至印度尼西亚诸岛也有流传。

青铜鼓的最早实物资料见于商代，西周少见。约春秋中期以后，在我国南方，尤其西南少数民族地区流行，行用时间很长，汉晋时期还有较多的出土。依其形制演变可分为两大期：

第一期：商代。此期的鼓中间圆鼓，下有足。

第二期：春秋至汉代。此期的鼓为平面束腰式，下无底座与足。

● **铜鼓断代标准器举例**

① 商代晚期兽面纹铜鼓。湖北省博物馆藏。
② 西汉早期竞渡纹鼓。广西贵县罗泊湾出土。

8. 錞于

錞于的基本形制为具钮，空腔体上大下小，上呈圜首，下收为筒形。其定名源于文献资料的记载。《周礼·鼓人》记载："以金錞和鼓。"郑玄注："錞，錞于也，圜如碓头，大上小下，乐作鸣之，与鼓相和。"《国语》多处记载战争之时，使用錞于。今考诸实物，形态较为明确而富于特征，与文献资料记载相合。

錞于的用途据文献记载既可用于军乐，也可用于祭祀燕飨。其铭文明确记载："用享用孝，子子孙孙永宝鼓之。"云南晋宁石寨山出土有贮贝器，其上有錞于通过钮悬挂进而敲击使用的场面，确定了錞于的用途和使用方式。

青铜錞于的实物始见于春秋时期，流行至战国东汉。

● **典型断代标准器**

战国晚期虎纹錞于。湖南省博物馆藏。

9. 笙

笙是中国古老的簧管乐器，由笙斗、笙笛和笙簧三部分组成。用于独奏、合奏及歌舞伴奏。在云南古代民族中极为流行，至今仍为彝、傣、苗、纳西等民族共有的乐器。青铜笙主要流行于战国至西汉时期云南石寨山文化。较为少见。

战国曲管葫芦笙。
云南江川李家山出土。

第三节 青铜兵器的鉴识与断代

"国之大事，在祀与戎。"祭祀和战争这两件国家的核心大事，不可避免地要通过器物来进行。在青铜时代，这些用于祭祀和战争的器用，多是离不开青铜这种材质的。青铜器作为一种合金，其性能优越，是当时社会生产力的集中代表，在发明之初就立即被装备到兵器上去，饱含着其必然性和合理性。人类历史上最先进的生产技术向来都是首先用于军事这种国家大事上的。

1. 戈

戈是一种车兵器，由戈头、木柲、柲冒和镦组成。在夏代晚期就有，是我国最具民族特色的一种兵器。戈作为车兵器，与我国战车在车战中的地位相关，随着战车在战国时期退出历史舞台而衰亡。

戈各部位名称示意图

1. 柲帽　2. 内　3. 銎　4. 阑　5. 胡　6. 刃　7. 锋　8. 援　9. 脊

戈头是戈的主体部位，如图所示，它由锋、援、刃、胡、阑、内、銎等部位构成，既可用于勾杀又可用于砍杀。作为长兵器，木柲的长度据《考工记·庐人》记载："戈柲六尺有六寸"，略低于当时的平均身高（七尺），横截面呈扁圆形。然可以根据战斗的实际需要使用不同的长度。《庐人》又载："攻国之兵欲短，守国之兵欲长。"

根据戈的装柲方式可以分为实内戈和銎内戈两大类。以实内戈为主，分曲内和直内两类，行用于古代中国广泛的地理区域；銎内戈可能为北方系青铜戈风格，最早行用于北方，数量要远低于实内戈。戈头根据其形态的演变可大致分为四期：

第一期：夏代晚期至商早期。此期的戈头呈长条形，无阑无胡，援、内不分，在一条直线上。

第二期：商代中晚期。此期的戈分实内和銎内两种，实内戈中的曲内形态较为流行，仍有不少无胡戈，但在晚期出现了短胡戈。援部由窄长变短宽，由平直变下勾。

第三期：西周。此期的戈绝大多数为实内式，銎内式罕见。此期以中胡有两至三穿的直内戈最为常见。

第四期：东周。此期的戈多流行头部上翘呈弧形，符合使用时圆抡的力学原理，援较狭长、弧部内援曲刃带刺，更具杀伤力。

● **青铜戈断代标准器举例**

商晚期銎内戈。河南安阳孝民屯出土。

① 西周早期太保篶戈。河南洛阳北窑出土。

② 燕王职戈。辽宁省博物馆藏。

2. 矛

矛是一种刺兵,用于刺杀,主要由矛头、木柲和镦组成。矛头各部位的名称见下页图。

作为刺兵,矛柲一般而言均较长,出土所见的矛之柲痕有超过四米者。《考工记·庐人》记载:"酋矛常有四尺,夷矛三寻。"一寻为八尺,二寻为一常。车兵所用之酋矛、夷矛根据汉尺最长能近五米。

青铜矛的实物资料最早见于商代早期偏晚阶段,流行时间很长,一直到战国晚期才逐渐被铁质矛所取代。根据其形态的演变大致分为三期:

第一期:商代早期。此期的矛较狭,呈柳叶状。

第二期:商代晚期至西周晚期。此期的矛流行阔叶阔刃状。

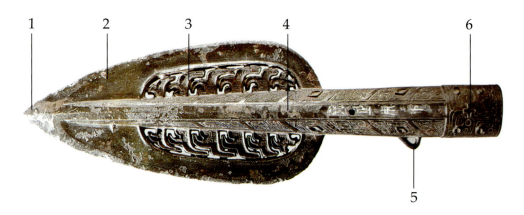

矛各部位名称示意图

1. 锋　2. 刃　3. 叶　4. 脊　5. 系　6. 骰

第三期：东周。此期的矛流行狭刃式且多有血槽。春秋中晚期常见有凹口骰式，用以增强与柲结合的紧密度。

● **历代青铜矛断代标准器举例**

① 商晚期兽面纹矛。
河南安阳孝民囤出土。

② 战国长骰矛。
四川彭县出土。

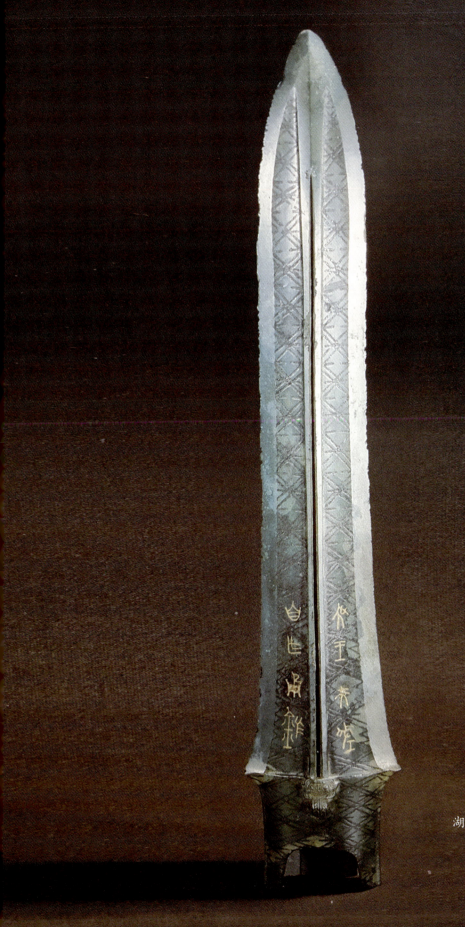

春秋晚期吴王夫差矛。
湖北省博物馆藏。

3. 戟

戟是一种戈的柲顶有矛型或刀型装置的兵器。《说文解字》记载："戟，有枝兵也。"既可以刺杀又可以勾杀，是一种车兵器。戟的长度据文献记载："车戟常也""车戟也，长丈六尺"。一常为十六尺，按汉尺计算长3.69米。就考古发掘的实物资料来看，战国时期楚墓有见竹柲残长三米多者，与文献记载相符合。

戟的实物资料最早发现于商代早期的河北藁城台西墓葬，出土时为戈、矛联装，即戈、矛分别铸造通过木柲联装在一起。这是商代仅见的一例实物资料。到了西周以后，青铜戟作为兵器开始流行，一直行用到战国时期，被铁器取代。按其形态可大致分为三期：

第一期：商代。仅见一例，戈、矛联装。

第二期：西周。戈矛浑铸，戈形态与西周同期器同。

第三期：东周。此期戈矛分铸，便于铸造也不易损坏，是一种进步。戈形态与东周同期器同。

● 历代青铜戟断代标准器举例

① 西周早期人头銎戟。甘肃灵台白草坡出土。

② 战国中期勾内戟。河南省南阳博物馆藏。

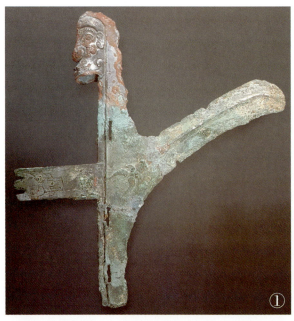

4. 殳

殳是先秦时期一种较为常见的冲撞兵器。先秦文献屡有提及。《释名·释兵》记载:"殳矛。殳,殊也,长一丈二尺而无刃,有所撞挃于车上,使殊离也。"《周礼·夏官·司戈盾》注:"殳如杖,长寻有四尺。"湖北随州曾侯乙墓出土有自铭为殳的实物,遂确定此类似杖的长兵器为殳。殳头呈三棱形的矛,其下铜刺形箍,在战国时期较为流行,已在多地出土过实物资料。

战国青铜殳。云南省博物馆藏。

5. 钺

钺是一种长柄、首部具有弧形刃的劈兵。甲骨文、金文钺字的写法为象有长柄钺之形。平肩有内,以直内入于木柲之中,以钺身或肩部穿孔捆缚使用。

钺的实物资料主要见于商与西周,东周以后少见。按其形态可分为大型和小型两类。小型钺一般为20厘米左右,出土于较小型贵族墓葬,多为实用器。大型钺一般为30厘米以上,出土于大型墓葬之中,为高级贵族所用,是军事权利的象征。

据文献记载,用钺是王权和军权的象征,天子赐大臣用钺代表着对于军权的赐予。《尚书·牧誓》记周武王"左杖黄钺,右秉白旄"。西周晚期虢季子白盘铭文记载王"赐用钺,用征蛮方"。从考古发掘的实物资料来看,在殷墟妇好墓、山东苏埠屯商代方国国君大墓、战国平山中山王墓都有大钺出土,印证了文献的记载。

钺作为高规格的兵器,行用范围较小,这里不预作断代分期,仅举典型的断代标准器如下图所示。

商晚期兽面纹钺。
德国科隆东亚艺术博物馆藏。

6. 刀

青铜刀作为兵器主要流行在商周时期，青铜剑流行以后，作为兵器类的刀突然少见，直到铁器时代，刀作为兵器才再次登上历史舞台。除了作为兵器外，青铜小刀还作为工具使用，分为环首和兽首两种类型。环首刀主要流行于中原地区，而兽首刀主要流行于北方草原地区。工具类的刀还有一种直弧背的小刀，是作为书刀，刮削书于竹简木牍上的字的。弧背曲度一般为60度。据《周礼·考工记》记载："筑氏为削，长尺博寸，合六而成规。"指六件削刀合起来正好围成正圆。主要流行在春秋战国时期。

兵器类的大刀一般要接上木柲使用，跟戈一样，有实内式和銎内式两类。实内式年代较早，主要流行在商代；銎内式在商代晚期出现，一直用到西周，是西周刀的主要样式。

工具类的小刀，亦流行于商、西周，只是方形环首者流行于西周，而圆形及椭圆形环首者商周皆有。

削刀，作为一种文书工具，可能跟简牍在东周以后成为书写载体时流行起来的，主要流行于春秋战国。之后为铁质削刀所取代。

① 商晚期乳钉夔纹刀。河南安阳孝民屯出土。

② 战国环首刀。四川新都出土。

7. 剑

剑是随身佩戴的短兵器，可斩可刺。《说文解字》："剑，人所带兵也，从刃佥声。"在先秦时期，士佩剑流行，所佩剑的长度还能体现一定的等级。《考工记》"桃氏为剑"中曾依据剑的长短不同规定所谓上、中、下制。

青铜剑可分为剑身、剑径、剑格三部分，各个部位的专有名称如图所示：剑身最前端称为"锋"，剑身中部之凸起之棱称"脊"，脊的两侧剑身之主体称"从"，合两从与脊称"腊"。从的边缘为刃也称锷，剑身与剑茎的交界处其护手作用的称"格"，剑茎的末端称为"首"，剑茎之上所缠之绳称为"缑"。

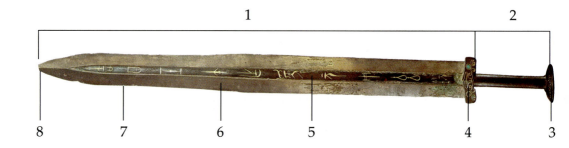

剑各部位名称示意图

1. 剑身　2. 剑柄　3. 剑首　4. 剑格　5. 剑脊　6. 从　7. 剑刃　8. 剑锋

剑的演变一般而言，商晚到西周时期的剑较短，到春秋以后逐渐变长，且形制也越来越成熟。青铜剑作为一种实用的兵器，由北至南先秦时期的剑型各不一样，按其流行区域可大致分为以下几种类型：

（1）柳叶剑（巴蜀式）。剑体一般较宽短，身与柄连为一体，本部无纹或仅饰云目纹、鸟纹，剑鞘的双翼呈不对称形。

① 战国虎纹柳叶剑。四川郫县出土。

② 战国柳叶形双鞘剑。四川成都出土。

③ 战国兽面柳叶剑。四川巴县出土。

（2）短颈曲刃剑（东北式）。短颈曲刃剑均不很长，剑身中央有柱状脊，前端收聚成锋，后端宽阔圆收，两边刃弯曲并各有一尖节，无格，剑茎短且与剑身柱脊连为一体，剑茎后有铜或其他材质的剑首。剑首内置石质的"加重器"。其形态的演变规律大致为剑身前段由短变长，锋刃由窄变宽，剑身后段由宽变窄。

① 春秋早期卧虎柄曲刃剑。内蒙古出土。

② 春秋晚期立人柄曲刃剑。内蒙古宁城出土。

（3）宽格圆茎剑（吴越式）。吴越式剑是我国铜剑的主流形式。剑的铸造工艺精湛，春秋晚期以来已使用复合铸剑工艺，即剑脊、锋刃和格等不同的部位用不同的合金成分。剑脊部用含锡量低、韧性好的青铜合金，以保障剑体的坚韧耐用，横击不断；锋刃部位采用含锡量高的青铜合金，以提高杀伤力和硬度；剑格部位采用铜锡铅三元合金，以铸出精美的纹饰。剑的表面还经过硫化处理，形成暗格菱形纹，使之经久不锈。

吴越式剑按其形态的演变可分成三期：

第一期：西周早期。此期的剑无格、有翼，圆茎。

第二期：春秋早期。此期的剑剑身变长，出现宽格，剑身两刃向剑锋斜收较甚。

第三期：春秋晚期到战国。此期的剑剑身前窄后宽呈两段式，剑格较厚，圆柱形剑茎。

越王勾践剑。

春秋晚期吉日壬午剑。山西浑源出土。

（4）兽首直刃剑（北方式）。剑身较短，剑茎的首部常常以动物造型作为装饰。其形态的演变规律大致为剑身由短变长。

① 春秋早期双熊首短剑。北京延庆出土。

② 战国早期双兽首短剑。宁夏固原出土。

③ 春秋晚期双环蛇首短剑。河北宣化出土。

（5）圆茎圭型剑（滇黔式）。剑茎短圆，常常装饰有富于地方特色的纹饰。剑身呈圭型，不长。

① 三汉代宽刃剑及鞘。云南江川出土。

② 战国猎头纹剑。云南江川出土。

8. 铍

铍形如无格之剑，是一种刺兵，装上木柲使用。《说文解字》记载："铍，大针也。一曰剑如刀装者。"考古发现不少无格而茎部扁阔形似剑的兵器，多误称为剑。从其形态来看，并不适合直接持拿使用，需如刀一般装上木柲方可使用，应是文献所记载的铍。《左传》曾记载吴王僚有亲兵护卫，"夹之以铍"。

文献所见铍主要流行于春秋战国时期，考古资料来看，一直到秦墓仍有出土。

战国青铜铍。北京故宫博物院藏。

9. 弩机

弩机各部位名称示意图

1. 望山　2. 牙　3. 机身　4. 钩心　5. 悬刀　6. 键

　　弩机为弩身上的主体部件。先秦时期的弩一般由青铜弩机、木臂、弓三个部分组成。弩机安于木臂后部，由牙、望山、悬刀、机塞、枢轴五个部件构成。是弓的一种发射装置，强弩甚至需要以脚踏弣，手足合力张开，大大增强了弓的射程、提高了命中率与杀伤力，是战国时期最有威力的兵器之一。《战国策·韩策》记载："天下之强弓劲弩，皆自韩出。谿子、少府、时力、距来，皆射六百步之外。"

　　弩机的发明文献记载为春秋晚期，《吴越春秋·勾践阴谋外传》记载：楚"琴氏以为弓矢不足以威天下……乃横弓着臂，施机设枢，加之以力，然后诸侯可服"。目前考古发现最早的铜弩机为战国早期。弩机自发明以后，由于其强大的杀伤力和准度，使得不善于移动作战的战车衰落并逐渐退出历史舞台,随车战同时退出历史舞台的还包括车戟、酋矛、夷矛等车战兵器,可以说弩机的发明意义非同凡响。

铜弩机到汉代仍有较多的发现,此时的弩机亦为铜质,能承担更大的压力。牙上的望山由尖角变为近似长方形,有的还出现有供瞄准用的刻度。

10. 镞

镞是一种远射兵器,由锋利的锋、翼和铤组成。其各部分的专有名称如图所示:前端的尖部称为"锋",中间凸起部称为"脊",脊的两侧为"翼",翼的边缘锋利处为"刃",两翼后伸的倒刺称为"后锋",脊的下端挺出的圆棍为"铤"。铤与脊的连接处为"关",后锋与脊的连接点为"本"。

镞按其形态可分为双翼、三翼与三棱型等类。双翼式铜镞出现的时间最早，在夏代晚期即有出土，于夏至西周较为流行，三翼式与三棱式出现的时间略晚，在春秋晚期到战国流行。镞的演变规律大致是本越来越往脊的前部靠，翼部由外张程度大到逐渐内收。

按其功能，可分为兵器用镞、礼射用镞、信号用镞、火箭镞等等。

11. 盔

盔也称胄，为防护兵器，戴于头部。战国时称"鍪"，汉代称"兜鍪"，因形似倒置的青铜炊器釜鍪。

青铜盔的实物最早见于商代。安阳殷墟遗址出土过不少青铜盔，多为兽面纹，顶上有一管，用以安插缨饰。西周时期的盔多光素无纹，两侧向下伸长，可有效地保护双耳。东周时期的盔圆顶，半环形钮，平底，一面开有半圆形口，形似帽子。

● **典型的盔的断代标准器**

商代晚期青铜胄。河南安阳西北岗出土。

西周青铜胄。内蒙古宁城出土。

12. 铳炮

铳炮是我国古代青铜制的热兵器，呈管形。起源于元代，用至清朝。可分为两期。

第一期：元至明正德年间。此期的铳炮分为手铳和碗口铳。

第二期：明嘉靖至清末。

明代铳炮。张家口市博物馆藏。

第四节 生活用器的鉴识与断代

青铜生活用器类是指除了礼乐兵器等一些特殊的用途之外的，用于日常生活方面的青铜制品。青铜在我国古代本是贵重金属，首先当然是要被应用到与国家大事相关的领域。但是青铜本身也是一种优质的材料，由于其实用、美观、耐用等方面的优点，也辐射到社会经济生产和生活的方方面面，使我国古代人们共同享有科学技术进步带来的切实利益。

作为生活用器类的青铜器，其历史价值总体上而言当然不及有特殊用途的礼乐兵器等器类，然而在历史的长河中，也不乏有反映当时高超的工艺水平和艺术水平的杰作，也具有较高的文物价值，这一点，在文物鉴定的过程中是需要注意的。

一、车马器

青铜车马器是指用于古代的车及马具上面的青铜制品，是青铜器的一个重要门类。要想更为准确地鉴定这些车马器，明辨其用途及时代，还需要对古代车马器的制作有充分的了解。

一般而言，车马器包括车器和马器，青铜质的车马器主要用于马身、车辕、车轭、车轴、车轮、车舆等关键部位的连接或装饰用。如图所示，车器主要包括辕首饰、衡饰、车轭、銮铃、踵饰、舆饰、轴饰、毂饰、辖軎等；马器主要包括衔、镳、当卢、马冠、铜泡、节约等器。

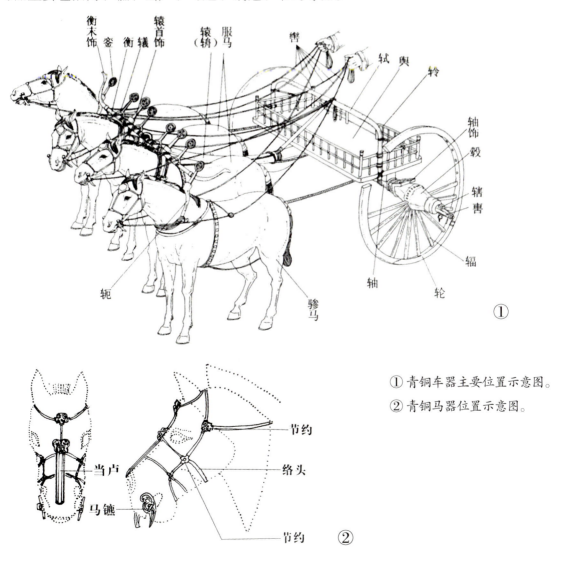

① 青铜车器主要位置示意图。
② 青铜马器位置示意图。

1. 辕首饰

装饰在车辕的头部，起到保护车辕的功能。呈筒形，一头封顶，表面有纹饰。考古材料在商末周初时即有发现。

① 西汉鎏金辕首饰。河北博物院藏。

2. 衡饰

衡饰是加固车衡的管状构件，位于车衡的中部和两端。

② 西汉衡末饰。河北博物院藏。

3. 銮铃

銮铃是插在车衡及马轭上的部件，内置小球，车行进过程中撞击发出悦耳之音。文献记载："銮在衡，升车则马动，马动则銮鸣。"銮铃的基本形制由铃体和方銎座构成，铃体为镂空形态，由外可看见铃体内小球。

銮铃的实物资料最早见于西周，是礼车的象征，西周晚期以来常和鼎簋配套使用，成为区别等级制度的标志，一直流行至战国。

① 西周晚期銮铃。河南省三门峡虢国墓地出土。

4. 车轭

轭是马车上用以驾在马脖子上的人形部件，一端连在车衡上，一端连于马颈部，以便挽车。车轭由一首和两轭脚组成。

青铜车轭在商代晚期已见出土，一直流行至战国。

② 车轭。北京故宫博物院藏。

5. 踵饰

青铜踵饰为套在车辕的末端,位于车舆之下保护车辕的装饰。为銎形,侧壁有孔,以便锲入相关链接工具,使之与车辕紧密接合。

由于为青铜质,所以金文中称"金踵"。

① 战国中期虎头形踵饰。江苏省淮阴市博物馆藏。

6. 舆饰

加固和装饰车舆的青铜构件,有的呈长条形,有的呈片状,根据其用途可设置不同的形态。

② 西汉鎏金青铜舆饰构件。河北博物院藏。

7. 毂饰

毂饰是加固车毂的铜箍圈，呈圆筒形，由軝、钏、軹三部分构成，在西周时期的车马坑常有出土。

蟠龙纹车毂饰，春秋。随州博物馆藏。

8. 轴饰

轴饰是用以加固车轴的承轮部分的构件，一端椭圆筒，一端扁平板，平板还可用以挡泥。在商代的车马坑中有出土。

9. 軎、辖

軎和辖是配套使用的。軎是装饰在车轴的末端，用以加固和稳定车轴的装置。一般呈圆筒形，有对称的孔，用以插辖和固定车轴。辖呈长条状，上粗下细，有的上端还饰兽首，用以插入车轴，防止车轮滑出。

軎辖作为车器里面的重要零件，伴随着车制演变的始终，到西汉以后才被铁质的軎辖所取代。

① 春秋晚期绳纹辖軎。山西省考古研究所藏。

② 战国早期曾侯乙矛形车辖軎。湖北省博物馆藏。

10. 马冠

马额上的装饰，冠形，饰兽面纹，流行于西周前期。边缘有穿孔，以便穿系。

11. 当卢

当卢是马面额上的装饰，呈扁长方形或兽形，亦有的呈圆形，背面有穿带的钮，较为常见，流行于西周时期，沿用至汉代。

春秋晚期交龙纹当卢。山西省考古研究所藏。

12. 衔

即俗称的"马嚼子"，勒在马嘴里以方便驾驭马。自商代至战国，铜马衔皆是由两根两端各带一环的铜条，各以一环一侧一平相互套接组成。另外两个在外面的未用来套接的环，则分别以皮条系连于马嘴旁的铜镳上。

① 青铜马衔。北京故宫博物院藏。

13. 镳

连接于马衔与马络头之间，形式多样。

② 青铜马镳。北京故宫博物院藏。

③ 马镳。台北"中央研究院"历史语言研究所藏。

14. 铜泡、节约

铜泡和节约是连接马璎珞之间的装饰，实用且美观。它可以使绳络在交连时更为整洁，也可以有效地保护马头皮不被粗糙的绳结磨破。铜泡为圆形，正面微鼓，背面有可供穿绳的钮，节约呈管状，有一字形、Y形、X形等样式。

铜泡和节约在商周时期的车马坑遗址较多发现，散乱常见，是青铜器鉴定学习者较易得的标本资料。

铜节约。鄂尔多斯博物馆藏。

二、日用铜杂器

1. 铜镜

铜镜亦称铜鉴，是我国历史上用以照容的生活用器，一般呈圆形，背面有钮，穿系使用。典型的铜镜各部分的专业名称如图，镜背正中心为"钮"，钮所在的区域为"钮座"，镜体的最外边叫"缘"。铜镜在我国历史上产生过巨大的作用和影响。

从考古实物资料来看，新石器时代末期在甘青地区即有铜镜出土，也是最早的青铜器器形之一。可见自从新石器时代末期青铜冶金工业发明以来，就开始了铜镜的生产，但是铜镜在商周时期发现的实物资料还不多，证明以铜镜为照容工具在当时还并不流行。甘肃地区所见最早的铜镜有穿孔，并有佩戴使用的磨损痕迹，推测具有一定的宗教仪式功能。铜镜在中原地区的真

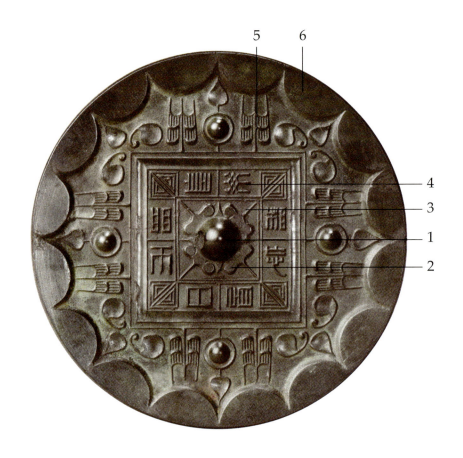

铜镜各部位名称示意图

1. 镜钮 2. 钮座 3. 钮区 4. 内区 5. 外区 6. 镜缘

正繁荣始自春秋战国时期，且流行之初就将错金银、镶嵌、鎏金、镂空等当时最先进的工艺用之于青铜镜的铸造。自此以后长盛不衰，到汉代形成标志性的汉式风格，影响极为深远，并传播到日本、朝鲜、俄罗斯、越南等地。到了唐代以后形制突破了传统的圆形式样，各种花式镜、有柄镜大量流行，纹饰也更为清新活泼，反映着时代的风貌。宋代以后铸镜的技术有所衰落，但铜镜最终衰落并退出历史舞台是在清末民国时期，那时候玻璃质的镜子基于其优越性，最终取代了青铜镜的历史地位。

青铜镜的发明是工艺发展和进步的结果。在东周时期我国先民就熟练地掌握了青铜合金成分的基本原理，并应用到铜镜的铸造上来。《考工记·六齐》记载："金锡半，谓之鉴燧之齐。"一份铜半份锡的配比，即锡含量高达33%的青铜合金是铜镜的剂量。现在冶金学角度看来，这种高锡青铜有一种银白色的外观，适合当镜子使用。

青铜镜作为历史时期的产物，一定程度上反映了科技史的进程；另外青铜镜背面的纹饰构思巧妙寓意丰富，反映了社会生活的一些侧面，具有较高的艺术水平和历史价值。目前青铜镜的研究已经成为一门单独的学问，各位学者及收藏家对青铜器的断代分期、真伪辨别、铸造工艺等方面多有专门的书籍出版，代表了当代社会较高的铜镜鉴定水平和能力。

按照青铜镜的发展历程，我们将铜镜分为以下几个期别：

第一期：铜镜的起源期（夏代前后至春秋早期）。本期属于早期青铜镜文化阶段。本阶段的铜镜材质上已经使用青铜铸造，但是含锡量不高。镜形为圆形具钮式。镜体较薄，镜面平整或微凸，铸造原始，纹饰以简单的单层几何线纹为主，有的素面无纹。青铜镜实物资料最早见于夏代前后的齐家文化时期，夏代并未在中原出土。到了商代晚期，始在妇好墓等一些大贵族墓

① 齐家文化镜。青海省博物馆藏。

② 商晚期叶脉纹镜。中国社会科学院考古研究所藏。

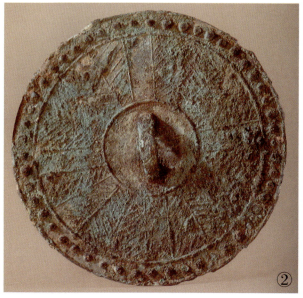

有少量出土，制作原始，与商代发达的铸铜工艺水平很不相称，很有可能是从西北传入的外来品。

到了西周以后在一些小型墓里始见铜镜，但是其工艺皆较为简单，成本低廉。

第二期：青铜镜的发展期（春秋中期至西汉早期）。本期的青铜镜在中原先进的铸铜工艺的影响下，质量得到极大的提高。铜镜的材质配比和制作技术趋于成熟，并开始普及。尤其是战国时期流行的特种工艺应用到青铜镜的铸制中来，透雕复合镜、彩绘镜、嵌错镜、鎏镀镜等样式陆续出现，标志着铜镜工业的繁荣。

西周素面镜。宝鸡市博物馆藏。

本期的铜镜主要为圆形桥形钮式，少量动物形钮，镜缘多素卷。镜背纹饰常以纯羽翅纹、虺纹、云雷纹为地，主要流行花叶纹、山字纹、动物纹、斗兽纹、交龙、凤纹等等，纹饰布局以不对称的交织布局为主。

战国透雕龙凤纹镜。中国国家博物馆藏。

战国山字纹镜。中国国家博物馆藏。

战国鎏金斗兽纹镜。
日本永清文库藏。

第三期：青铜镜的汉式期（西汉中期至隋）。本期从汉武帝前后开始，正式形成了特征明确的汉式风格，辨识度极高，并迅速地传播到日本、朝鲜、俄罗斯、越南等地，甚至在中亚、西亚、北非均有汉式镜出土。汉镜期的风格一直影响到隋代，直到唐镜新风格的形成才结束。东汉中晚期以来，出现了洛阳、会稽、江夏、广汉等铸镜中心，并形成官、私两套铸镜体系，如中央的官署尚方工监为皇室的御用镜上常铸有"尚方"铭文。而民间作为一般性商品的铜镜上有的铸有作坊或者做器者的氏号。本期铜镜的主要特征如下：

1. 在合金成分方面采用高锡的铜、锡、铅三元合金。含铜量大致为68%，锡铅等其他元素约为32%，符合文献记载的"锡，金半"，即锡铅等元素在合金的配比中占到含铜量的一半的比例。色泽白亮，且耐磨度好，具备优异的实用性。

2. 在形态方面，钮多为牢固而厚重的半球形为主，兼有连峰形或伏兽形。钮座装饰意味加强，镜缘有宽平缘、窄平缘、连弧缘、三角缘等多种形态。

3. 纹饰及布局方面，常将纹样分为内外区，布局增加顺列、对列重列、环列、四分等形式，地纹逐渐消失，以突出主纹。主纹主要流行：草叶、云气、星云、博局、连弧、柿蒂、蟠螭、夔凤、四神、羽人、瑞兽、神人、佛兽等等。铭文成为纹饰的重要组成部分，甚至不少镜子单独以铭文为饰，内容多为吉祥语、祈愿语或者宣传语，少数有纪年铭文。

① 西汉家常贵富镜。山西省右玉县博物馆藏。

② 东汉佛兽镜。安徽省博物馆藏。

③ 西汉长宜子孙四神纹镜。安徽省天长市博物馆藏。

第四期：青铜镜的唐式期（隋唐五代时期）。本期是铜镜发展史上的巅峰时期。突破了汉式镜数百年的传统，种类繁多，花样翻新，形成了自己独特的风格。其主要特征如下：

1. 形态方面，不再局限于先前的方、圆两类，新出现倭角椭方形、亚字形、菱花形、葵花形等。

2. 纹饰及布局方面，内外区的划分不再严格甚至不再分区，主题纹样的表现更为自由，画面因此也变得更为宽广。纹样的类型新出现瑞兽葡萄、鸾鸟花草、飞仙高士、对鸟团花、佛道符号等。

3. 在铸制工艺方面，除战国以来的传统的特种工艺以外，还将金银器、漆器的工艺运用于铜镜的制作当中，出现金银平脱、螺钿、贴金银等新工艺。

4. 在合金成分方面，继续用高锡青铜，并加入了一定比例的银，使得铜镜胎体细密厚重、银白光洁。

① 唐打马球菱花镜。扬州市博物馆藏。

② 唐瑞兽葡萄方镜。日本正仓院藏。

③ 唐龙纹葵花镜。日本千石唯司藏。

第五期：青铜镜的衰落器（宋至清代）。本期的铜镜数量、形态和纹饰种类虽然仍较多，但铜质方面以及工艺方面则远逊于唐代，尤其缺乏唐代特种工艺镜那类高规格铜镜，标志着铜镜铸制业由盛转衰。明代以后，玻璃镜登上历史舞台，并逐渐取代了铜镜。本期的青铜镜有如下特征：

1. 材质方面改变了汉代以来的高锡青铜合金配比，含锌量显著增加，铜质发黄，耐腐蚀性及光亮程度不及前代。铸制工艺亦远逊前代，花纹不够精细。有不少仿汉镜形，多在材质方面能明显区分开来。

2. 形态方面，突破传统的具钮式，新出现带柄式铜镜。镜形方面新见仿钟、香炉、果叶等镜形。

3. 纹饰方面，均为单一的铸纹，有的素面，仅记铸镜作坊的字号。如湖州、吉州、建康、饶州、福州、成都等，既有官府经营，也有私人作坊。纹饰主要包括花卉、花鸟、双龙、双鱼、蹴鞠、八卦、神仙故事等等。

① 金代双鱼纹镜。中国国家博物馆藏。

② 明代五子登科镜。中国国家博物馆藏。

③ 人物故事纹带柄镜。吉林省博物馆藏。

2. 带钩

带钩是古代束腰带前端的扣饰。其一端有钉柱,钉于束带的一端;另一端为勾首,用以勾住束带的另一头。是古代贵族和文人武士所系腰带的挂钩,古又称"犀比",相当于我们现在的皮带卡,主要用于钩系束腰的革带,多为男性使用。带钩的功用有数种,一种是横装于带端用来搭接革带两端的,一种是与环相配直挂在革带上勾挂佩饰的。另有一种较长的衣钩可装于衣服肩部勾挂衣领或装于衣领勾挂衣服肩部,这种衣钩至今仍在僧人的袈裟上使用,可称为襟勾。还有一些带钩,其纽本身就是一个印章,这种带钩也叫带钩印,一物两用,既是带饰,又是印章,携带方便,一举两得。

青铜带钩起源于西周,从考古发现材料来看,山东蓬莱出土了西周晚至春秋早期方形素面铜带钩。战国至秦汉普遍流行,大量出土。不少带钩制作豪华,镶金嵌玉,雕刻铭文,成为世人所重的艺术品,魏晋南北朝时逐渐消失,被带扣、带板取代。过去研究中国服饰史的学者,常认为我国古代的带钩始于赵武灵王推行胡服骑射,从胡服中吸收过来的,实际上带钩在春秋中期已普遍应用,且多见于文献记载,并被考古资料证实。

铜带钩依其造型可分为两大类别:一是中原系,形状基本上以琵琶形、∽形为主,钩首多为龙形,钩体鎏镀金银或嵌错以珠宝玉石,极具艺术价值。皮带用钩的具体使用方法分为单钩法、并钩法、环钩法数种。根据秦俑所使用带钩的实例观察,秦俑皮带用钩使用了"单钩法",即将带钩钩柄固定于皮带的一端,钩头在皮带另一端的几个孔中选择松紧,然后从孔中穿出。

战国鎏金琵琶形带钩。美国塞克勒美术馆藏。

● 中原系带钩举例

① 汉鎏金嵌玉带钩。中国国家博物馆藏。

② 战国竹节形带钩，美国塞克勒美术馆藏。

另一种为北方系。主要出土于内蒙古、河北、辽宁一带，此类带钩造型奇巧，题材丰富。钩身有虎龙狮豹，有牛羊马犬、飞禽走兽、昆虫、飞蝶、水禽，也有人物造像，乐器、兵器、工具，双人舞蹈、二人抚琴、人物摔跤等等。此系统之带饰，古文献中称为鲜卑、师比、胥纸、犀毗、私纰头等。《汉书·匈奴传》颜师古注："犀毗，胡带之钩也，亦曰鲜卑，亦谓师比，总一物也，语有轻重耳。"

● 北方系带钩举例

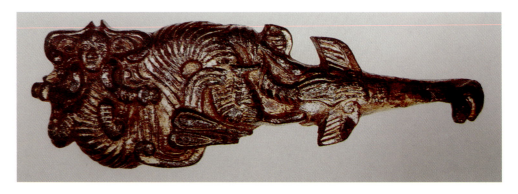

带钩不仅为日常所需要，更是身份地位的象征，带钩所用的材质、制作精细程度、造型纹饰以及大小都是判断带钩价值的标准，尤其王公贵族、社会名流所用带钩甚为精美，具有很高的工艺水平和艺术价值。

3. 符牌

青铜符牌是一种佩饰于衣服、腰带或马具上的青铜牌。其形状有长方形、圆角长方形、近似半圆形几类。最早的青铜牌饰在二里头文化时期已经有发现，出土时一般在墓主人的胸部。这种牌饰主要流行于夏代，并镶嵌绿松石，具有较高的艺术价值及科技价值。其纹样为史前兽面纹到商周饕餮纹的中介和传承，也具有较高的历史价值。

战汉时期，鄂尔多斯地区以及云南滇文化地区出土了大量的青铜牌饰。其图案为镂空式的，除了少数为网格外，大多为动物、人物、房屋等组成的狩猎、祭祀、野兽相斗、战争、歌舞等内容。一般而言鄂尔多斯地区带饰多呈方形，实用性更为突出，而滇文化区更加注重纯粹的装饰性，多见圆形和不规则形，尤其还常常粘镶玛瑙、绿松石、玉石等，独具风格。这些铜牌饰不但反映了匈奴人和滇人各自的文化风俗，具有重要的历史研究价值，而且造型生动，风格奇特，具有很高的艺术价值。

东汉以后，道教在我国兴起，道教文化的符牌形成于这个时期，它是将凡间的权力象征搬至鬼神世界的结果。道符之造作盖模仿秦汉时的符传，主要由中原文字变形而成。符原是古代君主用以传达命令或者调动军队的凭信。起初盖刻竹为之，后来常用金、玉、铜等制作，朝廷、将帅双方各执一半，合之以为凭信。执符的使者因代表王命，将领须得听从其传达的命令。将人间的符搬到神鬼世界，于是便有天符、神符出现。

宋、辽、金、元时期，青铜符牌较多地出现，特别是近十年来在原辽、金、西夏、元故址出土了大量的契丹文的铜符牌，数量巨大、种类繁多、质量精美。符牌上的字符是契丹字的美术变形字，俗称"花押"。

● 历代符牌举例

镶嵌绿松石青铜牌饰。偃师二里头遗址出土。

① 狩猎纹牌饰。云南江川李家山出土。

4. 炉、炭箕

炉是古人烧炭取暖用具，盘型，浅腹平底，下有圈足或三足，口下一对提梁耳，应是悬挂使用。炉的定名源自青铜器的自铭，新郑出土的王子婴次炉自铭为"疢炉"，即炭炉，形名关系清楚。炉在东周时期较为流行。

炭箕是炉的附属工具，用以转移火种和添加木炭。呈簸箕形，左右及底部皆有镂空，以便漏灰，后有銎，可装木柄使用。炭箕的实物资料最早见于商代晚期，春秋战国时期因炉的广泛使用而成为常备工具。

② 王子婴次炉。新郑李家楼出土。

① 西汉早期方炉。山东临淄出土。

5. 熏炉

熏炉是汉晋时期焚香用的器具，其基本形制上为镂空形盖，下有炉型容器。以博山炉的造型最具艺术价值。汉代文献称之为"香炉"，也有发现著录的青铜器自铭为"熏炉"者，遂确定其定名。

② 西汉早期曲折纹熏炉。广州博物馆藏。

熏炉燃烧有香味的薰草，用以驱蚊虫并改善室内空气。熏炉的实物资料最早见于战国时期的浙江和山东地区，到汉代开始广泛使用，形态多样，三国两晋南北朝时期仍然流行，尤以两汉时期的熏炉最为精美。

熏炉的形态多样，可分为博山盖型熏炉和普通盖型熏炉。形态有豆形、鼎形、镰斗形、鸟形等等，下列数件典型的断代标准器以供参考。

① 西汉中期力士骑龙博山炉。河北省博物馆藏。

6. 熨斗

熨斗是熨烫衣服的器具,在汉魏时期流行。行用时间较长,在宋元时期仍较多见。其基本形制为圆体,平底,宽口缘,长直柄。根据其自铭"熨斗直衣"确定其名称及用途。

② 铜熨斗,西汉。临漳县文物保管所藏。

7. 灯

灯是古代的照明用具，呈浅盘形。文献记载，"瓦豆谓之登"。由此可见浅盘形的灯有不少是陶质的。青铜灯最早的实物资料见于战国，到秦汉以后广泛流行。灯的定名源自青铜器的自铭，形名关系清楚。将动物或植物的油脂、蜡等置于灯盘，上置灯芯即可点火照明。按照其用途和形态，可分为多枝立灯、雁足灯、釭灯、卮灯、吊灯和行灯等类别。

多枝立灯有多个灯盘，可供室内整体照明用；雁足灯不高，主要作用类似于今日之台灯；釭灯造型多变，有抽烟的虹管和藏烟的装置，可以保持室内的清洁；卮灯形似卮，深腹，可储存较多的燃料；吊灯置于屋顶使用，避免了光线遇人或物产生的阴影；行灯有鋬便于执行。

西汉中期长信宫灯。河北满城汉墓出土。

① 西汉中期羊形灯。河北博物院藏。

② 西汉晚期雁足灯。临淄齐国故城遗址博物馆藏。

③ 西汉早期多支灯。广西壮族自治区博物馆藏。

8. 镇

镇是古代镇压座席等的器具，体量不大，一般呈半球形，底部平整利于压稳座席，表面弧凸，不易碰伤使用者。为了增加重量，有的铜镇内部还灌铅。镇往往以动物为造型，如虎、豹、鹿、熊、羊、龟、蛇等等，为了与镇的形体保持总体一致，也为了防止牵挂衣服，通常是盘曲踞卧的姿式。

席镇作为当时居家的重要家具，是秦汉社会人们席地而坐习惯的产物，往往四个一组，压住席子的四角。位置较为醒目。为了使之更为美观，还通常加以鎏金、金银错、镶嵌宝石贝玉等装饰工艺。实用功能与装饰功能相结合，具有很高的工艺价值和艺术价值。

铜镇最早出现于春秋、战国时期，战国早期曾侯乙墓曾出土过半球形龙纹铜镇，在秦至东汉时期最为流行，艺术价值也最高。东汉以后仍然流行但已不如秦汉时那样讲究。唐代以后随着人们坐的方式的改变，由席地而坐改为高坐姿，席镇失去了其存在的价值，从家具中消失。

战国早期蟠龙席镇。湖北省博物馆藏。

9. 座龙

座龙是唐宋时期流行的青铜装饰摆件，一般为帝王皇室所用，常装饰在马车等器物上，集四种动物特征于一身：龙头、狮尾、麒麟背、犬身。金代常用作皇帝御辇的饰物。

10. 贮贝器

贮贝器是战国晚期到西汉中期云南滇池地区特有的一种用以贮存海贝的铜质容器。是该区域象征权力、地位和财富的重要器物。一般仅发现于规模较大、随葬器物丰富的墓葬中，与铜鼓、编钟等礼乐器放在一起。是研究云南滇池地区古文化和社会的重要资料，具有较高的历史价值。

贮贝器按其形态可分为三类：1. 桶形贮贝器。侈口、束腰、圈足外撇，形如商文化铜觚。2. 鼓形贮贝器。器型如铜鼓，鼓面可以开启成器盖，足端封闭。3. 异形贮贝器。器型如盆洗或仓房。贮贝器形体高大，制作精工，盖上或腰部有生动活泼、内容复杂的图案和圆雕，反映祭祀、战争、纳贡、纺织、农事等古滇人生活的各个方面，是古滇人文化特色的真实写照，造型生动极富艺术感，具有较高的艺术价值。

贮贝器主要流行于秦至西汉中期，随着中原文化的强势入侵而消失。

战国桶型贮贝器。云南江川李家山出土。

西汉鼓形贮贝器。云南晋宁石寨山出土。

11. 提桶

青铜提桶的基本形制为上大下略小的圆筒状，底部矮圈足，腹部两侧上部有对称的耳，口上有铜质或木质的盖。青铜提桶是南方越文化极富特色的青铜器，分布于今天的广西、广东及其临近地区。青铜提桶的用途根据广州市东汉早期墓出土的陶提桶盖上刻文："藏酒十石，令兴寿至三万岁"，可知其为盛酒器。

青铜提桶最早见于战国时期，西汉早期流行，西汉中期以后，随着汉文化的渗透和统一，这种极具越文化特色的青铜器便逐渐退出了历史舞台。

从青铜提桶形态的演变规律来看，大致经历了从肩、腹部微外鼓，到肩部微外凸而腹部微内收，最后到肩、腹部都内曲呈凹腰之形。以下是典型的青铜提桶断代标准器。

西汉中期几何纹提桶。广州象岗出土。

12. 铺首

铺首是门扉上的环形饰物，多数为兽首衔环之状。兽首多为虎、螭、龟、蛇等形，嘴下衔一环。铺首本是商周时期兽面纹的立体化，在春秋战国时期的青铜器上作为装饰，铺首衔环还可以起到提携器物的使用功能。战国以后又将铺首用于门上，其下衔环亦可以用作叩门扉的实用器。由于铺首上的兽面多为神瑞动物，除了装饰作用以外，还起到辟邪厌胜的作用，后世一直流行。

青铜铺首最早见于春秋时期，河北易县中山国墓出土立凤蟠龙纹青铜铺首是较早发现的实物资料。在战汉魏晋时期最为流行，一直沿用到近代。

作为装饰作用的铺首在尺寸上、用料上、工艺上、制作上都体现一定的等级。一些大尺寸、鎏金工艺，造型生动，艺术效果极佳的青铜铺首无疑是较高的等级和地位的象征，具有较高的工艺价值和艺术价值。

战国晚期立凤蟠龙纹大铺首。河北省博物馆藏。

13. 度量衡器

尺

尺是长度的计量单位。青铜尺所见甚少，推测当时尺或许为其他的材质。古代一尺的长度与今不同，然文献记载多以尺为长度单位，尺的具体长度不得而知，给研究古代相关的名物制度带来了很大的困扰。目前在长沙和洛阳等地出土过汉代的青铜尺，其实测为23.1厘米，遂解决了长期困扰的学术问题，其意义巨大。

《考工记》记载："殳，寻有四尺"；"车戟常"（一常＝16尺）；酋矛"常有四尺"；夷矛"三寻"（一寻＝8尺）。文献对于人的身高也多以尺来计量，如身长八尺、七尺男儿等等。作为长度的基本单位，周尺的具体长度，为我们把握周代的器用制度有着重要的价值。长沙楚墓出土楚全殳，柄长3.3~3.4米，大致符合文献"寻有四尺"的记载。

量

量是一种测容积的工具。古代计量的单位有斛、升、斗等，据《周礼·考工记》载："栗氏为量，改煎金锡则不耗，不耗然后权之；权之然后准之；准之然后量之；量之以为鬴。深尺，内方尺而圜其外，其实一鬴，其臀一寸，其实一豆；其耳三寸，其实一升。重一钧。其声中黄钟之宫。槩而不税。"

目前所见战国汉代的量器实物资料较多，器形不一，容量不统一。如子禾子釜、陈纯釜、左关𫓧、商鞅方升、始皇方升、始皇斗等。其铭文自述了其用途和名称。

王莽篡汉后，改国号为"新"，为了统一全国的度量衡，特别在始建国元年(公元9年)，命人依照当时的大学者刘歆的考订，铸造了嘉量，目的是以它作为全国各地称量五谷等容器的标准。器表上有铭文二百一十六字，详细记述了铸器的缘由，以及各部位的容量及尺寸等等，全器一共分作五个量体，中央之圆形主体，上部为"斛"，下部较浅者为"斗"，右耳为"升"，左耳上部为"合"，下部为"龠"，在度量时要反转过来才能使用。乾隆初年，清廷得到东汉时期的圆形新莽嘉量，又考核了唐太宗时所造方形嘉量的图式，从而仿造了方形和圆形嘉量。太和殿前为方形嘉量，铜制，置于石亭中，放在太和殿前象征国家的统一和集权。

① 战国左关铜。上海博物馆藏。

衡器

② 元代方钮铜权。张家口市博物馆藏。

衡器是古代用以测重的工具。包括横杆、铜权等物，利用天平和杠杆的原理进行称重，衡杆上标有刻度，根据需要铜权大小不一。《孟子·梁惠王》记载："权，然后知轻重。"

衡器的实物资料最早见于春秋时期，战国秦汉时期出土较多。秦始皇统一了衡制，目前国家博物馆藏一件秦权实物，呈瓜棱形。后世宋辽金元及明清时期多有铜权出土，样式不一。现举典型的铜权断代标准器。

三、凭信工具

1. 符节

符节是古代传达命令或调遣军队的凭证。关于符的用途文献记载得相当清楚。《说文》："符，信也。汉制以竹，长六寸，分而相合。"《释名》记载："符，付也。书所敕命于上，付使传行之也。"《玉篇》言："符，符节也。分为两边，各持一以为信。"《周礼·地官·掌节》："掌守邦节，而辨其用，以辅王命。守邦国者用玉节，守都鄙者用角节。凡邦国之使节，山国用虎节，土国用人节，泽国用龙节，皆金也，以英荡辅之。门关用符节，货贿用玺节，道路用旌节，皆有期以反节。凡通达于天下者，必有节以传辅之。无节者，有几则不达。"

战国鄂君启节。中国国家博物馆藏。

青铜质的符节种类甚多，形状各异，用途有别。目前所见最早的符节是战国时期的，有的用以征免税收，如作竹节状的错金"鄂君启"铜节；有的用以发兵作战，如作虎状的"辟大夫"铜虎节、"韩将庶"铜虎节和错金"杜"铜虎符；有的用以驿传邮递，如作马状的"骑传"铜马节；有的用以供给食宿，如作龙首状的"王命传"铜龙节等。此外，还有作牛形、鸾形、燕形和鸮形者。现存战国时期的符节，除陕西长安出土的错金"杜"铜虎符称符外，其他大都称为节而不称符。错金"杜"虎符是秦器，可能当时秦国有特殊规定，与战国时齐国、楚国等称节者有所区别。秦虎符存世者还有"阳陵""新郪"等名品。

汉代亦用虎符，大体沿袭秦制。秦虎符文字错金，汉虎符多错银。西晋虎符通体有虎斑条纹，不能容字，故于背缝处凸起长条形窄台刻背文，肋间之字移于胸前或符阴。西晋男符亦错银，唯太守符凿款，东晋以后则皆凿款。唐代改用鱼符，为符制上的一大变化。武周时一度用龟符。鱼符与龟符皆可系佩，与后世的牌区别不大。宋以后已皆用牌。

历代符节种类繁多，其铭文反映出当时的政治、军事制度，所以是一种重要的历史文物。

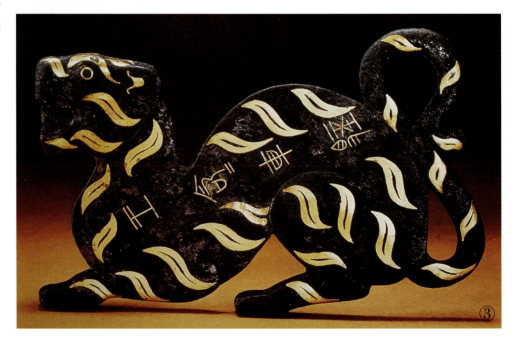

① 战国中晚期韩将庶虎节。中国国家博物馆藏。

② 龙形节。北京故宫博物院藏。

③ 西汉错金铭文虎节。广州南越王墓出土。

2. 玺印

玺印是一种凭证工具，古印有钮，可以系绶。印钮形式有覆斗钮、鼻钮、龟钮、蛇钮、虎豹钮等，印文有阳文和阴文。《释名》解释为："玺，徙也，封物使可转徙而不可发也。印，信也。所以封物为信验也。亦言因也，封物相因付。"先秦前，玺、印是一物。秦始皇后，只有皇帝印才可称"玺"。官吏及一般人称"印"。

铜印按其性质可分为官印和私印，作为官府书信往来和私人交往的凭证。官印为官方所用的印章。历代官印，各有制度，以别官阶和显示爵秩，一般比私印大，谨严稳重，多四方形，有鼻钮，印文布局自然舒展不乱。私印是官印以外印章的总称。体制繁杂，以形制而言，有一面印、二面印（即穿带印）、子母印、带钩印、六面印、联珠、套印等；以文字而言，有姓名印、臣妾印、斋堂馆阁印、诗词印、收藏印、吉语印、花押印、象形印、回文印、朱白相间印等。

汉代印又称"章"和"印信"。唐以后又将印称"记"或"朱记"，明清又称"关防"，但通称仍称印。字体依时代变化，先秦时代是六国古文；秦汉至魏晋南北朝是篆字；隋唐以后多隶书、楷书。

古代玺印的研究已经成为一门专门的学问，目前对其鉴定有自身的一套方法，需要学习和了解历史学、古文字学、篆刻、工艺学和科技史、次生变化学等相关方法论。古玺印中的官印，对于历代管制的研究以及书法篆刻研究都有重要的参考作用，其历史价值、艺术价值较高。

金代铜印。张家口市博物馆收藏。

四、宗教用器

宗教用器是指与宗教活动相关的器用，宗教是人们的精神寄托，出于对宗教的虔诚，故而常用贵金属为器。铜质的宗教用器主要包括造像、法器、供器等类别。

1. 造像

造像是古人用青铜或其他材质塑造的宗教性质浓烈具有特殊意义的形象。按照宗教的属性，可将这些造像分为佛造像、道教造像、供养人像等类。

青铜佛造像是指用铜或青铜铸造，表面鎏金的可移动的佛教造像，间或亦指镀金锤鍱像。包括佛、菩萨、罗汉、天王、力士、诸天等形象。在中国大体上是伴随着佛寺的兴盛而发达的，多供养在宫中或佛寺。

青铜佛造像最早的实物资料见于南朝刘宋时期，流行的盛期大致在南北朝至唐代。它在印度起源较早。在中国佛教初传期多称金人，其后亦称金泥铜像。

道教造像是指造于庙堂、石窟等供道教信徒奉祀的神像。

道教最初是不供奉神像的，仅有神位或壁画。《老子想尔注》云："道至尊，微而隐无状貌形象也，但可以从其成，不可见知也。"《陶隐居内传》云："在茅山中立佛道二堂，隔日朝礼，佛堂有像，道堂无像。"道教供奉神像大约兴起于魏晋南北朝时期。《隋书·经籍志》云：北魏太武帝时，寇谦之"于代都东南起坛宇，……刻天尊及诸仙像而供养焉"。又，陈国符所著《道藏源流考》附录二《道教形像考原》中有："王淳《三教论》云：'近世道士，取活无方，欲人归信，乃学佛家制作形像。假号天尊及左右二真人，置之道堂，以凭衣食。宋陆修静亦为此形'。是（刘）宋代道教，已有形像。"可见刘宋陆修静时代，道教已开始有造像活动。

道教造像遵循一定的章法。在《道藏·洞玄灵宝三洞奉道科戒营》有："科曰：凡造像皆依经具其仪相，……衣冠华座，并须如法。天尊上披以九色离罗或五色云霞，山水杂锦，黄裳、金冠、玉冠"，"不得用纯紫、丹青、碧绿等"。"真人又不得散发、长耳飞独角,并须戴芙蓉、飞云、元始等冠。""左右二真皆供献或持经简,把诸香华,悉须恭肃,不得放诞手足,衣服偏斜。天尊平坐,指捻太元,手中皆不执如意尘拂,但空而已。"如果造像不依规定,或稍有不恭,就会"鬼神罚人,既非僭滥,祸可无乎"。又据《太上洞玄灵宝国王行道经》记载,道教造像"随其所有,金银珠玉,绣画织成,刻本范泥,凿龛琢石,雕牙镂骨,印纸图画","一念发心,大小随力,庄严朴素,各尽当时"。即道教造像用材可随其所有,青铜造像也是其中一个重要的门类。道教是多神教,其神仙种类很多,其形象也是多彩多姿的,流传较为常见的造像艺术品有:真武大帝、文昌帝君、龙王、财神、碧霞元君、八仙、土地公、张天师等等。

供养人像就是信仰宗教出资绘制或建造圣像、开凿石窟的人,为了表示虔诚、留记功德和名垂后世,在宗教绘画或雕像的边角或者侧面画上或雕刻自己和家族、亲眷和奴婢等人的肖像,这些肖像,称之为供养人像。

2. 法器

僧、道举行宗教仪式所用的钟、鼓、铙、钹、引磬、木鱼等乐器及瓶、钵、杖、麈等器物。法器其实是实践宗教教义的器物,同时也是实践宗教礼仪与宗教生活的器具,是与修行相合为一的。因此,法器除了在艺术上有极高的价值之外,对于修行者而言最重要的当然是要体会法器的内在精神,而应用于宗教的修行上。

唐代鎏金青铜钵盂。

3. 塔模型

青铜塔模型是佛教的供养器，其内可制舍利等佛教供养物，在唐代有出土，对研究中国建筑史和佛教史研究有着重要的参考价值。

4. 函

青铜函为青铜质的佛教供养器，平面呈方形，盝顶，盖顶或器壁常有莲花、天王等纹饰。

铜函是隋唐时期专门安放舍利的器皿，对研究中国佛教舍利瘗埋制度以及古代佛教史的研究都有重要的意义。

五、明器

明器指的是古代人们下葬时带入地下的随葬器物，即冥器。《礼记·檀弓下》："为明器者，知丧道矣，备物不可用也。哀哉！死者而用生者之器也。不殆于用殉乎哉？其曰明器，神明之也。涂车刍灵，自古有之，明器之道也。"作为专门为随葬而做的明器，往往不能使用。青铜礼器中有些特意为下葬而制作、没有任何使用痕迹、制作粗鄙的器用，虽然具有礼器之形，仍可当作明器看待。明器的材料比较多样，青铜质的明器主要有摇钱树、俑类、铜葬具、铜覆面等类别。

1. 摇钱树

摇钱树是我国东汉时期，以成都平原为中心的西南地区流行的一种特殊陪葬品，是西南地区独具特色的青铜器类。考古发现常常出土于西南地区的东汉、三国、魏晋时代的砖室墓和崖墓中。这种树古称为"柱铢"，文物考古工作者根据青铜铸就的叶片上有各式各样的钱币图像（以五铢钱、莽钱为多），联系到民间"摇钱树"的传说，遂在学术界名之为"摇钱树"。

摇钱树最早的实物资料是东汉早期，数量稀少，集中在成都平原地区；

东汉中期和晚期该器物迅速流行，覆盖今天的四川、重庆以及周边地区；东汉末到三国时期，摇钱树数量锐减；西晋时彻底消失。有摇钱树出土的墓葬大多为大中型墓葬，表示该器物在当时的使用者属于富有家族。目前发现的摇钱树达数百例，主要分布在四川、重庆、云南、贵州、陕西、甘肃、青海、宁夏、湖北等地。

东汉中期以后的很多摇钱树树干上铸有小型佛像，在少数例子中佛像还代替了西王母在顶枝的位置。学者称这种西王母—佛像共存的现象为"仙佛模式"，其表现了佛教初入中国时候佛被中国民众当作仙界的神仙之一，而把他与其他本土神仙共置于西王母仙境之中。

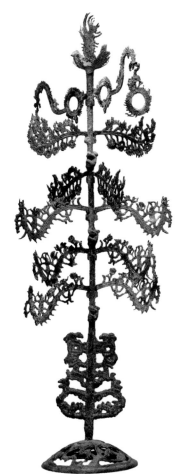

东汉青铜摇钱树。上海市银行博物馆藏。

2. 荒帷饰

荒帷即棺罩，是对死者生前居室帷幄一类的模仿。《仪礼》《礼记》中都有记载。荒帷的主体为丝织品，即罩于棺框上的素锦类织物，装饰有图文及其他金属坠饰。是两周时期常见的丧葬仪具。装饰于荒帷上的金属青铜坠饰有鱼形、磬形等等，多有穿孔以供穿佩。以往钱币研究者往往将这些荒帷饰当作先秦古钱币，并命名为鱼形币、桥形币、磬币等等，不确。

荒帷饰在两周时期的墓葬棺床附近散落，由于作为棺罩的荒帷为素锦类织物，保存不易，故而其上装饰的青铜饰物散落于棺床附近。长期以来由于对荒帷认识不够，把这些散落在棺床附近的青铜饰物命名为钱币带有较多的主观成分。

鱼形荒帷饰。

3. 俑

俑是仿生的随葬品，主要包括车马、人物等等。中国进入阶级社会以来，就形成了一套残酷的殉葬制度，商代的甲骨文记载商王有用上百人陪葬的。随着社会的发展与进步，真车真马真人殉葬的制度逐渐被仿生的俑类所取代，这本是社会进步的表现。以俑类随葬应发生在春秋时期或略早，春秋中期的孔子有云："始作俑者，其无后乎？"

青铜俑的发现多见于秦至东汉，包括马、马车、骑马的俑人、珍禽异兽等等。墓葬中的马车及骑马的导从是主人身份和地位的重要标志物，当时对各级官僚所用车马的数量、种类和装饰都有严格的规定。秦汉时期流行车马及仪仗俑放置于墓内替代真车真马的仪俗。它们对考察当时的造型工艺有着重要的参考价值，同时对研究当时的马的种类和来源、车的结构和形制，以及马与车的系驾方式、人们的服饰制度等等，都有着极为重要的作用。

秦汉时期的铜俑均为分段铸造，然后再拼合铆接在一起。铜车马大小不一，大者约为真正车马的二分之一，如秦始皇陵铜车马、何家山铜马等；有的小到徒具模型，不足半米，如武威雷台铜车马。铜马的造型在秦及西汉时期比较写实，东汉以后更重写意。东汉的铜马制作显得更为程式化。

东汉晚期铜车马。甘肃省博物馆藏。

4. 面具

青铜面具，是一种古代假面，是具有特殊表意性质的文化符号。早期多用于丧葬驱邪或原始祭仪中的乐舞娱神活动，宗教意味较浓。后来，其原有的鬼神崇拜内涵逐渐淡化，娱乐功能日益增强，隐喻与象征含义愈见丰富，最终形成了各地区各民族具有多重文化因素、极具艺术审美价值的"面具文化"。我国多地都有出土，形状各异。其中，较为著名的主要为殷商青铜面具、三星堆面具和辽金时期的面具。

三星堆遗址是青铜人面具较为集中出土的区域，代表了古蜀国的一种面具文化风貌。共出土人面具20余件，分大、中、小三型。这些以纵目面具为代表的青铜面具群，是三星堆文物中最有特色同时最具精神文化内涵的文物之一，它们是中国时代最早和出土规模最大的面具群体。

① 三星堆人面。
② 三星堆兽面。

商代青铜面具的出土地点主要有：武汉盘龙城、陕西城固县苏村、北京平谷刘家河商墓、江西新干大洋洲等。从出土地理位置来看，并非商王朝的核心区域，从这些面具的形制、特点看，可能是当时的一种战争面具，或者巫傩面具。从文献记载、甲骨卜辞的内容及出土的青铜礼器来看，商代巫术盛行，而青铜面具是从事巫术活动的道具。它的大量发现，是商代重巫风气的具体体现。"商人重鬼"，统治者通过开展大量的祭祀巫术活动，一方面期冀得到神灵和祖先的保佑，一方面显示他们和神的亲缘关系，让被统治者认为他们的统治是上天的旨意。与此同时，还有一些商代墓葬主人本身就是巫师，他们死后也要把活着时使用的日常用品随葬，青铜面具就是随葬品之一。

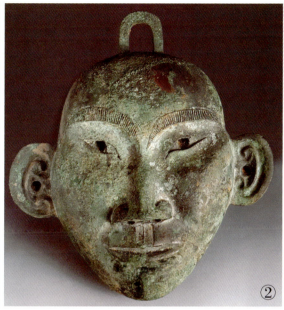

① 商代兽面具。陕西城固县出土。

② 商代人面具。台北"中央研究院"历史语言研究所藏。

辽金时期，在墓葬中往往有青铜面具的出土，其面具除了有青铜质的还有金质与银质的，五官比例与人面相适应，多为锻制而成，面具背面有的还有丝质物的印痕，当为按照死者生前容貌所制，并于死后作为陪葬品，是少数民族一种特有的葬俗。

有一个现象值得注意，那就是无论三星堆也好、商文化也好、辽金时代也罢，青铜面具的出土地点都不是传统意义的中原地区。三星堆属于西南巴蜀文明的地域，陕西城固县苏村、北京平谷刘家河、江西新干大洋洲等皆非当时的王畿之地；辽金时代更是明确的契丹和女真民族创立的政权。如此，我们似乎可以得出这么一个结论，即中原文明青铜面具文化自古并不发达，也不突出，面具文化明显带有异域特色。

六、货币

货币是人们在经济生活中随着经济的发展和交易行为的发展而产生的一般等价物。我国最早在商代的时候已经开始使用磨制的天然贝币作为交易的媒介。随着经济的持续发展与繁荣,磨制的天然贝币越来越不能满足日常生活中的实际需求,人们想到了用青铜铸币作为一般的等价物作为交易的媒介。青铜本身就是一种贵金属,适宜充当交易的媒介。最早的青铜铸币仍然仿照天然海贝之形,春秋战国时期,各诸侯国自身文化的差异,铸币的形态也各有不同。先秦时期的青铜铸币主要有布币、刀币、圜钱、贝币四种,秦始皇统一货币,自此我国古代以方孔圆钱作为货币的基本形制,一直沿用到清末民初,随着机制币和铜元的普及,才最终退出历史舞台。古钱币的研究目前已经成为一门专门的分支学科,各专业机构和相关的专家学者,在古钱币的鉴定方面已经有较高的认识和深度。

这里仅就货币的形态作一些基本的介绍:

1. 布币

布币形似铲子,仿青铜农具镈(铲)的造型而铸造,早期呈空首形,直接仿方銎式的镈,后期改为平首式并固定下来,钱面铸地名和记重币值,主要流行于春秋战国时期的三晋和东周为中心的中原核心区。秦始皇统一币制以后不再行用,但在王莽的新朝,基于复古改制,发行过一种虚值的布币,布首正中有一圆孔,不久便废止。

空首布。

① 桥足布。
② 圆足布。

2. 刀币

刀币仿刀削工具铸造，根据其形态和铭文内容可分为大刀、小直刀、针首刀、明刀等类别，主要流行于战国时期的齐、赵、燕等北方地区。秦始皇统一币制以后即不再行用，但在王莽新朝，基于复古改制，发行过一种虚值契刀，由刀环和刀身构成，刀环呈方孔圆钱形。有的还有错金铭文，不久便废止。

齐"安阳之法货"刀币。　　新朝"一刀平五千"契刀。

针首刀。

3. 圆孔圜钱

圜钱形似玉璧,可能为玉璧的仿形器。钱面铸地名或币值,主要流行于战国时期的秦地等西方地区。

圜钱。

4. 贝币

俗称"鬼脸钱""蚁鼻钱",仿自穿孔的海贝形态,其上多有字或符号,目前含义不明确,主要流行于战国时期楚国等南方地区。

贝币。

鬼脸钱。

5. 方孔圜钱

秦始皇统一币制，改战国时期的各种货币形态统一为方孔圜钱，既便于铸造打磨也便于携带，成为我国货币形态的主流，直到民国时期才最终废止。从秦代的半两钱到汉代的五铢钱，一直行用到唐代，都是一种记重的货币。从唐代铸行开元通宝钱以后，后世一直流行纪年号的通宝、元宝钱。到北宋时期还形成了小平、折二、折三、折五、当十的五等币制。明代晚期以后，以黄铜铸币，青铜货币遂退出历史舞台。

半两钱。

6. 钱牌

钱牌铸期短且量少,存世甚罕。

钱牌。

第五节 异形青铜器的鉴识与断代

异形青铜器的归类是一种特殊的分类方式。由于我国青铜时代的悠久历史性，部分青铜器类在传承使用的过程中随着时间的变化，在造型方面表现出一些异变的风貌，甚至我们会看到同一种器形不同的自铭的情况，这就需要详加分辨。另一方面，我国的青铜文化还有着广阔的地域性。不同的青铜文化区系在吸收和接纳中原系统青铜器的同时，会不可避免地将本区域固有的一些文化要素融入青铜器的制作中来，形成自有的独到面貌，具有相当的独特性。基于这种独特性，我们难以在原有的分类当中展开介绍并追溯其源流，然而其作为我国青铜文化多元一统的重要组成部分，从博物学研究的角度却又不可或缺。故而自成一类单独介绍，以方便读者全面了解我国青铜器的丰富内涵，期许学界同仁将来对这些方面有更进一步的深入研究。

这些异形器的研究对于青铜器物鉴定来说，同样有着极为重要的意义。以往的标型学研究经验使我们对于一些没有标准型出土过的异形器，常常以仿品或臆造品对待之，这也是不科学的，我们以后应该纠正这种思维模式，审慎地研究和对待现实生活中遇到的异型器问题。

1. 弄器

弄器顾名思义即为把玩、玩弄之器。弄器一词源自青铜器的铭文，如"智君子之弄鉴""子作弄鸟尊"等等，常出现在东周时期，被学者当作礼崩乐坏的标志，以说明青铜器逐渐丧失其礼器的功能。然而弄器的制作自原始社会时期就有了，是人类对审美和艺术的需求。我们常常在新石器时代的一些生活遗址当中发现陶制或石质玩具。青铜弄器的铸制，理论上来说，从青铜冶铸工艺的发明就可能产生，目前已发现并比较明确的青铜弄器在商周时期并不少见。比如说商代吴城文化的双尾铜卧虎；青海地区西周前后唐汪文化人头形摆件、西周中晚期刖人守门方鼎、山东莒县出土的两周之际裸人方鼎、山西地区出土的晋文化弄鉴、弄鸟尊；江苏武进县出土春秋晚期吴越文化的三轮铜盘，浙江绍兴出土的春秋晚期吴越文化铜质房屋模型、甘肃武威出土的汉代马踏飞燕……

已经发现的弄器把玩之器属于艺术品，故而与实用器相比差异较大，常常精致而小巧，制作独具匠心，具有极高的艺术价值。

双耳铜卧虎。

三轮铜盘。

2. 区域文化特殊器

在远离传统的中原青铜文化区域，由于强烈的地域文化因素的影响下，在学习和借鉴中原青铜艺术的铸制中，常常会将地区的文化因素融入创作中来，形成独具特色的区系文化内涵。这些文化内涵表现在器形或纹饰方面的特异性方面中，形成所谓异形青铜器。这种异形青铜器是相对中原系统的青铜器而言的，对于本区域文化来说，实际上并不异形，恰恰是自己的特色。

这些器物主要包括：商代后期朱开沟文化的带铃铜铙；东周时期百越地区的靴形铜钺；夏家店上层文化的龙耳铜鬲；淮河流域以徐国为主体的徐文化特色的兽首铜匜鼎、盉形铜甗；齐文化特有的铜甗，晋文化特色的貘负立人铜盘；吴越文化牺首流铜匜；巴蜀文化的尖底盏；流行于燕赵地区的鸟柱盆；战国至汉代分布于云南滇池一带的滇文化长颈瓶、葫芦笙、虎咬牛铜俎；河北中山国山字形铜器等等。

① 战国山字形铜器。河北博物院藏。

② 春秋中期国差铜甗。台北故宫博物院藏。

① 蜀文化特色尖底盛。

② 变形兽纹带鼎。山西博物院藏。

③ 貘负立人铜盘。山西博物院藏。

战国中期鸟柱盘。河北省文物研究所藏。

3. 青铜文化核心区域改造器

青铜文化核心区域改造器指的是产自历代青铜文化的核心区域的异型器。这些异型器并非由区域文化特色因素影响，它们对于原有的传统造型而言，或者增加流嘴，或者增加錾首，或者铸成多联，又或者增加提耳，甚至是仅为一见的新器类等等不一而足。这些改造器往往难得一见，均为青铜艺术史上罕见的珍品，成为艺术史上的孤品和奇葩，是先民创造性思维的物化见证，体现了先人杰出的创造能力。

这些改造的器物包括，二里头文化时期带流铜角；殷墟商晚期文化的提耳铜釜、嵌绿松石兽面纹方罐、提梁铜罐、人面铜盉、虎食人形壶，妇好墓出土的偶方彝与三联甗；扶风县出土的商后期高柄铜杯；西周时期的康生盉

形铜豆、四足调色器,西汉早期山东淄博齐王墓出土的云龙纹矩形大镜,西汉早中期的窦绾墓出土的错金朱雀双联铜豆。

这些器物的创作思想、意图以及文化背景值得我们深入剖析。正是这些器物的客观存在,我们得以知道先人从未停止过对器物造型创新的尝试和努力。从这一点来看,这些改造器具有极其重要的历史与研究价值。

① 嵌绿松石方罐。中国国家博物馆藏。

② 三节提梁壶。台北"中央研究院"历史语言研究所藏。

西周早期调色器。陕西历史博物馆藏。

西汉中期双联豆。河北博物院藏。

第三章
青铜器纹饰鉴识与断代

第三章
青铜器纹饰鉴识与断代

　　青铜器的纹饰指的是青铜器上的花纹装饰，这些花纹装饰有的是与青铜器一同铸造出来的，也有的是在青铜器铸好之后以后刻或后嵌错、彩绘等方式制成的。青铜器的纹饰是特定历史时期的产物，纹饰的内容、工艺、艺术表现手法不可避免要受到所处的历史环境的影响。对青铜器纹饰的鉴定，自然也就包括了对纹饰内容的定名、制作工艺的鉴别、艺术表现风格的鉴识以及纹饰所表现的当时的宗教、神话、文化史、社会史等内容探求等方面。通过了解、探究进而深刻地认识并科学的鉴定青铜器纹饰的时代特征，将直接有利于我们对青铜器进行断代和辨伪。

　　纹饰的定名和分类历来学者已经有过较为系统的研究，而且研究成果已经被大家广为接受，虽然个别先秦古青铜器上纹饰的定名学者之间尚有争议，某些纹饰在类别归属方面亦不尽合理，然而由于习用已久，大家意见统一，为了不至造成误会和指示上的偏差，在本书的介绍中仍主要沿用传统的分类与定名，尽量兼顾传统的习惯称谓，做到认识论方面的相对统一。

　　青铜器的纹饰按传统的分类方式可分为动物类、几何形类、写实图案类几个类别。动物类纹饰包括兽面纹、龙纹、鸟纹、神兽纹、蛇纹、龟纹、蝉纹、虎纹、蟾蜍纹、鱼纹等等。几何类纹饰主要包括云雷纹、圆圈纹、火纹、三角纹、旋纹、弦纹、菱格纹、绳纹、瓦纹等等。写实图案类纹饰主要包括人物故事、花鸟虫鱼、云朵、植物图案等等。

第一节 动物类纹饰

一、兽面纹

兽面纹是特指商周时期青铜礼器上面的一种主题纹饰。它一般出现于器物的腹部、耳部或足部，有眼有角有嘴有鼻，完整的兽面纹还包括躯干与腿足。典型的兽面纹及其各部位名称如图：

饕餮纹构成示意图

1. 目　2. 眉　3. 角　4. 鼻　5. 躯干　6. 尾　7. 腿　8. 足

兽面纹在古代的研究者中多称之为"饕餮纹"。《吕氏春秋》记载："周鼎著饕餮，有首无身，食人未咽，害及其身。"宋人吕大临据此在《考古图》中称此类纹饰为饕餮纹。然而兽面纹并非全是有首无身者，很多兽面纹根据其形态还能明显看出其具体动物形态，看来秦朝就已经对先秦青铜礼器上的这类纹饰意义和名称失察了，《吕氏春秋》对饕餮的推想显然是名实不符的。

先秦青铜礼器上面的这类纹饰，并不是一种动物，有的为牛角鹿角，有的为羊首，还有的为虎耳，更有蝉嘴者不一而足，没法用一种动物为其命名,故而统称为兽面纹比较合适。抑或它即是传说中的龙纹。因为文献记载龙是变化无常的,"欲大则涵于天宇,欲小则化为蝉蠋"。中华民族向来号称龙的传人,在商周时期即把极具神性的"龙"之各种具形铸于青铜器上,在祭祀活动中,成为神龙的依附体或灵媒,是人们向神灵表达诉求的一种媒介。从这个角度看,那么所谓兽面纹,实际上是指突出表现正视头部(即兽面)的龙的正面展开图。在构图法上,以兽面为中心,躯干向两侧展开,是属于以平面表现立体的一种表现手法。

兽面纹流行于商代早期至西周早期,西周中期以后不再作为主题纹饰而是成为次要的纹饰装饰于器物的足部、耳部等部位,战国以后逐渐消失。按其形态可分为三期:

第一期:商代早期。本期的兽面纹流行分尾式,眼睛多为圆形或省去眼睛,后期出现部分臣字形,不见锋利的腿爪。

分尾式兽面纹。

第二期:商代晚期至西周早期。本期的兽面纹流行不分尾式或者省略尾部,仅保留兽头。其中仅保留兽头,有首无身者被宋人附会为所谓的"饕餮纹"。多为臣字形眼,内眼角极度扩大,尾或上卷或下折,常表现尖利的腿爪和獠牙,角形富于变化。

商晚期不分尾式兽面纹。

西周早期省略式兽面纹，有首无身，亦称饕餮纹。

第三期：西周中期至战国。本期的兽面纹主要流行省略躯干尾部式，不再作为主题纹饰，而常装饰在足根部作为辅助纹饰出现。

二、龙纹

龙是中国古代传说中的灵异神物，亦乃万兽之首。《说文解字》记载："龙，鳞虫之长。"能幽能明，能巨能细，春分登天，秋分潜渊，呼风唤雨，无所不能。其基本形态即为鳞虫（即蛇）。最早在新石器时代就有其形象表达，有的作为陶器上的装饰，有的琢磨成玉器造型，也有的直接用蚌壳堆塑其形，不一而足。商周青铜器上更是多见龙的纹饰。作为传说中的动物，不同时代对于龙的形象的理解各不相同，古人还根据其复杂的图像形态附会出夔龙、蛟龙、蟠龙、角龙、应龙等各种特性化的称呼，再后来还有龙生九子等不同的说法。作为传说中的动物，我们无意去讨论龙的各种传说及演变脉络，仅就青铜器上的龙纹形态做出分类，以研究青铜器上不同形态的龙纹的流行时间，用于青铜器的标型学年代鉴定。

青铜器上的龙纹按其形态可分为侧身龙、正身盘龙、交绕龙几大类别，每种类别又可以细分若干小类别。

1. 侧身龙（夔龙纹）

侧身龙指的是龙的侧面图案。由于是侧面图形，通常只表现为一耳、一角、一足、一眼的形态。前辈研究者根据《说文解字》"夔，如龙一足"的记载，附会侧身龙为夔龙纹。为了研究、学习的一贯性，仍沿用夔龙纹的称呼亦未尝不可。夔龙纹按其形态可分为如下四种式别：

身体舞立式。独体，一般作为兽面纹两侧的辅助纹饰，流行于商晚期。

舞立式夔龙纹。

回顾式。主要分两种形态。一种身躯短直，卷曲呈字母C型，流行于商晚至西周早期。另一种身躯较长一般作S形，有的为一身双首形态，均作回顾形态，流行于西周中期。

C形短体回顾式夔龙纹。

S形长身躯回顾式夔龙纹。

尾部盘卷式。尾部盘卷，形似蜗牛壳。流行于西周早期偏早阶段。

尾部盘卷式夔龙。

盘曲式。尾部绕头部盘曲一周或一周半。可分两种，一种为独体式，流行于商晚期。另有一种多体式对称或尾部以龙头为装饰呈盘绕式，可称为"蟠夔纹"，流行于西周晚至春秋。

独身盘曲式夔龙纹。

蟠夔纹。

2. 正身蟠龙

正身蟠龙指的是龙头作为完整的正面视图，尾部绕着头部自身盘卷数圈。此种龙纹主要见于商晚期，使用时间较长，春秋时期仍可见。

正身蟠龙。

3. 交龙

交龙纹指的是两条或两条以上的龙相互交绕在一起的图案。按其相交的方式也可以分为如下几种形式：

C形相交型。两条龙自身弯曲呈字母C形，两两相互交绕，流行于西周晚期。

C形相交型交龙纹。

S形相交型。两条龙自身弯曲呈字母S形,两两相互交绕,流行于春秋早期。

S形相交型交龙纹。

细体密集相交型。两条或两条以上的小龙相互交绕,组成一个纹饰单元,再重复出现构成带状或密布于器物表面,也被称为"蟠虺纹",虺为小蛇,取义龙身细小如蛇。流行于春秋中晚期。

蟠虺纹。

粗体密集相交型。相互交绕的小龙体躯粗肥,其内部多填充条形纹、三角纹、雷纹以及连点纹,有的头尾不是很明显,体躯间夹有花朵形纹,或者有的穿插兽首,也被称为"蟠螭纹"。螭为龙之子,比虺纹体躯略大。出现于春秋晚期,流行于战国早中期。

蟠螭纹。

三、鸟纹

人类在童年时期总会对那些自身不具备的能力感到崇拜，鸟能飞翔，自古便成为人类崇拜的对象。自新石器时代开始，在大汶口文化、凌家滩文化等不少遗物上已见鸟的艺术品形象。进入商周文明社会以来，鸟与商族、周族部族都有不解之缘。据《史记·殷本纪》记载商人始祖契之母简狄，吞玄鸟卵，因孕而生契。故有"天命玄鸟，降而生商"之说。而周之兴起，也因"凤鸣于岐山"的兆头。故而商周时期青铜器上多见鸟纹纹饰。鸟纹在青铜器上作装饰始于商晚期，在商末周初时开始作为青铜器的主题纹饰出现，并在西周中期盛行达到顶峰。西周晚期以后逐渐衰落，直到东周时期新出现了一些写实性较强的鹤、雁等有吉祥寓意的禽鸟图案。鸟纹按照其形态可以分为如下几个类别：

1. 小鸟纹

指鸟身和尾部都比较短，体型也较小的鸟纹，一般无羽冠或仅有较短小的羽冠。在青铜器上常作辅助纹饰出现，装饰于器物颈部或肩部，或穿插于主纹饰间作为补白。此类鸟纹一般流行于商晚期。

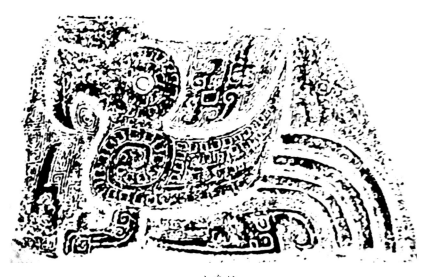

小鸟纹。

2. 长尾鸟

鸟的体形较小,然尾部较长,甚至长于躯体,状如飘带。此类鸟纹流行于商末周初。

长尾鸟纹。

3. 大鸟纹

作站立状,长尾,长羽冠,体形较大,在青铜器上多以主题纹饰出现。大致流行于西周早期。

立式大鸟纹。

4. 花冠凤鸟纹

多呈站立状,长尾、豪华羽冠极为复杂,体形较大,一般作为青铜器的主题纹饰,应该为神话的凤鸟。此类鸟纹主要流行于西周中期。

花冠凤鸟纹。

5. 夔凤纹

指具有鸟首龙身或龙首鸟身的怪异动物的纹饰，实际上就是鸟纹和龙纹相结合的一种艺术手法。流行于西周早期偏晚至中期偏早。

夔凤纹。

龙首鸟身型夔凤纹。

6. 写实禽鸟纹

常表现为现实生活中常见的禽鸟类，它们与古人生活密切相关，常被当作美好事物的象征。常见的写实禽鸟包括仙鹤、大雁等，多见于东周秦汉时期。这些写实性的鸟一改商周时期鸟的神秘性，活泼灵动，是社会风貌发生变化的产物。

雁纹。

四、神兽纹

神兽指的是我国古代神话传说中的瑞兽,它们有的源于最古老的原始图腾崇拜,有的是古人在日常生活中附会出来的祥瑞之物。青铜器上的神兽纹一定程度上反映了当时的时代背景和精神世界,为我们研究我国神话传说、民俗信仰等文化提供了不可多得的实物资料。青铜器上的神兽纹主要有四神、龙之九子、招财神兽、麒麟等等。

1. 四神纹

四神早期源于我国的星宿,在五行学说盛行的时代,被认为是代表东西南北四个方位的灵兽。即青龙、白虎、朱雀、玄武。四神纹在西汉末年及东汉魏晋时期的青铜镜上最为流行,应与两汉时期五行学说及谶纬学说的历史背景相关。

四神纹。

2. 龙之九子

龙有九子这个说法由来已久，以九来表示极多，有至高无上地位，九是个虚数，也是贵数，所以用来描述龙子。龙之九子的说法各文献记载并不统一，比较流行的说法是：老大囚牛、老二睚眦、老三嘲风、老四蒲牢、老五狻猊、老六霸下（又名赑屃）、老七狴犴、老八负屃、老九鸱吻。

在青铜器上，龙之九子并不都见，与青铜器纹饰有关者为蒲牢与狻猊。因蒲牢受击就大声吼叫，充作洪钟提梁的兽钮，助其鸣声远扬，故而东周时期带兽形钮的钟钮当为此物。狻猊形如狮，喜烟好坐，所以形象一般出现在香炉上，随之吞烟吐雾。

3. 招财神兽

中国的三大招财神兽为辟邪、天禄及貔貅。在青铜器上多见于汉魏时期，常作为圆雕摆件独立呈现。在唐代以后的铜镜纹饰之上亦偶有出现，但由于特征并不明确，统归为瑞兽。

4. 麒麟

据记载麒麟头部似龙，长有双角，身似鹿身，满身长满鳞甲片，尾毛卷曲，神态十分生动。

五、其他写实动物纹

1. 蛇纹

蛇是现实生活中存在的一种动物，蛇因蜕皮而获得生长和重生，古人看到这种现象以后惊以为神，亦冀望人类也能在死后蜕化重生，神话中龙的身躯也是依照蛇的形体演变出来的，同样被人们认为是吉祥的动物。

青铜器上的蛇纹依其形态可以分为如下几种类型：

独体式。身躯较粗犷，中部向下弯折，尾上卷，身上有鳞，双眼突出。每一条蛇可以作为一个单元，并以多条首尾相接的蛇横向组成带状。此类蛇纹常见于商晚期至西周早期。

独体式蛇纹。

重复式。小蛇自身弯曲成S形为一个单元，均上下左右延展重复出现，密布于器表。此类蛇纹流行于战国早期。如下图：

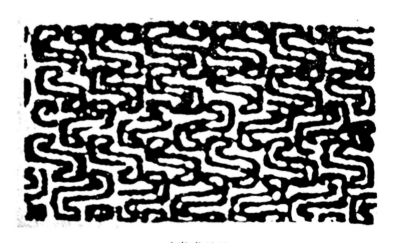

重复式蛇纹。

2. 龟纹

龟自古被认为是具有灵性的动物，早在新石器时代的贾湖遗址就有修治过的用于占卜的龟甲出现，商代更是将龟甲作为最重要的卜骨。故而龟纹作为青铜器上的纹饰是理所应当的。青铜器上的龟纹流行于商代晚期，形态并不完全写实，只是外廓和形象作龟形，其背往往不作龟背甲形，而是饰以其他纹饰常装饰于水器内底。

龟纹。

3. 蝉纹

蝉能饮汁液而寿，幼虫生于土中，能蝉蜕羽化为成虫获得重生，正符合人类对死后重生及永生的朴素愿望，故而能作为神奇动物而成为青铜器上的纹饰。青铜器上的蝉纹突出刻画两只大目，体躯作长三角形，上部作圆角，腹部有横条。流行于商晚期至西周早中期。

商晚期蝉纹。

西周早期蝉纹。

4. 虎纹

虎为百兽之王，强力而勇猛，能满足人类对强大勇武的崇尚之感，而跻身青铜器纹饰之列。青铜器上虎纹多作倒U字形，半圆耳，张口，有的露出獠牙，尾上卷，身上多有云纹状线条，尾部则装饰斑纹，多以活动的形态出现。主要流行于商代中晚期。

虎纹。

5. 象纹

象的体积在动物界最是庞大，象牙作为珍贵的材料早在新石器时代就成为艺术品制作的材料，故而能跻身青铜器纹饰之列。青铜器上象纹的基本形态是头部有向上或向下的长鼻，鼻下有嘴，一般身躯巨大，有四足。流行于商晚及西周早期。

象纹。

6. 蟾蜍纹

蟾蜍因繁殖能力较强而能在祈求人丁兴旺的古代中国满足生育的崇拜，故而能跻身青铜器纹饰之中。青铜器上蟾蜍作兽头，背部有斑纹或疙瘩纹，多作格状以象征其身上的疙瘩。多见于商代晚期。

蟾蜍纹。

7. 鱼纹

鱼是人类最为重要的食物来源，是大自然对人类的馈赠，与人类的生活密切相关，故而能成为青铜器上的纹饰。在青铜器上鱼纹多作侧面游动状，主要流行于商晚期。

鱼纹。

8. 鸱枭纹

鸱枭俗称猫头鹰，能夜视，昼伏夜出，被人类当作黑暗的使者，有沟通阴阳的神力，故而在青铜器上有重要的地位。先秦青铜器上，鸱枭纹主要见于商代，并且极为流行，而西周不见。《诗经》有"天命玄鸟，降而生商"的记载，一直以来大家对玄鸟的解释颇不一致。玄当黑色讲，这种只流行在商代的具有标识性的鸱枭或为玄鸟，可备一说。

鸱枭纹。

其他的写实动物还包括鹿、猪、兔、鸭等等，它们或者如同鱼那般与人类生活密切相关；或者如同蟾蜍一样因为生育能力较强而为人类所祈求；又或者如飞鸟、虎那般拥有人类所不具备的飞翔或者勇猛等能力而受到崇拜……这些都成为它们能跻身青铜器的重要原因。

第二节 几何形类纹饰

几何形类纹饰指的是由一些点、线、圈、角的集合，这些抽象化的纹饰最先应该也是缘于现实生活中某些具体的、常见的实物，将其形态线条化并有规律地组成图案，是一种形式上的变化和结构上的美感。

几何形的纹饰是青铜器上最早出现的纹饰，早在夏文化晚期的青铜器上就已经出现，到了商周时期，兽面纹、龙纹、鸟纹盛行，几何形的纹饰常常用作底纹起陪衬的作用。

1. 兽目交连纹

由两端回钩或"S"形的线条构成扁长形图案，中间常填以目形纹，也称窃曲纹。《吕氏春秋·适威》："周鼎有窃曲（一作穷曲），状甚长，上下皆曲，以见极之败也。" 始见于西周，盛行于西周中、后期，春秋战国时仍有沿用。

兽目交连纹。

2. 波曲纹

状如一条波浪线，有波峰和波谷，实际上应是龙之躯干纹。始见于西周中期，流行于西周中期至春秋。一般而言，西周波峰多为弧顶，春秋多为平顶。

波曲纹。

3. 鳞纹

形如鳞片，有横向排列和纵向排列两种形式。横向排列者，有如两个大小等差的椭圆形相套叠，故而依其形态称为"重环纹"。推测实际应是龙之鳞片纹。横向排列者，流行于西周中晚期；纵向排列者，可见于春秋。

鳞纹。

4. 蕉叶纹

形如长条形芭蕉树叶，多装饰于觚的颈部或鼎腹部。流行于商晚期至西周早期。

蕉叶纹。

5. 羽翅纹

由鸟羽的翅膀线条化、几何化而成，呈重复连续式布局。多见于青铜镜上，主要流行于战国时期。

6. 弦纹

弦纹是青铜器上最简单的线条，为一根凸起的直或横的线条，在夏代晚期的青铜器上作为最简单的纹饰出现，表现了青铜器的原始性。后常作界栏出现。

7. 连珠纹

连珠纹由一个接一个的小圆圈排列而成，应是管状工具手工在未干的泥模上连续而随意戳印的圆圈，表现为大小一致但不甚齐整。连珠纹常以界栏的形式出现，流行于商代早期。在后世或能偶见。

连珠纹。

8. 乳钉纹

乳钉纹是由一个接一个的实心的乳状凸起排列构成。流行于商代及西周。一般而言商代早期的乳钉纹为独立形态出现，到了商代晚期配合云雷纹出现，亦称乳钉云雷纹；西周时期也是配合云雷纹出现，但是流行乳钉呈锥状的形态，较之商代更显尖凸。

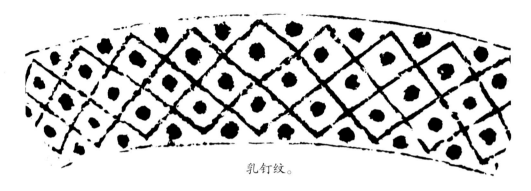

乳钉纹。

9. 云雷纹

云雷纹是云纹和雷纹的合称，是商周青铜器上出现频率最高的纹饰。其基本形态为线条构成的螺旋形，一般将圆形的螺旋称为云纹而将方形的螺旋称为雷纹。之所以称之为雷纹者，因其形状与古文字雷形近，是学者按其形态约定俗成用现代类型学方法对其的命名。

云雷纹的形态多样，有的呈C形，有的呈T形，有的曲折呈S形，还有的呈菱格形、方形、三角形，不一而足，极富变化规律与节奏感，作为辅助纹饰出现，流行于商周时期，凸显青铜器纹饰的繁密与华丽。战国时常填充于粗体蛟龙身上，亦有纯以云雷纹作主纹的，呈菱形雷纹交错状。

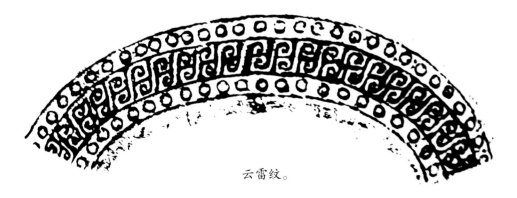

云雷纹。

10. 网纹

网纹作为主体纹饰曾流行于商代早期,其后不再出现在青铜器正面作为装饰,有的见于器物的外底部,可能与铸造工艺有关系。

11. 平行沟纹

平行沟纹是一种器物造型的修饰方式,及器物的外表作平行的沟槽状,分为竖条形和横条形两类。竖条形的平行沟纹多见于商代晚期到西周时代;横条沟纹出现得略晚,亦称"瓦纹",最早见于西周中期,盛行于西周中晚期到春秋早期。

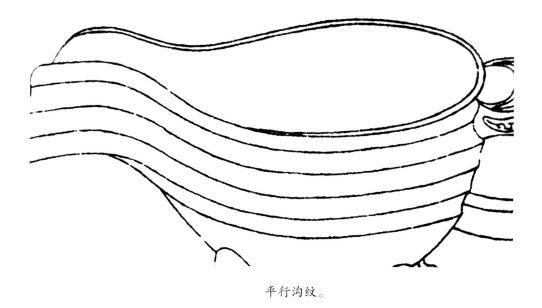

平行沟纹。

12. 绳纹

绳纹如两条绳相纠结,在陶器上较为成熟。青铜器上的绳纹出现得较晚,流行于春秋战国时期,是东周青铜器的一大纹饰特征。

绳纹。

13. 贝纹

贝纹呈海贝之形,一个接一个紧密排列,极具特色,应是仿古代的贝币造型而为。出现的时间较晚,始见于春秋晚期,主要盛行于战国时期,作为辅助纹饰出现,是战国时期青铜器的一大纹饰特征。

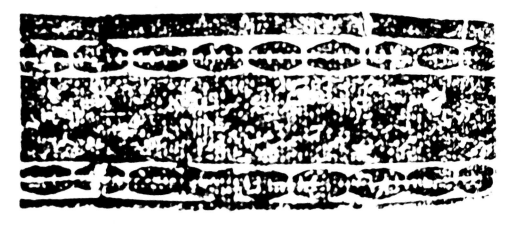

贝纹。

14. 花叶形

花瓣形纹饰是仿植物的花瓣并将之线条化和图案化的一种几何纹饰,出现的时间较晚,始见于战国早、中期,在西汉的铜镜上仍有较多发现。

15. 涡纹（火纹）

漩涡纹是一种圆形的涡状纹饰，出现的时间较早，在商代早期即已普遍存在于青铜器上。目前比较多的学者称其为火纹，《周礼·考工记》有"火以圜"的记载。火是一种令古人敬畏和感恩的事物，它无形，但是给人类带来了光明和进步。在纹必有意的青铜时代，不是任何事物都能被装饰在青铜器上的，而火这种精灵却有足够资格成为人类膜拜的对象，故而称涡纹为火纹是比较合适的。

涡纹存在的时间很长，从商代早期一直到战国从未间断，可见古人对其的重视。

火纹。

第三节 人物故事类纹饰

人物故事纹是指现实生活中与古人自身息息相关的生活场面、历史故事组成的纹案。其核心是人的参与，表现和刻画了各类人物的形象。他们对于研究当时的历史背景、服饰制度、社会等级、器用制度等提供了极为难得的图画实物资料，具有较高的历史价值。同时以绘画的形式展现了古人对构图、布局及细节刻画的手法，具有较高的艺术价值。由于这些绘画往往以人物故事的形式展现出来，有着浓厚的生活气息，因而兼具较高的收藏和观赏价值。

1. 宴乐攻战纹

通常指用故事画的形式在青铜器上描绘，或用镶嵌、细刻等特殊工艺体现饮食宴乐、狩猎以及水路攻战的场景。宴乐活动体现着礼仪制度，狩猎活动是古人最习见的娱乐活动，而水陆攻战在先秦时期亦是需有一定身份的成年男子参与的军事行动。宴乐、狩猎、攻战都是先秦时期贵族男子生活中最习以为常的场面。宴乐攻战纹主要流行于战国至秦汉。

水陆攻战纹。

狩猎纹。

2. 车马人物纹

车马仪仗出行的场面体现着出行者的身份地位与等级。入汉以来墓室壁画渐多绘制墓主人生前车马仪仗出行的场面,这种习惯一直延续至后代,尤其在唐代墓室壁画中最为流行。青铜器上的车马人物纹主要流行于汉代。

车马人物纹。

车马出行纹。

3. 神仙故事纹

对祖先和自然万物之神的崇拜古已有之，战国汉代以来，对各类神仙的故事和传说越来越丰富和丰满，如东王宫、西王母等具体的人物故事也越来越生动。战乱与困苦的时候，是宗教神仙思想广泛流布的重要时机。经历战国时代的各国战争以及两汉时期的诸国之乱，人们对安宁、长寿、永生的向往也与日俱增。尤其两汉时期是神仙思想的一次兴盛期，这在各类文物上均有反映。

青铜器上的神仙故事纹主要流行于汉晋时期。较为典型的有东王公与西王母、女娲伏羲、佛兽等等。

4. 历史故事纹

对忠臣烈女、帝王先贤的榜样教化作用历来受古人所重视。中华民族传统美德里面的温良恭俭让、忠义节烈，以及对圣与王的崇高品格的追求，往往喜欢用一些故事画的形式来体现和教化。青铜器上历史故事纹主要流行于汉唐时期的青铜镜上。比如伍子胥、孔子、荣启期、许由、巢父、王质观棋、柳毅传书、高士宴乐、王子乔等等。

5. 文化民俗纹饰

反映历代各种思想文化、观念形态，为广大人民群众所熟知并且喜闻乐见的成语典故，或寓教于乐激人奋进、引人深思，或诙谐有趣替人排忧，又或者充满对美好生活的一种愿景。在青铜器上比较常见的题材包括：吴牛喘月、五子登科、早生贵子、真子飞霜、钟馗捉鬼、达摩渡江、洛神图、许仙和白娘子、和合二仙、嫦娥奔月、飞天、打马球等等。

神仙故事纹。

第四章

青铜器铭文鉴识与断代

第四章
青铜器铭文鉴识与断代

青铜器的铭文也称金文，是传统的金石学家、古文字学家研究的重要对象。青铜器鉴定学对于铭文的鉴定要学习和借鉴古文字学研究的成果。但是由于青铜器鉴定学将断代与辨伪鉴定当作其核心内容，对于铭文的鉴识方面也有其自身的角度和出发点，并形成一套独立的方法。青铜器鉴定学对铭文的鉴定主要包括铭文分布规律、铭文的书体结构特征、铭文的铸制工艺与方法、铭文内容的识别以及铭文的价值评判等方面。

第一节 铭文的分布规律

铭文的分布规律包括各器类铭文分布的位置以及各时代铭文的分布特征两个方面。这些规律与当时人们的习惯、器形的特征、工艺技术水平以及社会的政治及意识形态都有关系，反映了古人思想观念、政治观念和铸制工艺水平的演变。

就铭文的分布位置来说，一般而言，爵、斝常见于鋬的内侧；觚多见于器的圈足内壁，尊见于圈足的内壁或腹部，圆鼎见于远离两耳的第三只足的对应的内底，方鼎、甗见于器物的内壁，鬲分布于口沿或颈部内侧，簋、盘见于器物的内底，深腹壶常见于口沿内壁。有盖器如瑚、壶、盨、鼎常常器盖对铭。所谓的器盖对铭是指器物的内底与盖上的铭文内容、字数一致，制作方式相同的现象。

就铭文分布的时代特征来说，一般而言，商代的铭文常分布于器物内底、鋬侧、圈足内壁等不起眼的隐蔽之处；西周的铭文则多见于口沿、浅盘底等十分显见的位置；东周及汉代的铭文因其铭刻方式的变化多见于器外壁。

第二节 历代金文的书体结构与鉴定

青铜器的铭文最早见于商代中期，但发现甚少或仅为图案化的族徽，此时青铜器上铸铭的风气尚未形成。到了商代晚期以后，青铜器上的铭文逐渐增多，之后历代延续不断。青铜器上的铭文书体的演进与社会文化因素有关，随着时间的推移、书写方式的演变和社会文化因素的变迁，青铜器的铭文书体亦呈现不同的时代特征。

1. 商代晚期的金文书体结构特征

第一，商代晚期的铭文总体而言字数较少，多为一个字或几个字。铭文最多者如现藏于日本的小子壶、现藏于故宫博物院的商纣王四祀壶，字数长达四十余字，但是极为罕见。

第二，字形上象形意味浓。如表示人体、动物、植物、器物的字上，取人体之象形，头部常作粗圆点，腿部常作跪跽形状。

第三，绝大多数笔画浑厚，常作首尾尖而出锋，中间肥厚，转折处有波磔的形态，被习称为"波磔体"。

第四，字形大小不统一，铭文布局结构不整齐，竖或基本勉强成列，但横却不成排，显示出较原始的意味。

商晚期铭文举要

2. 西周早期的金文书体结构特征

西周早期的金文书体部分延续了商代晚期的特征，也出现了一些新的时代特征：

第一，出现了书风规整、拘谨的字体。多数字呈现笔画均匀的现象，但仍有一些字点画上作粗肥笔，如天字上一笔，王字下一横，才字横笔与竖笔交接处等；

第二，铭文排列较前一阶段整齐，不仅竖能成列，而且横也能大致成排。但由于每列字数与字的大小未能一致，所以在整体较齐整的情况下显示个别的不规整。

西周早期铭文举要

保卣铭文。

利簋铭文。

3. 西周中期铭文的书体结构特征

第一，铭文的象形已经减弱，如表现人体的字不再作跪跽状而是下肢向下伸展。

第二，铭文的笔道粗细趋于一致，进一步向线条化方向发展。

第三，与西周早期拘谨的字形相比，显得较为宽松，间距合理。

西周中期铭文举要

伯冬鼎铭文。

4. 西周晚期铭文的书体结构特征

第一，此期的长篇铭文较多，最长者如宣王时期现藏于台北故宫博物院的毛公鼎，铭文长达499个字，其次如逨盘具铭374字，均属于鸿篇巨制。

第二，本期铭文布局工整规范，横成排，竖成列，有的铭文还明显看到是在画好的长方格上书写的。

第三，字体普遍为长方形，不同笔画的字形态大小相近。

第四，笔道绝大多数为细劲均匀的线条，俗称为"玉箸体"。

西周晚期铭文举要

史颂鼎铭文。

大克鼎铭文（部分）。

5. 东周时期铭文的书体结构特征

第一,此期铭文的地域性强,总体风格不甚统一,列国金文在形体上呈现出各自鲜明的特色。

第二,此期的铭文字形出现手写体(或称俗体)与艺术形字体等形式。如图案化的鸟虫书。鸟书的笔画作鸟形,即文字与鸟形融为一体,或在字旁与字的上下附加鸟形作装饰,如越王勾践剑铭、越王州勾剑铭。其多见于兵器,少数见于容器、玺印。虫书笔画作蜿蜒盘曲状,中部鼓起,首尾出尖,长脚下垂,犹如虫类身体之弯曲,故名。

第三,此期的铭文出现有嵌错的形式,是东周铭文较为突出的一个特征。

第四,战国时期还流行刻铭,即在铜器铸成之后用利器在器表刻出来。这种刻铭多出自匠师之手,随手刻成,笔画细如毛发,字迹较潦草,俗体字较多。

东周铭文举要

齐侯盂铭文。

晋国铭文。

楚王子午鼎铭文(部分)。

第三节　铭文的铸制工艺与鉴定

青铜器上铭文有的呈阴文，有的为阳文。按其铸制的方式分为铸铭、刻铭、嵌错铭几类。

青铜器的铸铭是指在泥模或陶范上，即已镶嵌好或雕刻好预铸的铭文内容，与青铜器的纹饰一样，随青铜器一同铸造出来的。这是商周青铜器铭文类型的主体方式，流行于商晚期到战国早期。青铜器上的铸铭有以下特征和规律：

1. 铭文的字口边缘齐整规矩，犹若刀切一般。这应是铸铭在泥模和陶范上刻写之时，泥质书写面较软，下刀轻松简便所致。

2. 铭文的底部平齐，没有明显的凹凸起伏和接刀的錾刻痕迹。

3. 笔画拐弯处流畅毫无呆滞之感，不回避曲线、圆点。

4. 阳文的顶部呈弧面较平。

5. 模作铭文为了拔模方便，铭文呈上小下大的三角形或梯形状态。

铭文范。

青铜器鉴定基础

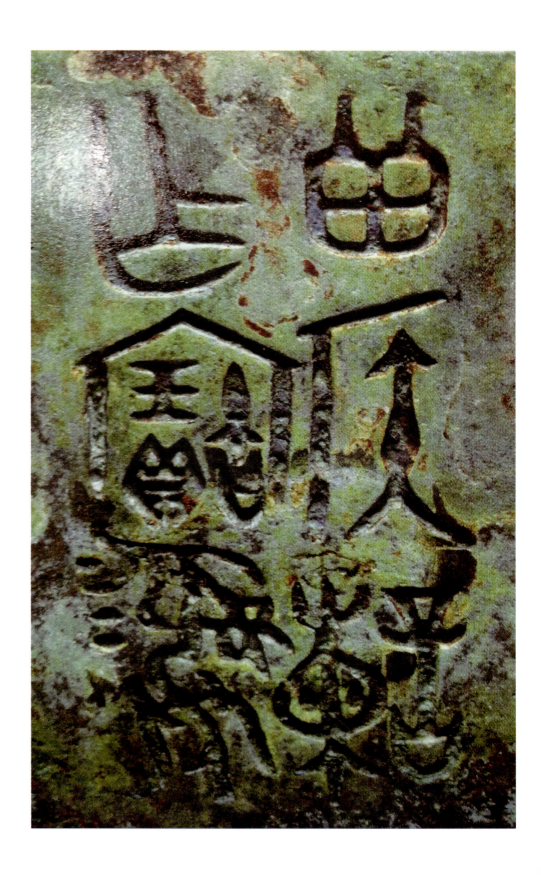

青铜器的刻铭是指在青铜器铸造完成以后，用其他锋利的工具，在青铜器上錾刻而成的铭文。青铜器的刻铭最早出现于西周晚期，真正流行是战国以后，应当是铁制工具发展以后的产物。

青铜器的刻铭主要有以下特征：

1. 从内容来看，多为"物勒工名"。即将器主、铸造作坊的职官、工师、工匠，有的还包括器物的容量、重量等内容刻于青铜器之上。

2. 从字体来看，笔道多纤细如毫发，常常散漫不清晰。

3. 铭文字口多呈V字形。

4. 回避圆转，笔道方折。

5. 不回避长笔道，长笔道基本一气呵成，极少断笔。

青铜器上的嵌错铭文工艺等同于嵌错纹饰，具体的工艺步骤和特征将在下一章青铜器的加工工艺中详述。

第四节 铭文的内容及价值评判

铭文本质是礼的体现。《礼记·祭统》记载："夫鼎有铭，铭者自名也。自名以称扬其先祖之美，而明著之后世者也。"铭文的内容有的是族徽符号或做器者的标志；有的是祭祀的祭辞；有的是册命的仪式和内容；有的记载了战争、纪功、出行、家族史等内容；还有的是田地买卖、法律条令、诏书等内容。青铜器的铭文对于商周时期的族制、官制、政治、经济、社会等各个方面的研究都提供了重要的一手材料，故而历来都受到重视，一般而言有铭文的青铜器自然比无铭文的青铜器价值更高。

青铜器铭文内容的研究是古文字学研究的范畴，作为青铜器鉴定学研究对象的铭文内容，更侧重对铭文中有关断代的辞句特征以及铭文的类型格式的认识，从而进一步判断其历史价值。

一、商代青铜器铭文的内容及价值

1. 族徽字

这是代表器主人家族的标志。可分为单一式和复合式两种，对于研究商代社会的族氏及其活动范围有一定的参考作用和历史意义。

（1）单一式：指一件器铭上仅有一个徽号，如"亘""友""举""戈""宁""车""甲""鱼"等等。

（2）复合式：一件器铭上有两个乃至三个氏族名号，体现出宗氏和分族、分支等关系。如"戈酉""受共覃"。前者为宗氏称号，后者为分族分支号或私名。

2. 祭祀

对祖先和天帝的祭祀。"国之大事，在祀与戎"，祭祀是商周时期先民一项极为重要的活动，青铜器铭文里所反映的祭祀者、祭祀的对象、祭祀的名称及方式对研究当时的人物关系、祭祀制度和历史有重要的参考作用。反映祭辞内容的铭文有简、繁两种形式：

（1）简式：仅记被祭祀的对象。如"父甲""母戊""祖己"。

（2）繁式：即完整的祭祀铭。包括祭祀者的族名、私名、官名，被祭祀者名，器名等。如"田告作母辛尊"。

商末帝辛时期，还增加了时间、地点、赏赐物，成为商代少有的铭文字数较多的形式，目前所见最长能达四十余字。另一方面，通过祭祀的铭辞我们还可以得知商代的一些祭法如彡祭、遘祭、祼祭、协祭、旅祭等，可以与甲骨文内容相互参考。

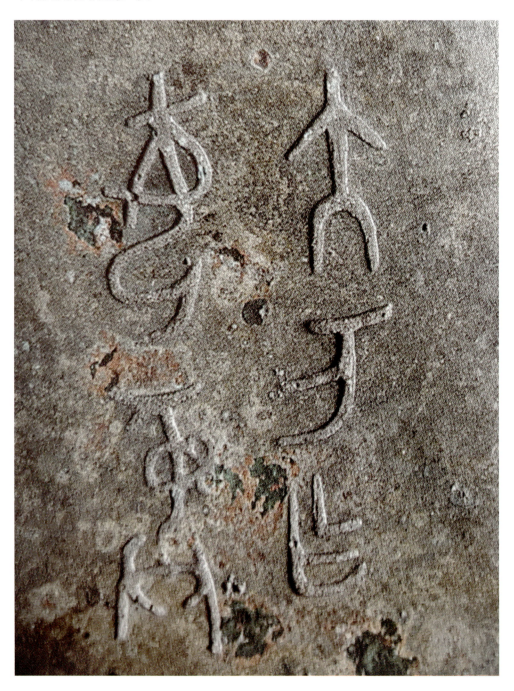

3. 赏赐

赏赐类的铭辞实际上就是对自己功绩的称扬，但是客观上有助于我们了解一些当时的历史，有较高的史料价值。赏赐的内容多种多样，有铭记赏赐贝的，如小子夫尊、戍嗣子鼎铭文："赏小子夫贝二朋""赏戍嗣子贝廿朋"；有赏赐玉的，如六祀邲其卣（实为壶）；有记赏赐祭肉者，如毓祖丁卣；还有记赏赐禾稼的，如小臣缶方鼎。

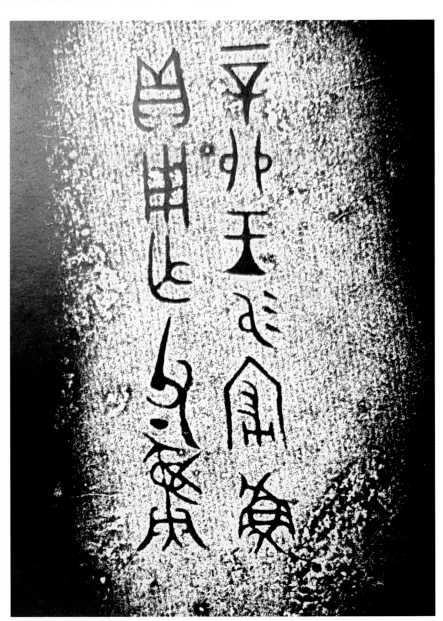

辛卯王赐宰鱼，
贝用作父丁彝。

4. 征伐

征伐亦属于"国之大事"类，商金文有关被征伐的方国主要是人方和邢方，这比甲古文所记要少得多。甲骨文还记有征土方、鬼方、盂方、虎方等。商代青铜器铭为征伐类者如小臣余犀尊："惟王来征人方，唯王十祀又五日"；尹光鼎："唯王征井（邢）方"。

5. 职官

职官在祭祀类或族徽号的铭文中常有体现，是研究商代职官制度的重要资料。目前所见商代的职官主要有：作册、小臣、宰、寝、戍等等。

6. 器名

商周时期青铜器铭文常有自铭为何器者，可借以考察诸多青铜礼器的名称和定名问题。青铜器的定名问题是青铜器鉴定的一个重要内容，因而有自铭其器名的青铜器史料价值较高。然而需要注意的是很多具名青铜器多用青铜器的共名如尊、彝等等，史料价值要远低于青铜器的私名。

7. 宴飨、狩猎

宴飨与狩猎是商代贵族生活的重要活动，殷商王朝在其国都附近有专门的田猎区。宰甫卣（壶）记载："王来兽自豆录，才□师，王乡酒。王光宰甫贝五朋。用作宝□。"

二、西周青铜器铭文的内容及价值

1. 祭祀、追孝类

周人从商族手里夺得天下共主的地位，西周青铜器上铭文通过祭祀祖先，来继承和维护血缘宗族的关系，以巩固和确保奴隶制国家的统治。通过追孝的方式，颂扬祖先的烈德，宣传自己受享的合理性。如墙盘、胡钟、胡簋、秦公钟等铭文都属于此类。通过追孝的方式，侧面简述了其家族史及西周各王的英勇功绩，具有极为重要的史料价值，是研究西周历史最为可信的资料之一。

2. 征伐类

征伐类铭文的记载，对于研究西周时期的战争、疆域以及与方国之间的关系具有较为重要的历史价值，一定程度上能补充文献记载的不足，甚至有的重要铭文能改写或纠正传统上对于西周历史的认识。作为"国之大事"，西周时期记载征伐类的铭文较多：

武王时伐商：利簋铭文记载"武征商，唯甲子朝，岁鼎（贞），克，昏夙又（有）商……"

成王时平武庚之乱、伐东夷：沫司徒簋、禽鼎、小臣单觯等器记载"王来伐商邑，……""唯周公于征伐东尸（夷）……"

康王时伐鬼方：小盂鼎记载盂两次与鬼方进行战争，其中第一次就"孚（俘）人万三千八十一人，孚马□ □匹，孚车卅两（辆），孚牛三百五十五牛，羊廿八羊"。

昭王时伐楚。小子生方尊、过伯簋、作册夨令簋、史墙盘等器均有记载。如"过伯从王伐反荆""弘鲁昭王广批荆楚，唯狩南行"。

穆王时对淮夷的战争：冬方鼎、录卣等器均有记载。

厉王时伐猃狁。如禹鼎、多有鼎、虢季子白盘等均有涉及。其中记载多有的部队曾"孚戎车百乘一十又七乘"。

3. 册命类

册命是西周一项重要的礼仪制度，起源于周初武、成、康三次对诸侯大臣的封建。册命类铭文内容主要包括时间、地点、受册命者、册命词、称扬词、作器、祝愿词等程式。完备者还包括记录王位、授册、宣命、受册、答谢等。册命词又包括命官、赏赐、勉励三个内容。

册命类铭文所包含的铭文内容对于研究西周的计时方法、西周的土地制度以及封土建国制度都极为重要。

（1）记时法：一般都在铭文的开头。格式通常是"唯王某年某月某日"，也有省略某一项的。详细的还在月与日之间加上月的四分法，"初吉""既生霸""既望""既死霸"。

（2）赏赐土地与土地制度的变革。

（3）封土建国制的反映。

4. 训诰类

此类铭文包括时间、地点、受诰者、诰词、赏赐、作器等部分。

如成王时，何尊铭，对宗小子的训诰。

康王时，大盂鼎，对盂的训诰，要鉴于殷商酗酒失天下。"唯即朕小学"，即要到我的小学学习一下；"又（右）大服余"，要协助我办大事；"女勿伪余乃辟一人"，即不要小看我。

5. 约剂类

《周礼·春官·太史》："凡邦国都鄙万民之有约剂者藏焉。"又《秋官·司约》："凡大约剂书于宗彝、小约剂书于丹图。"由此看来，当时有重要的约剂事项，要书于青铜器上，传至后世，以备凭证。西周青铜器铭文里有不少是约剂类的铭文，具有重要的史料价值。

如曶鼎铭文：以"匹马束丝"换取五名奴隶。可以反映当时的社会性质。

再比如卫盉铭文："矩白庶人取瑾璋于裘卫，才八十朋，厥贮，其舍田十田"；五祀卫鼎铭记裘卫租取邦君厉田地事；九年卫鼎铭记矩从卫那里得到一辆车、多种车马器具以及布帛等，卫得到矩的一片林地，等等。可以看作是西周时期贵族进行土地交换的重要史料。

周晚期的兮甲盘、佣生簋、散氏盘等铭文，还涉及当时的一些法律条例，也是我们研究西周历史极为重要的资料。

6. 媵辞类

格式主要包括时间、某人为某人作媵器、祝愿辞。代表器包括倗仲鼎、邓公簋、虢仲鬲等，是研究贵族之间的联姻结盟关系和西周宗法关系的宝贵史料。

7. 其他

南宫乎钟等所包含的乐律名称等，是当时社会生活或文化生活各方面的反映和体现。

三、春秋战国青铜器铭文的内容及价值

1. 祭祀类

此类铭文价值类于前期铭文，亦为春秋时期较常见铭文内容。

2. 为自己或他人作器类

"自作××"，这是春秋时期较为流行的一种铭文内容与格式。对器物的私名考证有重要的意义。

如吴王夫差鉴："攻吴王夫差择华吉金，自作御监。"

齐侯匜："齐侯作虢孟姬良女宝匜，其万年无疆，子子孙孙永宝用。"

曾侯乙戈："曾侯乙之用戈。"

3. 媵辞类

媵辞类铭文西周已有,在春秋时期尤为流行,应该与春秋时期的政治背景有很大关系。群雄纷起,各国争霸与图存,出于不同的原因,各国政治联姻的兴起是比较普遍的现象。此类铭文对研究春秋列国关系史有重要的参考作用。

如仲姬俞簋:"鲁白大父作仲姬俞媵簋,其万年眉寿,永宝用享。"

4. 弄器类

春秋时期不少有铭青铜器上有弄器的称呼。所谓弄器是指用以把玩、玩弄、玩赏所作之器。此类器物制作精美豪华,具有较高的艺术价值。一般而言器形异于常制,不少已经脱离使用功能。著名者如山西太原所出土的鸟尊,其上有铭文"子作弄鸟",当为玩赏用器。弄器铭文在春秋成为一项重要的格式和内容,当与春秋时期礼制和礼器衰落的历史背景有关。然而弄器并非春秋才有,早在商代,已经有不少与常制不符合的青铜器,并不具备使用功能,应该就是弄器,只是商代社会弄器铭文尚未有固定格式。

5. 物勒工名

所谓"物勒工名"是春秋时期开始出现的一种制度,指器物的制造者要把自己的名字刻在上面,以方便管理者检验产品质量,勒可理解成刻的意思,物就是所有的器物,在器物上面要刻上制造者的名字。物勒工名格式内容包括器主、铸造作坊的职官、工师、工匠,有的还有器物的置放地点、容量和重量。

物勒工名铭文反映了国家的产品质量年审制度和政府官员的质量负责制度,同时也为研究手工业考古提供了重要的资料。

6. 乐律

典型者如曾侯乙编钟铭文。记音律和音阶的名称,以及与楚、晋、周、齐的律名和阶名的对应关系，是研究音乐发展史的重要资料。

7. 符、节、诏令

符、节、诏令类的铭文是战国时期铭文的一大重要形式。这类铭文对研究当时的军制、律令条例等有着重要的意义。如新郪虎符铭文："甲兵之符，右在王，左在新郪，凡兴士披甲，用兵五十人以上，必会王符，乃敢行之。燔燧事，虽毋会符，行殴。"又比如鄂君启节，记载了楚怀王六年规定的水陆通行路线和车船数目。

8. 兆域图铭

指的是古代墓葬建筑平面图和铭文。《周礼·春官》："掌公墓之地，辩其兆域而为之图。"古代聚族而葬，有公墓和邦墓。不树不封，为了管理的方便，而设专门的职官，并做兆域图铭。河北平山中山王墓有出土兆域图铭青铜板，是研究此类铭文重要的实物资料。

第五章

青铜器铸制工艺鉴识

第五章
青铜器铸制工艺鉴识

青铜器铸制工艺的研究与考察是青铜器鉴定的一项重要内容，也是青铜器鉴定的一个薄弱环节。中国历代皆重经学文章而轻手工艺。在传统的崇尚耕读的"士农工商"的社会里，工匠的地位并不被人们看好。中国的另一个传统是"技不外传"，那些一线从事手工业生产的手艺人，以师徒相授或者子承父业的方式一代一代地传承并改进着手工业的生产技术。这个特殊的群体并没有太多的传统意义上的"文化素养"，熟能生巧的技艺在不经著书立说的情况下，也会因各种原因而衰落甚至失传。这些因为新的更为有效的铸制方法而被动淘汰或者失传的工艺成为了一个时代的特色与绝响。对历代的铸制工艺的鉴识与认定，并通过它们与现代新仿品工艺之间的差异性比较来进行辨伪，成为青铜器鉴定的一项重要内容和方法。

对于青铜器铸制工艺的研究与考察大致有这么几种途径：文献调查法和实物考察法、实验复原法。

前文所述由于手工业在我国古代社会的地位和"技不外传"等原因，文献对于古代青铜器的冶铸工艺记载并不多，散见于各类史料当中，目前所能见到的较为集中的材料仅包括先秦时期的《周礼·考工记》、明代宋应星的《天工开物》等数种，是我们研究古代青铜器的冶铸工艺难得的资料。然而这些资料多非一线从事生产的文人根据所闻所见而记，他们或者记载不详细，或者记载偏差甚至错误，一些比较关键的环节和工序及注意要点常常被忽略，故而通过文献资料来详尽考察古代青铜器的铸制工艺的方法是远远不够的。

实物考察法既包括对青铜器本身的铸造工艺遗留信息的考察，也包括对古代青铜器铸制作坊遗址留存的实物资料的考察。青铜器作为手工艺产品，其自身将不可避免地体现着铸造工艺的信息，这些信息在有瑕疵或者残次品上体现得尤为明显，近些年来国内学者对古代青铜器尤其是瑕疵和残次品所释放出来的工艺信息的考察有越来越多的关注。同时通过青铜器铸制作坊遗址的遗存尤其是陶范的研究，进一步的探求和复原古代青铜器铸制的工艺流程乃至生产组织和地区风格差异。

青铜器的铸制工艺可分为成型工艺和装饰工艺两大类，成型工艺也称造型工艺，我国古代的青铜器种类繁多，形态各异，大体有几何形和鸟兽形的分别。细化有可以分为工具、兵器、容器、响器等，其中容器又可分为平底器、圜底器、圈足器、三足器、四足器等。而对于诸多器类的铸制来说，成型工艺是技艺的核心。据文献资料结合考古学资料考察，我国古代青铜器传统的成型工艺主要包括块范法、熔模法和槌制法几种。装饰工艺是青铜器铸制不可或缺的技艺，我国传统的青铜器装饰工艺包括铸纹（铭）、镂空、刻纹（铭），精磨加工、嵌错、鎏镀、彩绘、包贴等等类别，它们是青铜器成为精美绝伦的艺术品的重要保障。

第一节 块范法铸造工艺

块范法也叫模范法，是自1928年安阳殷墟发掘以来，通过对青铜铸造遗址出土的陶范研究逐渐认识的一种我国传统青铜器铸造方法。块范法是以模为标准分块制范，再由范块与型芯组合成型腔，最后往型腔倾注青铜液，冷却凝固成型的铸造方法。依据模、范所用的材料的不同，块范法可以细分为陶范法、石范法、砂范法和金属范法等等。对于模范法（尤其陶范法）铸造青铜器的流程和关键技术的研究是当前考古学及冶金史、铸造技术史等相关领域学者长期关注的课题。

随着对洛阳北窑西周青铜器铸造遗址、山西侯马东周青铜器铸造作坊、郑州商城商代早期青铜器铸造作坊等地遗留的各类铸造残留物或半成品的研究与考察的深入，中外学者纷纷提出了我国传统块范法铸造青铜器的设想和复原试验，自20世纪二三十年代开始，经过国内外几代学者如陈梦家、郭宝钧、石璋如、李济、万家保、柯俊、华觉明、李京华、韩汝玢、谭德睿、吴坤仪、孙淑云、王昌燧、梅建军、李延祥、苏荣誉、周卫荣、李秀辉、董亚巍、廉海萍、李永迪、刘煜，瑞典人卡尔白克与爱尔姆奎斯，澳大利亚人巴纳德等人研究，初步展示了商周时期模范法青铜铸造技术的发展情况。

综合古代科技文献及对考古发掘资料的深入研究，块模范法的铸造工艺流程可以讲述如下：

1. 制模

模又称为"母范"，是采用陶土、木、竹、骨或石等材料，雕刻或塑造青铜器的模型。从出土的实物来看，刀、削、镞等小件实体器有用石雕模的，而对于复杂青铜礼器容器来说，一般选用陶土或木作模，以便塑型。木模由于材质的易腐蚀性，未见先秦时期铸铜作坊遗址出土，但是研究者在现代复原古代模范法青铜铸造实验时，尤其是方形器的制作时，由于制作方便且利于翻范，多有使用。推测先秦青铜器块范法铸造也可能使用木模。当

侯马出土东周鸟纹陶模。山西博物院藏。

然也有学者推测可以直接以青铜器实物为模。但是对先秦时期青铜器造型与纹饰细部绝少一模一样者，各式各样的青铜艺术品绝大多是独一无二的，当是以陶土塑制成模为主。从考古资料来看，陶模在先秦时期铸铜作坊遗址大量出土，为此种推断提供了坚实的依据。塑模的过程同时也就是铸件的设计过程，可塑性强的陶土正好是塑模的绝佳材料。据北京钢铁学院（现北京科技大学）对安阳小屯等地铸铜作坊的陶模进行岩相鉴定，陶土以黏土、砂、炭末、草茎或其他有机物加水调配而成，主要成分为石英。沙粒有时稍粗，这样既易于雕塑，又要考虑其收缩率和透气性，避免塑成之后由于泥模因干燥、焙烧而产生收缩变形和龟裂现象。

为了方便翻制外范的需要，泥模塑成后、按照需要选择是否进行分型，即将泥模分成不同的单元模块。待塑膜通过阴干、烘制，达到翻制的硬度要求以后，即可进行下一步的步骤。

2. 制范

用耐火的材料参照模型制作待铸青铜器的模壳，称之为制范。依据选用的材料的不同，其制作方式也有差异。石范经过琢磨而得，金属范通过铸造制得，而陶范和砂范一般通过压印翻制得到。迄今所见我国最早的石范为甘肃玉门火烧沟四坝文化晚期遗址出土的镞范。据不完全统计，全国历年出土的石范有480余扇，分布于20多个省级行政区，时间跨度达3600年之久，主要铸造工具、农具和少数兵器。金属范主要是铜范和铁范，在古籍中并无明确记载，有学者通过考证，认为湖北云梦睡虎地出土的秦简律文所提到的"钱容"即是铸钱金属范，可当作是有关金属范最早的文献记载。铜范的实物资料最早见于春秋时期的造币钱范，《小校经阁金文》等书籍著录有春秋"卢氏"空首布铜范，战国前期平首布"梁一釿"铜范，"卢一釿"铜范，据鉴定均为真品。铁范是由铜范发展过来的，其时间应发生在铁器普遍流行起来的战国时期，主要用以制作钱币和农具。战国铁范的实物资料在河北兴隆、磁县下潘湾、柏阳城、石家庄市庄村，江西新建县大圩赤岸山等地多有出土。尤其以河北兴隆铁范较为受学术界关注,工具农具种类齐全,达87件之多。铁范至发明以来,在很长的时间里多于用铸铁工具、构件和板材的生产。

陶范是我国传统艺术铸造块范法铸制技术的主流,首先通过选料、配料、练泥、陈腐等过程,备置泥型材料。然后用备制好的泥料按需贴敷于模型之上,使原模的外形及其上花纹装饰印制在泥范之上,最后以分范的方式将外范从陶模上脱离下来,并干燥待用。在陶范的制作过程中,要求范面泥料要有良好的可塑性、可雕性、复印性以及高温综合性能。有关学者通过现代科技检测的方法,对古代铸铜作坊的范块实物进行测定和观察,确定陶范的化学成分二氧化硅的含量偏高。推测是人为加入了砂料。另一方面含有大量肉眼难以看见的植物焚烧体与植物硅酸体,使陶范材料具有更低的蓄热系数,以及更好的液态金属充型能力。 贴泥范之时应预先挖出榫、卯,以便脱模以后进行泥范的拼接;较大的范块背范表面有的还需制作手窝,以供型

东周虎形外范。山西侯马出土。

腔组装的方便。由于范面泥料的备置需要经过一定的工艺程序，对于一些较大的铸范，完全使用备制的细泥是不太可能的，所以往往会在面料之外使用含砂量较多的背料，节省面料的细泥材料。脱模以后，将外范进行修整、并按实际需求进一步雕刻或堆塑细密的底纹装饰。外范的干燥也是一个重要的工艺。为了防止泥范的过分收缩、干裂和变形，一般采用自然阴干的办法，考古工作者在古代的铸铜作坊遗址里还发现了用以晾放范块的地窖。经长时间的自然干燥后，再进行低温烘制、定型，方算完成。

3. 制作范芯

范芯又称型芯，是块范法青铜铸造非实心器物的重要组成部分。外范与范芯之间的厚度，即是待铸青铜铸件的厚度。制作范芯的方法诸家的意见并不统一，有认为利用实心模型刮去一层，所刮去之其厚度即为待铸青铜器的厚度；也有的认为在塑形之时即塑成空心，在空心的陶模上脱制范芯；还有的认为是在制好的范上脱制范芯，即在内壁上贴补泥片使其厚度相当于器壁和底的厚度，然后向其中填充制芯所用材料，捣紧压平后脱出范芯。青铜器的铭文亦是在范芯上制作或者做好以后直接镶嵌上去的。

鼎耳外范与范芯。山西博物院藏。

4. 组合装配型范

将制作好的型芯、外范块通过一定的方法组合成一个封闭的待浇注青铜器形态的空腔。这个空腔的组配需要高超的设计和丰富的实践经验。一般而言器物腹部外范间的定位依靠诸范间的榫卯结构，外范与范芯之间形成一个等距离的空腔。技术的关键在于控制芯、范之间的均匀距离，尤其是要解决顶范的支撑和器物的足、耳、柱等附饰物内芯的悬浮等技术问题。

为了固定腹范、底范、与芯之间的距离，同时解决顶范的支撑等问题，一般是采用泥芯撑和榫卯的方法，往往还使用铜质芯撑（也称为垫片），垫片多采用碎铜片，垫片一般分布在芯、范间距离最小处，其多少与分布在不同的时代与不同类别的器物上有一定的规律。

组装好的型范之外要留有浇口和冒气口，浇口和冒气口的选择要科学，一方面要有利于铸件的充型，另一方面要减低后续加工工艺工作量，且尽量不影响美观和使用。对于不同的器类、不同的时代，浇冒口的位置、形态等都有一定的自身规律和传统，这也是辨伪鉴定的一个重要考察点。一切就绪后为提高型范的强度，防止浇注产生崩裂和跑火，在外还要进行捆扎、涂抹草绊泥，或者包埋的方式稳固型腔。

由7块范组合而成的人物型腔。山西博物院藏。

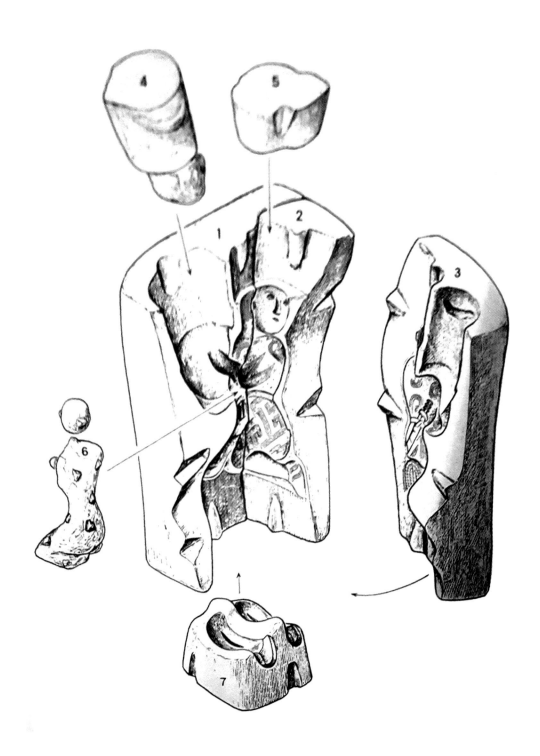

人物内外范组合型腔示意图。图片引自《山西博物院珍粹》。

5. 浇注

商周时期是如何设施熔铜、浇注，这也是一直以来学术界未有彻底解决的问题。一些冶金史专家就文献记载和考古遗址进行过推理与研究，总体来说争议较大。但是也有一些有意义的观点和结论对我们的辨伪鉴定有较大的作用。比如说学者通过对安阳殷墟妇好墓青铜器群的研究，商代晚期青铜器普遍实用倒浇的方法。倒浇法铸造的青铜器，其口沿和腹部的含铅量要高于底足。因为青铜合金元素中，铅的比重大，会下沉。这在借助科技仪器进行成分检测时能反映出来。浇注之前最好将组装好的型范入窑预热，减少范、芯内的气体，避免浇注时产生气泡等缺陷，也避免铜液因过早凝固而造成残次。大型的铸件还需埋至于沙坑中，防止范崩、炸裂造成的铸造失败。

6. 修整

待铸件冷却后，打破外范、取出范芯，需要进行修整。铸件取出来以后，往往有多余的铜块、毛刺、飞边等，需要打磨、锯错、凿錾、甚至抛光等，才能达到精整美观的效果。我们也确实在众多的铸铜作坊遗址中发现有打磨用的砺石。

鄂州博物馆复原试铸青铜方鼎，口沿、腹底等地所见毛碴飞边，需要进一步修治。

目前的研究成果来看，块范法是先秦时期青铜器最主要的铸造方法，春秋以来虽然发明了熔模法铸造青铜器，但是模范法并未消失，依然为主流的铸造方法，这种情况一直到汉晋时期都未曾改变。

对于块范法铸造青铜的主要工艺流程目前看来其认识应该是较为正确的。然而对于一些细节和关键技术问题，还有较大的研究空间。比如范土的配置问题，如何解决泥范的干燥收缩变形问题；泥芯的制作问题；纹饰的雕刻问题；分铸法的焊接问题；铭文的制作问题；分范及组合的技术问题；浇注口选择及浇注系统设计问题；青铜溶液温度火候控制问题；打磨的工具及是否存在精抛光的问题等等。这些都是值得进一步研究和确认的问题，每一项关键的流程和技术都有自己的特征并能在青铜器的成品中得到释放和体现，这些问题解决和研究得越透彻，我们对青铜器鉴定的水平和能力也会越高。在先秦的块范法工艺中，陶范法是工艺的最主流表现形式，下文我们来看看历代陶范法铸造青铜器的一些规律。

第二节 历代陶范法工艺特征

陶范法铸造青铜器的工艺自发明以来，历代工匠在生产过程中为了方便和铸造出更复杂、精美的青铜艺术作品，不断地改进和创新着陶范法的铸制工艺。陶范法铸造青铜器的工艺流传时间较长，是我国极为重要的古代金属铸造工艺，在不同的时代，不同的地区，也会因为工艺的创新和进步，以及人们的技术习惯等因素，呈现出不同的水平特征。对历代陶范法铸制工艺具体内涵的研究，有助于我们总体上把握古代科技进步的脉络，同时也为我们鉴定不同时代的青铜器提供了依据。经过出土的实物标本研究以及古代铸铜作坊遗址的考察研究，可以将各时代陶范法铸制青铜器的特征总结如下：

一、夏代至商代早期青铜器范铸规律

本期属于青铜器陶范法工艺的创立期。属于我国早期青铜器或"典型夏文化"风格青铜器时期。本阶段正式采用块范法制造青铜容器,然而分范及型腔组合技术并未成熟,表现出较多的原始性。通过对本期青铜器的研究与考察,大致将其规律特征描述如下:

1. 外范自带底芯。对比商后期以后多另制外底芯的制作方法,此时多数器物为三分法进行分范。外范自带底芯者,其腹底范线呈"Y"字形,如图所示。另制底芯者其腹底范线呈三角形。

2. 底芯范缝与足部范缝对接。

3. 多采用在范上作纹饰的方法。表现为纹饰内外的地章相对平整且在同一界面上。

4. 浑铸。即一次浇成。

5. 侧浇。即浇注口多选择在器物侧面。

6. 上下分范。即器物由口沿到底足进行垂直分范并组合。

7. 主要使用泥芯撑,致使圈足上常见镂空。

纹饰区外部地章与纹饰区地章处于同一平面,为范上作纹饰的指标特征。

工艺鉴识

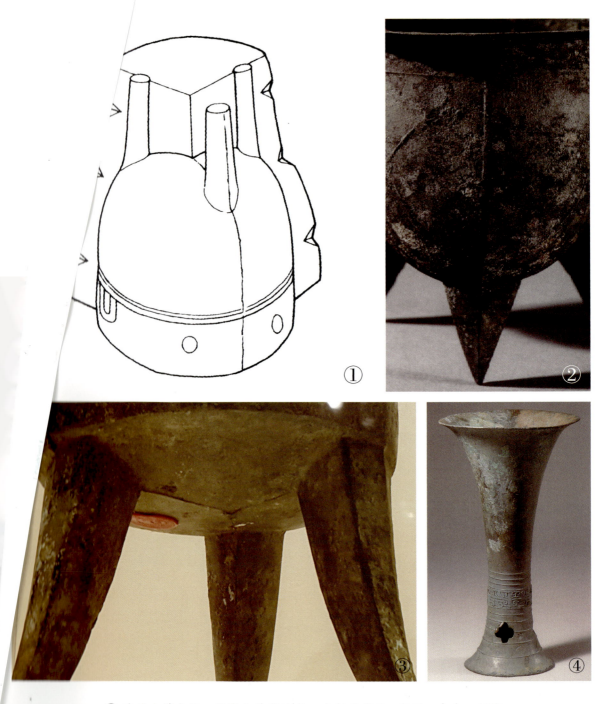

① 外范自带底芯,范线由外壁过底,底部范线呈Y字形,在中心汇聚。
② 范线自上而下过底足。
③ 早期青铜器自带底范,三分范特征。
④ 圈足上泥芯撑指标特征表现为圈足上的孔洞。

二、商代中期青铜器范铸规律

本期属于青铜器范铸工艺的发展期，亦属于典型商文化风格青铜器的形成期。本期的青铜器范铸工艺经过前期的发展和技术积累，朝着越来越先进和科学的方面缓进。综合考察本期的青铜器，其范铸规律及特征总结如下：

1. 高浮雕器物可见内壁随外面高浮雕而大致下凹。这是由于浑铸法为了控制器壁整体厚度大致相同，以免铸件凝固后因厚薄不匀产生拉裂等缺陷。其方式是在制作范芯时，在外范高浮雕凸起相对应的范芯处，随外范的起伏而相应随形起伏，以保证器壁厚度整体大致均匀。

2. 侧浇工艺成熟，浇口位置相对固定。浇口大致在上腹与颈部之间，尤多见于颈部纹饰带分范处，呈纵向窄条状。

3. 水平分范开始出现，叠范铸造的开始，呈现简单的分范技术。

4. 铜芯撑开始出现。即所谓的"垫片"开始在青铜器上能够体现出来。这是为了组合装配型范时更为准确和合理而设计的，同时每一个铜芯撑都形成一个独立的凝固中心，使整个青铜器的浇铸系统更为科学。

5. 鋬下无铭文或纹饰。这是浑铸法自带范芯所致。

三、商晚期至西周早期青铜器范铸规律

本期为青铜器范铸工艺的成熟期，亦属于典型商文化风格青铜器时期。在分范技术、组合装配型范技术、浇铸系统设计方面都表现出成熟而高超的技法，创造了繁荣的青铜器时代。结合本期青铜器实物考察尤其是以殷墟为代表的商晚期铸铜作坊遗址的考察，可总结其范铸规律及特征如下：

1. 内壁平整不见高浮雕处下凹随形

这是分铸法的发明和广泛使用而导致的。即器物的高浮雕装饰处采用了分铸成型，自身独立翻模铸制，然后再与器身合铸。高浮雕造型内部常常有尚未取出的范芯残余。

① 纹真品青铜壶所见外边纹饰高凸，内壁却平整如一。

2. 多模作纹饰

此期纹饰为三层花工艺，范作纹饰难以表达装饰的层次。

② 铸铜作坊遗址出土陶模显示，纹饰均在模上制作。

3. 范缝常在纹饰单元的分割线

4. 采用复杂分范工艺

带有阴槽之扉棱必须以扉棱为厚度中心再分型制范,否则将无法脱模。为了便于脱模和控制各块范的高度、大小,以便操作,并减少范在制作、阴干、焙烧过程中变形损毁的可能性,采取了水平分范和垂直分范相结合的复杂分范工艺。尤其是那些纹饰复杂、器形硕大和外形弧度变化较大的器件。

在兽面纹纹饰单元的分界线分范,保持单元纹饰的完整性。

① 扉棱为中心的再次分型制范所留下的范线特征。

② 铸铜作坊遗址出土陶范标本,为分组制范、复杂分范技术的实物证据。

5. 分铸法逐渐普遍

西周早期甚至发现有铆件和插件的自锁工艺。

① 铸铜作坊遗址出土的耳范，是分铸法普遍的考古学证据。

② 宝鸡弓鱼国墓地出土的西周早期青铜簋，簋耳与簋身为铸焊铆结构链接，簋耳上下所见两个凸起即是铆接结构的指标特征。

6. 方形器因整铸的需要，腹面的范面需拐弯，延续至腹底并与底足设计到同一范面。

方形器腹底边沿至范缝的距离大多等于圆足半径。

① 真品鼎腹标本可见范线并不是在腹部与底部的交接处，而是过腹面在腹底设计腹面范与底范的交接拼合处。

①

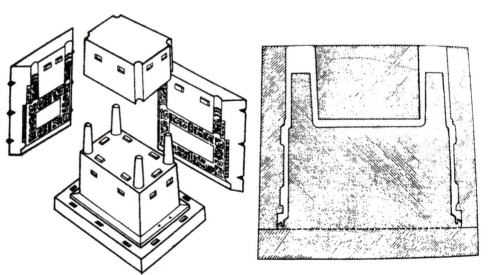

②

② 后母戊方鼎的铸型（图片引自华觉明《中国古代金属技术》），可见腹部范面拐弯过底，于足范设计在一起，故而范线在底部。

7. 铜芯撑普遍出现

真品器身所见的铜芯撑，俗称"垫片"。

8. 使用活块模工艺

在制作高浮雕翘起的兽角、提梁兽头等部件时，工匠创造性地发明了活块模工艺，使得类似四羊方尊的羊角等复杂部位能翻模成功。此期的模范组装工艺达到了炉火纯青的地步，有时候一件复杂的青铜器，其模范达数十块之多。

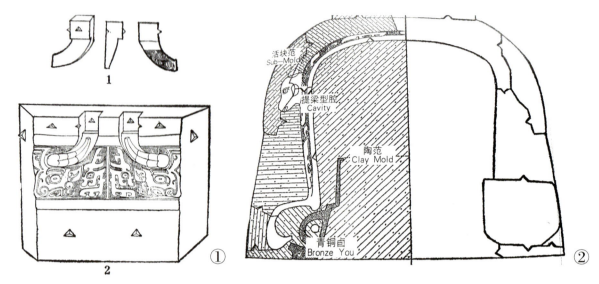

① 如图所示为顺利地制作翘起的兽角，在兽角的下方使用了活块模技艺。线图引自《宝鸡强国墓地》考古发掘报告。
② 著名青铜器伯格卣提梁上兽头装饰的活块范使用示意图。
③ 真品标本因使用活块模工艺而形成的兽角下的范线痕迹。

四、西周中期至春秋中期青铜器范铸规律

本期为青铜器范铸工艺的进一步发展和完善期,亦属于典型周文化青铜器风格成熟期。由于社会生产力的发展和中小贵族的崛起,对青铜器的需求量越来越大,追求高效率是本期青铜器铸制的一大显著特征。综合对出土的本期青铜器实物及以侯马为代表的铸铜作坊遗址的考察,可以总结本期青铜器范铸规律及特征如下:

1. 分铸及铸件连接技术流行

这是青铜器铸制工艺进一步发展和成熟的表现。在许多器物的耳部、足部及其他附件与器身的连接处,常常能观察到分铸及铸件连接技术所释放出来的工艺信息痕迹。

真品所见攀附兽与器身的分铸铸接结构。

① 真品鼎腿与鼎身所见的分铸铸接结构。

② 真品壶耳与壶身的分铸铸接痕迹，左侧壶耳脱落，可明确看见壶身处铸出凸脊，与壶耳进行铸焊铆接。

③ 春秋早期青铜簋所见重复连续式的纹饰排列布局。

2. 范缝常不打磨掩饰

这是追求高效率在器物上的一种体现，但精品除外。

3. 纹饰程式化、简化，连续重复排列

由轴对称的布局转为单向连续布局。这是追求高效率的结果，同时这种规律性也一定程度上降低了青铜器的艺术张力。

4. 两周之际范缝开始不再与纹饰单元分割线吻合

由于重复连续排列的纹饰艺术表现力减弱，而更注重程式化的表达，一个个由独立的纹饰单元连续拼对的纹饰，本身并不注重对纹饰布局的设计。

① 范线将独立的凤鸟纹分割，而不是与纹饰单元分割线吻合，是程式化表达的结果。

② 真品所见范线并不像之前出现在纹饰单元的分割线上，而是会直接割裂纹饰单元。

五、春秋中期至战国青铜器范铸规律

本期为青铜器范铸工艺的蜕变演进期，亦属于典型东周文化风格青铜器的形成期。本期青铜器的社会需求更进一步扩大，使得规模化生产成为一大特色。又由于社会生产力水平和工艺技术水平的进步，许多诸如嵌错、包贴、鎏镀、髹漆、螺钿、复合等特种工艺广泛应用于青铜器铸制，为我国青铜器艺术史增添了极为绚烂的一笔。综合对本期青铜器尤其是特种工艺青铜器的实物考察及铸铜作坊遗址考古材料的研究，总结本期青铜器范铸规律及特征如下：

1. 焊接、分铸普遍使用，进行规模化生产

由于各铸件都是分别铸造的，使得足、鋬、腹的范缝不能衔接和贯通。

此真品鼎标本所见腹部范线与足部范线不相连接、鼎足与鼎身分铸铸接等指标特征。

另一方面由于铸件的连接属于分铸法高温焊接，会对先铸的铸件金属产生影响，一定程度上会改变先铸铸件的金属内部晶体排列结构，造成其耐腐蚀性能的改变。随着时间的推移，这种耐腐蚀性能的改变会体现在铸件主体本身与铸件连接处的锈色差异上来。

① 真品所见腹部及腹底范线不再与足部相连。

2. 以纹饰模压印泥片并拼贴到陶范上或者直接在陶范上压印纹饰

这使得器物的纹饰处常见陶范拼对痕迹线。

② 国家博物馆馆藏东周青铜器所见的纹饰范拼对线。

3. 少数使用嵌铸工艺法

如作镜钮、铭文等,为了铸制的方便,另作了钮范与铭文范,然后拼镶嵌铸。

① 嵌铸铭文痕迹。

② 青铜镜外范,镜钮部位空缺,另行制作并嵌铸。

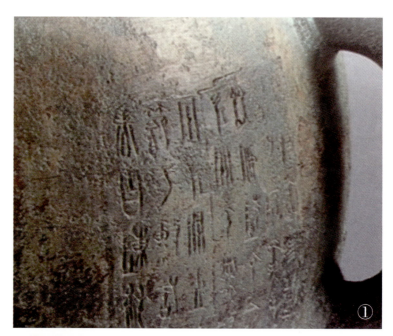

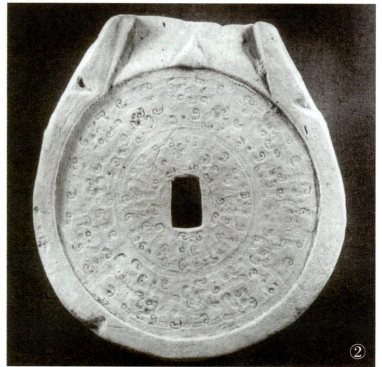

六、青铜器的纹饰制作

1. 商早期

经过实物标本观察，纹饰区的地章与无纹区地章在同一基准面，且光洁度一致。推测此期纹饰多采取在无纹范上压塑纹饰技术。纹饰高出腹表面之基准面，因手工操作的不精准性而呈不完全对称。

2. 商中期以后至西周时期

模制部分凸纹，范粘贴细泥条形成浮雕上的阴纹线条。主纹以外被地纹填满，呈阳地纹、地纹及主纹皆在模上制或地纹在范上另制两种形式。凸起的主纹之上有阴细线，以扉棱为中心，两边细阴线，对称性差。

3. 西周以后

据铸铜作坊遗址所出土的陶范观察，此期多采用模塑所有纹饰，直接翻范的工艺。纹饰上窄下宽，铸铭上小下大。

4. 春秋以后

采用小块纹饰单元的拼对技术代替整制技术，留下如方格子般规整的范缝痕迹。拼对范缝与器物分模范缝不贯通。

战国扁壶上纹饰出所见小块纹饰拼对范缝痕迹，提高了制作纹饰的效率。

第三节　古代熔模法工艺

古代的熔模法工艺又称为失蜡法工艺，起源于春秋时期，常用于铸一些镂空之器或整体雕件，它们或者铸型异常复杂为模范法所不能为，或者其器型适合以熔模法铸造。关于熔模法铸造工艺最早见于南宋赵希鹄《洞天清禄集》，至明代又见于宋应星的《天工开物》，结合文献及实物资料的考察及参考现代冶金工艺，我们对熔模法的基本步骤和工艺流程已经有了初步的确认：

1. 制作内模（范芯）。就地取材，传统上据《天工开物》记载，"其模骨（也就是范芯）用石灰三和土筑，不使有丝毫隙拆"。《天工开物·燔石卷·石灰》说道，石灰三和土"用以襄墓及贮水池，则灰一份，入河沙、黄土两份，用糯米粳，羊桃藤汁和匀，轻筑坚固，永不隳坏，名曰三和土"。

冶铸史学家也曾调查过20世纪北京、云南等地的熔模制作工艺，内模有用马粪、黏土制作的。当然小件的铸型可以不用内模。

2. 制作蜡模。采用易熔化的材料，如黄蜡、动物油等制成铸器物的蜡模。制模的方式有贴塑、手工雕刻、塑造、捏制成型等等，又可以事先制造模具来进行压型或涮壳。

3. 制作外范。外范的材料基本也是就地取材，以泥为主，附加马粪、稻草、纸筋、牛毛等等，制成泥浆和泥条。在蜡模表面用外范材料多次浇涂，使之干结成一层泥壳。《天工开物》中记述铸大钟的范料为"舂绝细土与炭末为泥，涂墁以渐，而加厚至数寸"。最后在泥壳表面涂上或裹上耐火材料，使之硬化成铸型，封裹结实并留出出蜡口和浇口。

4. 烘烤型模，使蜡油溶化流出，形成待铸的型腔；在烘烤蜡型失蜡之前，必须使内外范自然阴干，避免变形和发气。

5. 熔炼、浇铸。往型腔内浇注青铜溶液，得到无范线、光洁精密的铸件。

6. 锉、刮、錾、剔等方式，进行表面的修整。

如此，我们得以知道古代熔模法铸造有如下一些鉴定要点：

1. 除去一些简易光洁的铸件可用模压法批量制作以外，对于一些造型复杂的艺术品，包括佛造像等等，均是一物一蜡型，并无完全相同者。

2. 无垫片痕迹。

3. 无须合范，故而无范缝痕迹。

4. 范芯及范面材料的清理残余应是炭末、三和土等，而非古代陶范法残余的范土，亦非现代失蜡法的石英砂及硅铝系耐火材料。

我国历代青铜器铸造的熔模法工艺，虽然在原理方面基本一致，但是不同的时代，不同的地区在内芯材料及外范模壳耐火材料的使用、蜡油的选用配制、制模的方式、模料回收处理、纹饰铸造的精细程度、拨剔蜡模的工艺、铸后的加工以及一些关键步骤方面等，都有自身各异的特征。这些特征目前虽然有不少人关注并开始研究和应用于鉴定实践，但是稍显薄弱，很多问题依然不清楚，需要进一步论证和研究。这是青铜器鉴定学的一个重要学科生长点，对这些材料和工艺的进一步了解，有助于我们通过古代器物上释放出来的工艺信息来鉴定器物的年代、使用区域等等。

古代熔模法制造的基本原理与现代失蜡法制造的基本原理是一样的。只是制作蜡模、模壳时，在材料选用、蜡模制作方式、制作工艺水平等方面各有不同。尤其是现代材料学的发展和艺术铸造学的进步，使得生产效率大大提高了。不管怎样，每一种材料和制作方式，都会反映到铸件的成品中来，在下节的现代铸造工艺中，会详细说到各种现代材料和制作方式在现代制成品中的表现特征。

第四节　翻砂法铸造工艺

翻砂法铸造工艺其原理跟模范法是一致的，所不同的是，在材料的选取方面，翻砂法使用的是无黏性的砂土。这种无黏性的砂土加水和黏土按一定的比例混制，形成一种具有一定可塑性、强度、透气性、耐火度的混合料。翻砂是一个形象的动作，以砂压制模具翻模，可以忠实地复制各种较为复杂的造型，同一模型可以多次复制，达到一定的批量生产。因为此法价廉、速度快，适合铸造表面粗犷的各类铸件，故而自发明以后即被广泛应用，成为后世应用最广、最重要的一种铸造方法。尤其对于一些扁平状实心器物、古钱币等的，具有明显优势。其工艺基本流程可以表述为：

1. 制作模型。与模范法一样，可以用多种材料制模。

2. 设计分型面。分型面是为了翻制模型方便而设计的，一件外形复杂的作品在砂型铸造造型时，分型可达数百块，这就要求分型面设计合理而巧妙。

3. 翻制型范。根据设计的分型面，以阳模翻制外铸型。

4. 制作芯骨。依据阴模，翻制芯骨。可以是在阴模内贴出铸件壁厚，或者在制作出芯后，再在芯型上削去壁厚。

5. 合箱。形成浇铸的型腔。

6. 熔炼浇铸。

7. 装配附件及铸后加工。以铸、焊、铆等形式装配附件，并进行铸后加工，铸后加工的流程同范铸法等其他工艺。

据考证，翻砂法基本可以确认是唐代以后发明，并广泛应用于古钱币的铸造。所铸之器有以下特征：

1. 表面粗糙有小砂眼，较细的纹饰难以铸清。所以表面还需打磨加工，纹饰重新錾刻。故而錾刻痕迹及铸造沙眼成为其指示性工艺指标特征。

2. 在分型面上会留有明显的披缝痕迹。

3. 传统的黏土砂造型工艺，黏土砂型硬度低，砂型表面易损坏，较难采用"贴泥定厚"的工艺方法，从而使外形复杂的铸件不容易达到均匀、壁薄的要求。

4. 翻砂需要模型具有较大的拔模斜度，故而制作的器物不够生动圆转，显得坚硬死板。

现代翻砂法铸造无论从造型材料或是工艺装备方面都有很大的发展，砂型种类有黏土砂、树脂砂和水玻璃砂等。在工艺方面采用分块造型、贴泥定厚、组装合箱等工艺手法。造型工匠巧妙地选择分型面，通过安排假箱、活砂、型块等工艺手法，便可将较为复杂的模型翻砂复制构成铸型型腔。

对于现代翻砂法铸造的工艺信息残余，目前学术界关注得并不深入，尚未将研究成果与辨伪鉴定的实践有机结合起来，这将是本学科一个重要的研究课题。

第五节 现代失蜡法工艺

现代失蜡法工艺基本原理与古代的熔模法工艺是一致的，但是在一些关键的技术要点和原材料的选择方面，有许多不同于古代熔模法工艺的地方。由于原材料的改进、脱模剂性能的改进等原因，现代失蜡法铸造工艺采用模具注胎的方法，一个模具可以翻制出无限多的蜡型。另外蜡型的型芯及外边包裹的材料和涂抹的耐火材料也有改进，故而在残留物方面会有自身的特征。古代的型芯据《天工开物》记载为"石灰三合土"，即白灰膏、细河沙、黄土，用糯米汁、植物胶拌和。对实物观察统计后，我们还得知有的用炭末拌细泥。至于不同的时代和不同的地区，其材料和关键技术是否有各自的特征，其方法有哪些等问题，我们在古代熔模法工艺介绍一节中有过谈及，但我们的认知仍不足，还有许多研究的空间。

现代失蜡法仿制古代青铜器在所用材料和关键技术方面与古代不尽相同，据考察，现代失蜡法工艺铸造青铜器的材料主要为白色石英砂、刚玉粉、莫来石粉等。其工艺流程包括翻制蜡型、修治蜡型、制作外范、失蜡得型腔、浇铸、修整等。具体介绍如下：

1. 翻制蜡型

失蜡法工艺第一步是制作蜡型。前文熔模法所述蜡型的制作可以直接用蜡塑制，如同范铸法制模一样。但是现代失蜡法工艺为了追求更高的效率，一般用硅胶模或石膏模翻制蜡型。一个硅胶模可以重复翻制无数个蜡型出来，故而现代失蜡法铸造的青铜器几乎千篇一律。

青铜器铸制工艺鉴识

① 翻制蜡型用的硅胶模。

② 用硅胶模翻制出来的千篇一律的蜡型。

2. 修治蜡型

用烫接的方式将耳、足等其他附件接制一体，并对翻制的蜡型纹道不清晰处也进行进一步的剔刻修整，以待下一道工序。

① 刻刀、手术刀、刷子、电吹风等都是常用的修治蜡型工具。

3. 设计浇铸系统

选择合适的位置设计浇铸口，也就是出蜡的位置及铜液灌入的位置。

② 选择合适的浇铸体系。

4. 制作外范模壳

在修治好的蜡型上涂刷适宜铸造耐高温材料，形成一层如同泥范法铸造的外范一般的模壳。模壳一般由耐火材料加黏合剂构成。现代失蜡法较常使用的黏合剂是水胶，耐火材料种类很多，其化学成分主要为一些氧化物和化合物，如石英、电熔刚玉、耐火黏土、莫来石、硅线石等硅铝系耐火材料。为了表面铸件的光洁，由内至外石英砂粉等耐火材料由极细至粗，直至达到所需要的厚度。

已经涂刷好模壳外范的蜡型。

5. 失蜡

在设计的浇铸体系中切开浇注口，以加热的方式将蜡型熔失，得到待铸青铜器的型腔。加热的方式可用直接加热、水浴加热、油浴加热等方式。

6. 浇铸

此流程同范铸青铜。

7. 修整

清除内外模壳材料涂层、打磨修治。

浇铸冷却后的青铜铸件被进一步清理和修整。

第六节 青铜器铸后加工工艺

青铜器的铸后加工工艺主要为了美化或增强实用的功能，在青铜器表面加上其他材料的附属物进行修饰加工的工艺。按其工艺形式主要可分为嵌错工艺、包贴工艺、外镀工艺等等。

一、嵌错工艺

嵌错工艺指青铜器表面的一种装饰工艺，是用其它材料的物质如玉石、红铜、金银等以粘贴、铸合或错磨等方式装饰于青铜器的胎体中，使其表面与青铜器的铸面平齐而达到美观的效果。

嵌错工艺是商周青铜器铸后加工的一项重要手段,早在中国青铜时代的开端二里头文化(即夏文化)时期就已经产生,在二里头文化的墓葬中考古学者就曾发现过镶嵌绿松石的铜牌饰,而后的商周时期发现过镶嵌绿松石的兵器。到了东周时期,以红铜、金银为材料的嵌错工艺流行,青铜器成为我国美术门类中极具艺术价值的手工艺精品。

对于嵌错工艺的研究目前仍然比较薄弱,其工艺流程并未见诸文献记载,根据嵌错工艺的外在表现特征,学者们一般认为其工艺分为粘镶、错镶和铸镶几种方式,各工艺流程概要如下:

1. 粘镶与错镶

1. 在青铜器铸件中预制出阴纹的纹饰。

2. 按照纹饰的规格制作所嵌错的其他材质装饰物。

3. 以粘接或错磨的方式将装饰物镶嵌于青铜器预制的阴纹之中。

4. 打磨抛光,使之与青铜铸件在同一平面上。

二里头遗址粘镶兽面纹绿松石牌饰。

粘镶工艺主要用于对绿松石、玛瑙、孔雀石、琉璃等无延展性的非金属物质的镶嵌,经久容易脱落。错镶的工艺是对红铜、金、银等延展性好的金属物质的镶嵌,一般来说预制的阴纹或者呈口小底大或者边缘呈锯齿状更有利于镶嵌的牢固性。

① 粘镶战国玉琉璃镜，美国哈佛大学艺术馆藏。

② 战国错金银夔纹豆，山西博物院藏。

2. 铸镶

1. 先预制出待镶嵌的纹饰，一般而言要比青铜铸件的厚度薄，约青铜铸件厚度的五分之二。在待镶嵌纹饰的内侧要铸出若干梭形或钉形的凸起，以便贴附于青铜器的内芯壁上，使所铸镶的青铜器纹饰更为牢固。

2. 制作待铸青铜器的内芯与外范。

3. 合范时，将预制好的待镶嵌的纹饰的内侧钉形或梭形凸起插接于制好的内芯上，使其外侧表面紧贴于外范，使待镶嵌的纹饰片与内芯保持约器壁厚度五分之三的空隙。

4. 浇注型腔，使纹饰与青铜铸件铸合为一体。

5. 打磨抛光。

用铸镶法工艺制作的镶嵌工艺青铜器首先要保证待镶嵌的纹饰片的熔点要高于青铜铸件，否则纹饰将可能被液态的青铜合金消融；其次还应考虑纹饰片自身会否因受高温而产生炸裂变形。所以一般而言仅适合于红铜和金的镶嵌，银的熔点为960℃，与青铜合金的熔点相当，锡、铅的熔点就更低了，理论上都不适合用铸镶法工艺。在山西侯马东周铸铜作坊遗址曾出土过"采桑图"纹饰陶范，为铸镶法工艺提供了实物证据。

青铜器铸制工艺鉴识

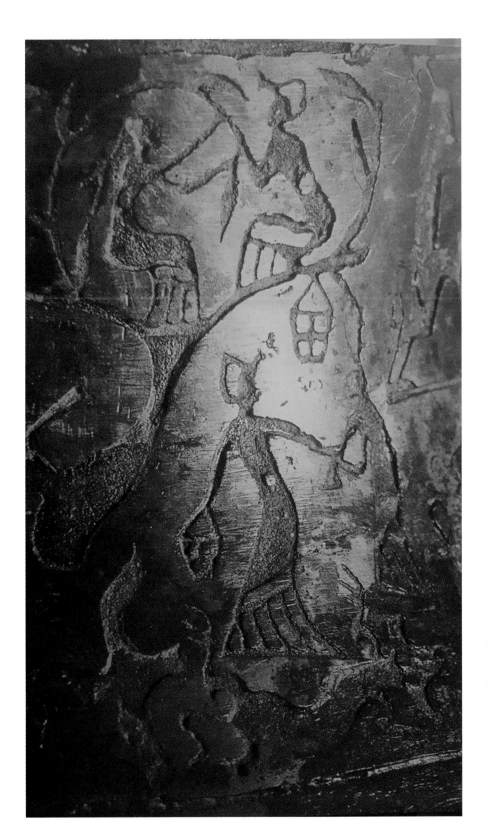

嵌红铜工艺青铜器所见采桑人物纹，人物纹正中心的钉形凸起，应是铸镶法工艺的反映。

二、包贴工艺

包贴金工艺，指的是在青铜铸件表面包罩或粘贴一层极薄的金箔，与镶错工艺的不同点在于，包贴金工艺的金层平面高于青铜铸件的表面，并覆盖青铜铸件。从出土的实物来看，一般而言这层金箔仅厚约0.2毫米，而贴金时所用的黏合剂据推断可能为漆或桐油一类的涂料。

包贴金工艺的实物最早见于商代晚期，在安阳殷墟曾出土过包金的铜泡以及由器物上脱落的极薄的金叶。为了使金箔不易脱落或者进行锤压，或者使用漆等黏着物，所以包金与贴金实际上是一种工艺，只是方法上略有不同。包贴金工艺发明以后，被广泛地应用于青铜器的铸后加工，一直流行至战国晚期，战国晚期以后随着鎏金日益成熟而被取代。

包金铜泡正面。

包金铜泡背面。

包贴金工艺的流程可以总结如下：

1. 制金箔

首先需要将金箔锻打至极薄的片状，厚约0.2毫米，然后剪裁成被包贴物的形状，备用。

2. 包贴

这是一项极精细的工艺过程。将制好的金箔直接贴或者粘贴于表层相应位置，要保证金箔不起褶皱，压平、贴实。

3. 槌敲及边缘处理

这道工序可以使金箔更加牢固地附着于青铜铸件的表面。

三、外镀工艺

青铜的外镀工艺是指用电解等其他化学方法使一种金属附着在青铜铸件表面上，形成薄层，主要包括镀金、镀铬、镀锡等。有的外镀工艺施于青铜铸件的阴纹纹饰之内，使之与青铜铸件表面齐平，形成嵌错纹饰的效果。

1. 镀锡工艺

文献并没有直接记载，有学者专文考证了先秦文献《诗经·小戎》中"阴靷沃续"中的"沃"字，认为其本意即为镀锡。从考古出土实物资料来看，有学者通过金相学研究认为甘肃灵台白草坡出土的部分西周早期青铜兵器如戈、戟、钺表面呈现的银白色为镀锡所致，这是目前利用现代技术手段检测所见的最早的镀锡青铜器实物资料。冶金史学者何堂坤对战国至六朝时期的铜镜进行的合金成分和金相组织分析发现，铜镜表面成分含锡量高达66.225%，并据此认为表层的锡是镀上去的。这种镀锡技术古人称为"开光""开镜""磨镜"。

由于文献没有直接对青铜镀锡工艺记载，故而对镀锡工艺的考察主要通过实验模拟来推测。目前国内外冶金实验室通过模拟实验，大体将古代镀锡工艺分为热镀法和冷镀法两种。热镀法工艺流程为先将青铜器大体加热，在炽热状态下涂抹锡液。冷镀法指的是锡汞剂镀锡法，此法与金汞剂镀金法相似，先在坩埚上将锡熔化然后以40%的锡和60%的汞配制锡汞剂，用布将锡汞剂粉末涂敷在青铜器表面，然后加热，即可得到白亮的镀锡表面。

由于锡的熔点较低，锡汞剂的配制比金汞剂的配制技术简单，从技术发现和发展的规律来看，其出现的年代应该要比金汞剂镀金出现的年代要早，镀锡的技术出现在西周早期并且早于鎏金技术的发明，应该是符合历史发展规律的。

① 镀锡工艺铜镈，在镀锡层盘磨脱落处，已见青铜基体。

② 青铜器镀锡工艺。锈蚀物部位为未镀锡的纹饰部位，因镀锡部位耐腐蚀性强，造成了两个部位锈蚀程度差异巨大。

2. 鎏金银工艺

鎏金银是外镀工艺的一种,鎏金工艺最早称为"涂工",如西汉早期鎏金釭有自铭为"涂釭"者。

据目前所见的考古材料,鎏金银工艺最早出现于战国前后,如1983年绍兴狮子山出土的春秋晚期鎏金嵌玉扣饰,以及曲阜春秋末至战国初墓出土的鎏金长臂猿。战国及汉代是鎏金工艺的流行期,一直延续至今。其工艺流程如下:

(1)做"金棍"。预备一根铜棍,将前端打扁,略翘起,沾上水银,晾干即成"金棍"。

(2)煞金。即溶解黄金。将黄金锤打、剪裁成细碎薄片,按一定的比例(一般是1∶6)配取水银。然后在炉上加热坩埚和黄金至600—800摄氏度,取出迅速投入水银,搅拌溶解。待金溶解后,倒入冷水盆中,使之成为

西汉鎏金铜马,茂陵博物馆藏。

稠泥状，叫作"金泥"或"金汞剂"。

（3）抹金，用金棍扁平处蘸金泥及75%硝酸，在器物上均匀地涂抹金泥，最后用热水冲洗残余的酸液。

（4）开金。将烧红的无烟木炭放在变形的铁丝笼中，用金属棍挑着，围着抹金的地方烤，以蒸发金泥中的水银，使黄金紧贴器物表层。

（5）压光。用玛瑙或硬度达到七八度的玉石做成的压子在镀金面反复磨压，把镀金压平，用以加固和增亮。

3．镀铬工艺

镀铬也是外镀工艺的一种，即用铬盐对铜器表面进行处理，使之表面生成一层含氧化铬的灰色人工防锈层。从目前的考古资料来看，在秦汉时期，镀铬工艺已经发明。据冶金学家对秦始皇兵马俑坑所出土的青铜剑和镞的分析和检测，得知其表面有一层致密的含铬化合物的氧化层。汉代满城汉墓亦发现兵器上的含铬氧化物层。此种工艺1937年在德国始发明，并列为专利。

四、髹漆工艺

髹漆工艺在中国有着悠久的历史。考古资料显示，在公元前5000年的河姆渡文化时期，已经发现有漆碗。古代文献中就有许多关于原始漆器的记载。《韩非子·十过篇》说，尧舜时曾用木头作食器，已"削锯修之迹，流漆墨其上"；大禹时代，又把漆器作为祭器，"黑漆其外而朱画其内"，这表明中国早在传说中的尧舜禹时代已经较多的漆器使用。

从目前所见的考古资料来看，髹漆工艺在青铜器表面的应用，可以早到商代晚期。在河南罗山蟒张天湖商代晚期的墓地即有髹漆铜器的出土。西周与春秋时期较少发现髹漆的考古资料，直到战国时期，铜器的髹漆工艺有了较大的发展，在较为广阔的地域流行。

铜器髹漆主要有两种类型。其一，将髹漆与嵌错工艺相结合。即在铜器上先铸出或錾出凹槽，战国以前的材料为铸纹，战国以来多刻纹，然后填漆，最后磨错光平以增加纹饰的色调。其二是直接在素面青铜器的表面髹漆着色。

春秋晚期填漆蟠虺纹鼎。

五、彩绘工艺

彩绘工艺指用漆汁调和其他各种矿物颜料,在青铜器表面进行彩绘花纹和图像的工艺。

彩绘工艺应用到青铜器上,最早见于战国时期的楚墓所出土的镜子中,西汉时期较为流行。由于彩绘容易剥落,难以保存,因此大部分彩绘器出土时图案都漶漫不清,或剥落殆尽。

西汉早期彩绘青铜壶。

六、槌制錾刻工艺

槌制工艺一般用于红铜,因为红铜的延展性好,可塑性强。在新石器时代进入青铜时代之前的铜石并用时代,有不少铜器都是通过锻打成型的,但这种铜器主要为小件红铜器,如小型工具及装饰品。

已知的槌制的青铜器始见于春秋中晚期,战国至汉代较为多见,如云南战国汉代的滇人墓葬所发现的盉、甲等,在辽代的青铜面具上还可见槌制工艺。槌制工艺所制的青铜器器壁极薄,厚度一般不超过一毫米,多已残破。槌制工艺表现为厚薄不匀、器型不规范。

錾刻工艺所使用的工具应是比青铜更为坚硬锋利的材料,有可能是铁工具或钢工具。这与铁器的冶炼及铁制工具的使用有关。最早的铁制品见于西周晚期,故而錾刻工艺应用于青铜器也应与之同时或稍晚,正符合考古出土所见槌制錾刻青铜器所出现的年代。

錾刻工艺阴线条一般有两种形式,其一为连点成线,点呈头粗尾细的楔形,粗端入铜较深。另一种类型是由若干段线条连接而成,细如毫发、流畅生动。

铜器标本内壁所见錾刻宴乐纹,刻痕细若游丝。

七、螺钿工艺

铜器螺钿工艺是指用螺壳、蚌壳、贝壳等材料加工后，用胶漆镶嵌于青铜器表面，嵌出花草、鸟兽、人物、山水、故事等各种题材的精美画面。

螺钿技术起源于商，20世纪80年代初，中国考古工作者在琉璃河西周燕国墓地发掘到不少西周嵌螺钿漆器，其中有1件漆器，上面的彩绘兽面凤鸟纹就采用了螺钿工艺，这是迄今为止所见到的世界上最早的螺钿漆器之一。

至唐代，中国的螺钿工艺已达到相当成熟的地步，尤其是铜镜漆背螺钿，更是这一时期的工艺瑰宝。考古工作者在河南陕县和洛阳的唐墓均发掘出土过螺钿漆背铜镜。铜镜背面以漆为地，用贝壳镶嵌制成画面图案，甚为精致典雅，具有很高的艺术价值和收藏价值。

唐代嵌螺钿葵花镜。日本正仓院藏。

嵌螺钿人物花鸟镜。中国国家博物馆藏。

第六章

器物标型学与青铜器辨伪

第六章
器物标型学与青铜器辨伪

标型学是科学地归纳、分析文物资料的方法论。标型学汲取生物学中的分类原理，其方法是：将遗迹和遗物按用途、制法和形制归类，根据形态的差异程度，排列出各自的发展序列，确定出土物的相对年代关系。标型学是考古学研究遗迹、遗物或器物花纹形态变化规律的科学。

器物标型学对器物的断代方面有着极为重要的意义。郭沫若先生对古器物研究提出的"标准器断代法"，即是标型学的饶有意义的应用。一般而言，构成器物本身的各个要素比如材质、造型、纹饰、成型工艺等等，都受当时的时代背景影响，并局限于当时的时代背景、政治观念、审美和生产力发展水平。

在文物艺术品辨伪鉴定方面，标型学也有着较为重要的作用。我们可以通过年代考证确切的器物当作标准型，并归纳和总结代表这一时代的标准型在材质、造型、纹饰、铸制工艺方面的共同特征，作为一般共性并当作标型学指标特征。那么在对被鉴物进行辨伪鉴定时，我们需要比对其诉求年代的一切标型学指标特征，只有符合一般共性者，才可被认为是到代（收藏品年份好，达到一定的年代叫"到代"）的真品，否则存疑或直接否定。

第一节　器物标型学辨伪原理

在应用器物标型学对青铜器进行辨伪鉴定时，为了避免简单地否定或者肯定，造成鉴定结论的错误，我们需要注意以下原理。

一、齐步走的原理

所谓齐步走的原理，指的是在同一器物上，构成器物各要素的标型学指标特征必须均具备统一的时代风格。包括材质、造型、纹饰、铸制工艺等构成器物的各要素都有其各自的流行时期或者"历史的边际"。标型学指标就是要研究并找到这种"历史的边际"。材质方面，我们将铜器分为锡青铜、铅青铜、铅锡青铜、黄铜等等，每一种材质都有其特定的历史流行时期。从造型方面来看，锥足、柱足、蹄足、熊足、圈足、立耳、附耳、提梁、直流、曲流、直口、侈口、敛口、鼓腹、敛腹、平底、圜底等等，每一种器类造型都有其特定历史流行期。纹饰方面，鸟纹、龙纹、几何纹、动物纹、人物故事纹、花叶纹等等，每一种纹饰都有其自身的时代演变规律和特定的历史边际。就铸制工艺而言，范铸法、熔模法、失蜡法等等，每一种工艺方法都受当时的工艺发展水平所制约，并有自身的历史使用期。

标型学指标首先要通过实物资料和文献记载，研究每一种标型特征各自的起源、流行时期、衰亡时期，并建立相应的指标特征库。这个研究越细致、越详尽，则对辨伪鉴定越有意义。齐步走的原理要求组成器物的各要素需具备统一的时代风格，换句话说就是组成器物的各要素必须在年代上有重合和交集，否则就不统一。打个比方，构成器物的要素A流行时期是公元前21世纪至公元前18世纪，而要素B的流行时期是公元前19世纪至公元前16世纪，那么要素A和要素B就是有交集的，也可以说是具备统一的时代风格。而假使要素A流行时期不变，要素B的流行时期是公元前8世纪至公元2世纪，那么要素A和要素B则没有交集，也就是时代风格不统一，不可能存在同一器物上，只能是要素B时代以后的仿品。

二、坚持共性与个性的统一

前文所述，标型学指标特征是通过器物的年代确切的标准型，归纳和总结的代表这一时代的材质、造型、纹饰、铸制工艺方面的共同特征。但我们并不能简单地根据其中某一方面的特征与时代流行特征不相符合,就断然确定其为仿品。可能由于地域的差异或者使用功能的不同,抑或工匠个人喜好和制作水平的差异,后代也会使用前代的流行要素。这就要求我们具体问题具体分析,坚持共性标型学特征与个性相统一的原理。当然我们还应坚持孤证不立的基本科学原理,疑则疑之。对于可疑的特征和现象暂时不要急于下结论,留待新的证据印证,反而是更为科学的态度。

春秋早期秦公鼎。其立耳及底部近平的造型特征有西周中期的标型特征,反映了秦国处于西陲,在部分文化要素上有一定的滞后性。却不可直接通过标型学指标特征确定其为仿品。

三、注重新材料，及时更新标型学指标特征

有些标型特征可能从来没发现，但不代表历史上一定没有，武断地判为臆造品。青铜器里如妇好墓出土的偶方彝、三联甗，曾侯乙墓出土的冰鉴等等，在未发掘出土之前都属于前所未见的标型特征，但并不代表历史上不存在。所以对待一些孤品青铜器的辨伪鉴定之时，切不可断然否定，而是要通过综合分析考察，结合其的指标特征体系，以已知求未知，得出更为客观实际的结论。同时要关注新材料及考古新发现，及时更新标型学指标特征。

第二节 器物标型学在青铜辨伪鉴定的应用举例

例一，仿品青铜甗辨伪鉴定

从青铜器标型学原理分析，此青铜甗立耳、柱足造型，以及长尾鸟、兽面纹的纹饰特征可以确定其为商末到西周早期器物特征。然此期真品青铜器实物中，并未见长篇规矩的铭文于器外腹的例子，铭末"子子孙孙永宝永享"的辞句出现在西周中期以后的青铜器中，且铭文的章法从左到右从上到下的格式与商周时期的铭文章法格式不符合，当为现代人的书写习惯。

故本品可直接从标型学原理判断其为伪品。

例二，伪品青铜斝辨伪鉴定

从青铜器标型学原理分析，此品发达的双柱、兽形鋬，罐形，T形锥足，为典型的商晚期类型铜斝。然腹外底铭文布局不符合此期时代特征，且辞句不通，底部Y字形范线亦属于商代前期流行的分范工艺残留，与本期时代不符合。

故从标型学指标上可直接判断其为仿品。

例三，狩猎纹提梁鋞辨伪鉴定

从青铜器标型学原理分析，此造型为汉代典型的青铜提梁鋞造型，熊足亦为汉代流行足部特征，不见于战国。然器身及器盖的水陆攻战与宴乐纹为典型战国纹饰，不见于汉代。

故，仅从器物标型学特征可判断其为伪品。

第七章

青铜器的材质分析学与青铜器辨伪

第七章
青铜器的材质分析学与青铜器辨伪

材质分析学是指通过原材料成分的分析，来确定特定历史年代的文物的材质特征的一门科学。历史文物是特定历史时代的产物，制造历史文物所用的原材料，不可避免地也要受所处时代背景的限制。材质分析学所要研究的就是这种限制，也就是找寻原材料使用的历史年代的框架。高分子聚合材料制造的器物，哪怕其多么接近夏代器物的造型，其本身也绝不可能是夏代的器物。现在的高科技造假，所使用的方法、材料及手段都是日新月异的。然而特定的历史条件下，由于科技发展水平不一样，生活习性不同以及其他方面的原因，文物的原材料有诸多限制和时代特征。就青铜文物来说，由于矿石采冶的地点和方式不同、冶炼水平的时代差异、对合金材质特性的认识的逐步加深、传统的思维习惯影响等等，会造成各时代原材料使用方面的差异。这种差异很多时候还会因为资源的枯竭而造成不可复制的境地。

第一节　材质分析学对合金本身性能研究的鉴定学意义

古人在生产实践的过程中，很早就注意到青铜器合金成分的不同，会造成其金属特性的差异。工匠们会根据这个原理，在制造不同器类的青铜器时，考虑到其用途和特殊要求，而使用不同的合金比例。我国在春秋战国时期，由于经验的积累，铸造青铜器的技术进一步发展，此时铸造各种青铜器时铜与锡的配合已有一个比例。《周礼·考工记》说，金有六齐："六分其金，而锡居其一，谓之钟、鼎之齐；五分其金，而锡居一，谓之斧斤之齐；四分其金，而锡居一，谓之戈戟之齐；三分其金，而锡居一，谓之大刃之齐；五分其金，而锡居二，谓之削杀矢之齐；金锡半，谓之鉴燧之齐。"

这里的所谓金就是铜，铜锡合金即青铜。所谓"金之六齐"，就是区分青铜品种的六种配方，以制造各种用器。所谓"钟、鼎之齐"铜、锡比例为6∶1，即铜占85.71%，锡占14.29%。"斧斤之齐"的铜、锡比例为5∶1，即铜占83.33%，锡占16.67%。"戈戟之齐"的铜、锡比例为4∶1，即铜占80%，锡占20%。"大刃之齐"所需铜、锡比例为3∶1，即铜占75%，锡占25%。"削杀矢之齐"铜、锡比例为5∶2，即铜占71.43%，锡占28.57%。"鉴燧之齐"锡的含量为铜之一半，即占33%。现代冶金学者普遍认为，《考工记》规定各类青铜器的铜锡合金的比例是很合乎合金的原理的。青铜中锡的成分占17%到20%最为坚韧。《考工记》说"斧斤之齐"锡占16.67%，"戈戟之齐"锡占20%，是因为斧、斤、戈、戟都需坚韧。青铜中锡的成分占30%～40%，硬度最高。《考工记》中规定"大刃之齐"锡占25%，"削杀矢之齐"锡占28.75%，是因这类武器所需硬度高。青铜中锡占的分量增多，光泽就会从青铜色转为赤黄色、橙黄色、淡黄色。锡占30%～40%，青铜就会变为灰白色。《考工记》规定"钟鼎之齐"锡占14.29%，为了使它能呈现橙黄色较美观，同时也为了能敲出美妙的声音。《考工记》规定"鉴燧之齐"锡占33%，是因为铜镜需要白色光泽。

当我们认识到古人对青铜合金性能的掌握之时，对于青铜器的鉴定，可以转变为对高锡青铜和铅青铜的具体特性的鉴定。于是我们应该注意以下原理：

（一）不同门类的器物，其合金材料的比例配方不同。由于合金比例不同，不同门类的器物，其硬度、韧性、抗腐蚀等各方面的能力均不一致。在同样的条件下，其单位质量、色泽、氧化速度、锈蚀、皮壳等外在表征均不一致。比如说，同一墓葬出土的战国青铜器，其鼎、壶等等青铜礼器与戈矛类兵器、铜镜等生活用器，在色泽、锈蚀情况方面，均不应完全相同。

1. 高锡青铜器具有如下特征

第一，胎体呈银灰或银白。

第二，质地脆硬，在外力的作用下能碎裂。

第三，金属结构对应力变化的适应性差，呈现易碎的特点。尤其薄胎器，常见"风裂痕"，有如瓷器的"冲线"。

第四，耐腐蚀性强，常形成致密的二氧化锡保护层，极稳定，呈现"水银古""不锈钢""黑漆古"现象。

第五，耐磨损性强。器物表面不见明显的盘磨损耗痕迹，表现出较为优质的品相。

高锡青铜镜的水银古皮壳，耐腐蚀耐磨损。

① 高锡青铜镜的黑漆古皮壳。

② 高锡青铜镜的"不锈钢"皮壳，圆钮未见明显的磨损露胎，表现出较耐磨损的高锡青铜特性。

第七章 青铜器的材质分析学与青铜器辨伪

高锡青铜镜的风裂痕。

2. 普通青铜器具有如下特征

第一,磨损痕明显。

第二,纹饰粗糙,不够精细规整。

第三,易被腐蚀,贴骨锈成为常见锈蚀物。

第四,易形成沙眼,常留下因流铜不到位的修补痕迹,红铜或锡等材料补平并打磨。

第五,硬度稍低,易于刻铭。

① 低锡青铜磨损痕明显,镜钮处已经磨损露出黄色底子。

② 低锡青铜易被腐蚀,不耐磨损,标本所见划痕下为黄色胎体。

（二）嵌错红铜的青铜器，由于青铜合金与红铜的材质特性差异，腐蚀情况应明显不同。

（三）分铸法铸造的青铜器，同一种器物，不同部位之间的合金比例可能不同。由《考工记》可知，古人对青铜合金的特性已经有很高的掌握力。含锡量越高其耐腐蚀性更好、更硬，也更脆；含铜量越高其耐腐蚀性更差、更软，也更有韧

错红铜部位与青铜基本身腐蚀程度不一，颜色有较大的差异。

性。那么怎么保证所铸造的器物集硬度与韧性于一体，怎样才能铸造更为结实、精良、耐用的器物，成为古人实践和创新的一大方向。金属的复合铸造工艺便是古人对合金性能认识和实践的必然产物。所谓的金属复合铸造工艺是将两种或两种以上成分不一、性能不同的合金，运用二次铸造的方法来成型的铸造工艺。金属的复合铸造工艺使器物的不同部位因其不同的功用调整合金比例，达到更为完善的性能。比如说战国时期的复合金属铸剑工艺。作为兵器，含锡量太低会造成锋利度不够而不便杀伤；含锡量过高又会造成其脆性增大而容易折断。特别是剑这样较长的兵器必须做到既坚硬锋利，又坚韧不折，这就需要铜与锡的配比恰到好处。

标本所见复合剑的铸造工艺，铸剑师们在制作剑的各个部位时，有意识地加以不同处理，使用不同配比的铜、锡合金，使之达到不同的效果。剑脊含铜较高，能使剑韧性好，不易折断，而刃部则含锡高，硬度大，使剑非常锋利。

再比如说分铸法二次铸造的青铜鼎，由于鼎身、足分铸，工匠们有理由在铸腿足之时，因为承重的需要，提高合金成分中的铜含量，使之更具韧性；在铸鼎身之时，适当提高锡的比例，使熔点减低且铸造花纹清晰。

这一原理，应用到鉴定的实践过程时，应注意复合金属工艺铸造的器物，其不同部位因合金成分不同，会造成其色泽、氧化速率、锈蚀状态等方面的表征各不一样。细查其铸造工艺特征、使用材质，有时候遇见此类现象之时，不但不会疑惑，反而会更加释然。

另一方面，由于二次铸接造成连接部位的二次受热，客观上改变了连接部位的金相组织，同时此处亦成为杂质的集中堆积处，故而在次生变化反应中，与其他部位有细微的差别，这也是材料学在青铜器辨伪中的应用和反映。

（四）基于对冶炼技术掌握程度和合金性能认识的程度及矿产资源的限制，同类器物在不同年代不同地域，合金成分有其自身的特征和演变规律。这些各自的特征和演变规律是区别于其他年代和地域的关键因素，掌握这些

　　此青铜鼎鼎身与鼎足明显在色泽、皮壳、锈蚀状态方面均不相同。鼎足明显锈蚀更为严重，必然是鼎足因为承重的需要，在合金的含铜量方面比鼎身要高一些。而鼎身为了铸制精密的纹饰，有意提高了合金成分中铅、锡的含量，故而锈蚀物明显少一些，而比鼎足显得更为光洁。这一点也证明了含锡量高的青铜器耐腐蚀能力比纯铜强。

特征和演变规律可以用以进行真伪的鉴定。

以钱币的合金成分历史变化为例。学者周卫荣曾对中国古钱币的合金成分进行过深入的研究，其研究的部分成果可以用于古钱币的辨伪鉴定。因为政治、经济、军事、文化等社会因素不同，各地区矿产资源的自然因素差异，对金属冶炼技术掌握程度的差别以及货币自身的发展及人们对它的认识与要求的人文因素的变化，不同的历史时期，不同的地域，青铜铸币的合金成分是有差异的。先秦时期的货币，基于人们对铸币初始阶段的朦胧性的认识，各国青铜铸币受政治和自然矿产资源的影响较大。在当时中国远非统一的背景下，布币、刀币、圜钱、蚁鼻钱各种类型的钱币在各自的行用范围内，各区域的合金成分及铜、锡、铅含量差异明显，我们可以在各个区域内选取足够多有统计学意义上的标本量，建立各自合金成分数据库的，这对辨伪是有积极意义的。秦汉是大一统的社会，人们开始关注铸币本身的价值，所以铸币的含铜量较之战国时期，有普遍的提高。隋唐时期，人们对铸币技术本身的认识有了较大的提高，开始关注合金配比等技术因素与铸钱的成本问题，所以铜的成分有所下降，铅、锡含量开始上升，并且成分分配趋于稳定。至北宋，人们对铸币的认识产生了飞跃，对铸币的质量与合金组成之间的关系也有了比较全面而充分的认识，有了定量化的概念，制定了稳定而合理的青铜铸币配方，这个配方即合金成分可以作为北宋古钱币辨伪鉴定的依据之一。元明时期人们熟练掌握了青铜铸币技术，充分认识了成分与铸币质量的关系，加上青铜资源充足，比较注重铸币本身的成色，故而降低了铅含量，提高了铜含量，而锡含量的比重基本没有变化。

综上所述，青铜合金成分各个时期各个地域的特征可以作为青铜器辨伪鉴定的一项依据，这一点几乎是毫无疑义的。因为各个特定的历史时期和地域的青铜器的合金成分，有其合理的演变规律。然而在青铜器辨伪实际操作过程中，需要注意的是，对于合金成分的认识和参考，应建立在对各个地域、各个时期的合金成分的大体区间段合理性的认识基础之上，切不可生硬套用数据和简单化地进行数据的对比。我们仅对于明显出谱，显著的不符合时代合金成分特征的青铜器，通过科学的方法进行分析，从而对其真伪进行综合的鉴定，而不应将其当作单一的指标特征来确定青铜器的真伪。"求同存异"的原则是需要在利用青铜合金成分进行辨伪鉴定中坚持的。也就是说，既要考虑到其特定地域及特定历史年代下相同器物合金成分的共性规律，也要考虑到冶铸过程中包括废铜再利用等因素造成的合金成分的合理差异性。这是科学的辨伪鉴定实践所应具有的基本态度。

第二节 材质分析学对青铜器原材料杂质测定的鉴定学意义

不同时代、不同地域的青铜器，其原材料使用的合金配比与习惯各不相同，其所伴生的微量元素和痕量元素亦不一致。相同的器类，对不同时代、不同地域的青铜器的合金配比与习惯进行量化和分析对于青铜器的辨伪鉴定是有较大意义的。比如有学者通过对商周时期青铜器成分的分析，确定其不含杂质元素锌，那么新仿商周器的合金成分如果含有锌的成分，那么被判定为仿品的证据就会比较充分。当然，在利用原材料杂质成分的分析时，我们要注意以下几个原理：

第一，要找准特定的检测分析元素。文献资料记载和考古工作的实践均证明铜料的来源渠道多样。我们在进行成分分析的时候，切不可简单化地进行几项主要成分数据的测定，然后通过类比来辨别青铜器的真伪。这在理论上是行不通的。从总体方面而言，古代铜矿采冶遗址限于冶炼技术的原因，其实并不复杂。目前调查或发掘的大型的或比较大型的冶矿遗址主要分布在江西、湖南、湖北、安徽、内蒙古、新疆、云南等地，数量并不太多，采集材料进行分析也并非难事，工作量亦较陶瓷标本数据的采集小得多。关键是如何分析这些数据为鉴定服务的问题。事实上，商周青铜器铜料伴生的微量元素和痕量元素分析仍有很大的文章可做。因为铜矿所伴生的微、痕量元素是各不相同的。目前的伪古铜器以现今精炼的红铜与其他金属配比铸造，从理论上来讲其伴生的微量元素与古铜矿所采冶的铜料是不一致的。只是具体测哪几类成分、怎么测、如何进行分析和将研究成果运用到文物鉴定领域，尚需做进一步的研究与实践，这是本学科未来的发展方向之一，极具学科生长点，前景极为广阔。

第二，在材质分析检测的过程中，一定要严格遵守科学的操作规程，慎重对待数据的取舍。

第三，要正确分析干扰因素对检测结果的影响。比如受过污染的青铜器在取样的时候，可能会对检测结果造成巨大的影响。曾经有人用扫描电镜测试出北宋一枚"崇宁重宝"，结果发现其含近80%的铝，后被确定与表面污染有关。还比如说，在没有将青铜器表面打磨干净的情况下用电子探针测试，测得的往往都是表面的腐蚀物（锈蚀物）中所含的金属原子，并不是青铜器本身的合金成分。

目前对于古代青铜器合金成分的分析，取得较大成果的是对于铅同位素检测方面。因为对于金属材料而言，铅同位素具有一定的指纹性特征，由同一种矿炼出来的铅的同位素比，不随时间和冶炼、铸造过程而变化，我们可以通过铅同位素的比值来测定特定时间特定产地的青铜器的合金成分特征。通过持续不断的研究实践，在铅同位素考古领域特别是对高放射性成因铅的研究中，得出了一系列重要认识，主要有：

1. 确定中国发现的高放射性成因铅的规模性开采利用，主要发生在中国青铜时代的商代。

2. 确定这种高放射性成因铅金属资源在商代规模性开采利用的年代区间是从商代初期到殷墟三期。殷墟四期的青铜生产中，这种金属资源的供应已基本终止。

3. 推断这种高放射性成因铅金属资源产地的靶区在西南地区。证据是中国其他地区西周遗址出土的青铜器很少含有这种高放射性成因铅，只有在远离中国青铜文明发展中心区域的四川盆地，如年代在商末周初的成都金沙遗址出土的青铜器中，多数含有这种高放射性成因铅。

4. 结合青铜器合金成分分析，确定这种高放射性成因铅来自铅矿。并推断这种铅是同西南地区优质铜、锡金属资源一起进入黄河流域商代青铜生产的，它是西南地区青铜金属资源的指示剂。

类似的古代青铜器材质成分研究和成果，并探索性地应用到青铜器辨伪鉴定都是比较有意义的尝试，自然科学领域的一切进步和科研成果都可以通过可行性的分析与操作，转化为青铜器辨伪鉴定中的实际应用。一定要密切关注与青铜器鉴定相关的包括冶金学、金属腐蚀学等一切自然科学的最先进成果，这是青铜器材质分析学的自身要求。

第八章

工艺学与青铜器辨伪

第八章
工艺学与青铜器辨伪

不同的时代，青铜器的铸制技术并不完全一致，反映在青铜器上，也会呈现不一样的特征。我们虽然大体能认定青铜时代范铸工艺的基本流程和方法，然而从实验考古学的角度来看，目前为止我们的认识仍然比较肤浅。虽然从事冶金考古方向的学者对于青铜器的陶范铸制技术进行过比较深入的研究，也进行了一些模拟实验，然而因一些关键的细节技术的出入（比如浇铸温度问题、泥范材料及收缩问题、浇铸系统的设计问题、浇注口高度产生的压强问题等等）和文献记载的不足，仍然与真实的古代铸制工艺有太多的出入。即便如此，在模拟实验与复制过程中所花费之成本亦非以经济利益为目的的造假者所能承担，更何况作伪者如在进一步的做旧过程中露出任何马脚的话，往往前功尽弃，故而目前市场上并没有真正意义上的古代陶范法工艺所制之伪青铜器。故而工艺问题是作伪青铜器的目前乃至将来很长时间内都无法逾越的一大瓶颈，可以作为青铜器辨伪鉴定的主要依据。

第一节 青铜器铸制工艺与真品指标特征

一、青铜时代的范铸工艺特征与辨伪鉴定指标

通过对青铜器铸制工艺的考古学观察与研究，可知青铜时代完全依赖于范铸技术，失蜡工艺只是对局部的补充工艺。故而在对青铜时代的青铜器进行辨伪鉴定之时，被鉴物必须满足范铸青铜的所有工艺特征。这些工艺信息会具体地体现在青铜器的外在形态之中，这些外在的表现特征为研究其铸造工艺提供了重要的佐证，也是我们对青铜器进行工艺鉴别的依据。青铜时

代模范法铸造青铜器的工艺反映到青铜器的铸件中主要包括范线、垫片、范芯、铸瘤、修范痕、打磨修整痕等具体的指标特征。

1. 范线

范线的形成与模范法铸造青铜器的分范和拼范组装工艺有关。两片陶范在拼接之时，尽管留有榫卯接口，但是由于材料的原因，不可能做到严丝合缝，在浇注的时候，铜液会随着微小的缝隙渗透到两片外范的拼接之处，形成范线。

真品范线的特征是宽窄不一、起伏不定，大致在一条直线上，边缘锋利。仿品的范缝是在蜡型上故意做出来，显得优柔而不爽利，或者是太过规整，欲盖弥彰。

① 真品范线有高低起伏，宽窄不一。

② 仿品范线粗而直，尤其外缘轮廓发圆，无真品的错落和边缘锋利感。

各时代的范线其分布有各自的特征,详见青铜器铸制工艺章节。不同时期的青铜器由于分型制范技术方面有一定的差异,故而表现在青铜器上的位置也不尽相同。换一句话说,相同器物由于各时代铸制工艺的差异性会造成范缝位置的差异性。这个差异性有其固有的规律,掌握了这个规律我们就能进行辨伪鉴定的实战。

东周时期的半足蹄足鼎,其范线多数为分铸法所见的底芯圆形范线,极少数为整铸法所呈现的三角形底芯范线,而绝无商早期过底足自带底芯的Y字形范线,如图中仿品所示。

真品半足蹄足东周铜鼎标本,其范线为另作底芯的三角形范线。

2. 垫片

垫片的形成与泥芯与外范之间的芯撑有关。铜质的垫片一方面能控制型腔整体的厚度,另一方面每一个垫片都能形成一个凝固中心,这样能保证青铜铸件的均匀凝固,避免凝固造成的收缩龟裂,提高成品的合格率。夏、商代早期的青铜器多使用泥芯撑技术,在圈足上留下镂空。商代中期以后到汉代各期的青铜器内部均有垫片分布,较小的铜质垫片甚至会由于合金成分的原因,在浇注铜液时被熔合,以至于在X光透视时也难见其形迹。

真品的垫片与器壁表面在同一平面上，属于镶嵌结构。镶嵌痕迹不明显，与器壁的氧化皮壳一致。仿品的垫片多为铜器上后镶嵌，有的明显凸起于器表，器表的地子遭到破坏，细查周围有做旧处理的痕迹。

① 真品内底的垫片。呈不规则形，有自身的轮廓边缘，与器壁厚薄一致。与周边界面锈层过渡清晰，无做旧痕迹。

② 真品垫片一般会避开文字，不会破坏文字的完整性。

③ 真品东周鼎耳所见未取出之盲芯。

3. 范芯

范芯的残留与青铜铸件的后期清理工作有关。一般而言在半环耳的内部、柱形的底足、銎部等处，由于范芯的清理困难且不影响外观，常有残留。据出土青铜器的研究表明，在商代晚期至春秋中期绝大部分大件器物钮、足、耳等部位并非实心，在其封闭的腔体内有未能取出的盲芯。这是范铸工艺为了尽力保证器物铸件壁厚均匀而留下的工艺痕迹，也成为真伪辨别的一项重要指标特征。

工艺学与青铜器辨伪

① 真品标本所见鼎耳内盲芯残余。

② 真品商晚期青铜斝柱透视所见盲芯残余。

③ 方座簋圈足内侧所见范芯残余，此处为夹角凹坑，为范芯常见残余位置，符合真品工艺特征。

由于历代泥芯的制作材料有差异，真品的范芯与仿制的范芯在特征上有差异，范芯也成为我们鉴定的一项重要内容。一般而言，耳、足内的泥芯直接接触青铜壁的位置由于铜液的炙灼，颜色要更深一些。故而在真品青铜器上，范芯颜色呈现周围较深中心较浅的特征。

4. 铸疣

铸疣的残留与浇冒口有关，也与翻外范的工艺有关。浇口冒口一般在器底不明显部位，如果后期加工打磨不到位的话，能够在青铜铸件上存留其特征。另外在翻外范的过程中，有时候会由于脱范的时候，因为泥料的粘连，而造成外范不平整或者被粘掉一个小坑，在铸造的时候便会产生凸起的铸疣。在利用铸疣进行辨伪鉴定之时，一定要系统地总结并熟知不同的青铜器种类以及同一种类不同时代的青铜器浇冒口位置的设置。在特定的位置找到特定的信息，是利用范铸青铜工艺进行辨伪鉴定的重要手段。即便后期加工打磨，也能通过打磨痕来反推其工艺特征。

真品青铜甗足底铸疣特征。

5. 浇口铸件残留

浇口是青铜器浇铸系统中铜液输入的位置，铸件浇铸完成冷凝之后，一般在浇口处会留下特定的浇口形态信息。浇口残留为我们研究青铜器的浇铸系统提供了丰富的材料，也为我们了解不同时代不同地区的青铜器铸制工艺和规律提供了科学的依据。据出土青铜器的研究发现，夏代及商代早期的青铜器选择侧浇系统，浇口常常在颈部轴对称纹饰的分型线上。商代晚期以后的青铜器选择倒浇系统，浇口的位置常常在器物的足底或腹底部。

① 底部范线宽粗线即为长条形浇铸口的痕迹，右边窄细线为范线痕。

② 腹底长条形浇注口的细节。

① 真品青铜器上的补铸痕。补铸痕迹夸张，较大程度影响美观是老补的重要特征。

② 足跟部的老补痕。

6. 补铸

由于浇铸温度过低，铸型预热温度偏低、青铜液的流动性差等方面的原因，青铜液没有充满整个型腔便冷凝，就会产生浇不足的铸造缺陷。对于浇不足缺陷的修补，就有了补铸痕迹。

出现在这些位置的补铸痕迹有其逻辑上的合理性和科学性，也成为真伪鉴定一项极为重要的辅助性指标。

7. 精磨打洼痕

在镜子之四乳钉、环纹饰带、镜缘等位置常常有见类似玉器宽阴线深磨打洼现象,这是真品青铜器的铸后加工工艺造成的。仿品本就需要做旧,常常忽略这个现象,故而精磨打洼痕成为真品的重要指标特征。

① 真品宽阴线处的精磨痕。如同玉器宽阴线的砣制一般规整润亮。

② 仿品阴线方框内依然为未打磨的铸态,且钮座部位不圆。

真品镜钮及钮座的打磨旋痕,制作规整。

仿品圆钮及钮座未加精磨,起伏不平,且边缘不圆。

① 真品山字文镜呈铸后精磨态，且山字纹款阴线笔道笔挺，横竖交接处有如玉器之砣痕。

② 右边仿品山字文镜铸态，且山字纹宽阴线槽底未打磨，线条边缘不直，笔画较肉。

8. 范接痕

商代晚期以来，复合分范工艺流行。为了便于脱模制范的方便，常常采用横分范与竖分范相结合的分范方式，外范的拼对连接处，则表现出横竖都有的网络状。其本质上属于范线的一种，在鉴定时要符合真品范线的基本指标特征。

① 从遗址残留的外范来看，青铜罍采用了复杂分范工艺，故而能在器身上发现横分范的痕迹。

② 东周纹饰常见的纹饰带分割线，实际上也是纹饰范拼接工艺的一种反映，属于典型的分范痕。

9."铸焊铆"及"自锁"结构

商晚期以来的青铜耳、足等分铸铸接部分，出于实用的需要，使耳部等部件与器身连接得更为牢固，在工艺处理方面并非是分铸之器进行简单的铸接，而是采用了铆接和自锁的连接方式，使得器耳不容易因使用而发生断脱。如图所示，商晚期分铸法以来的青铜器的这种内部连接工艺结构成为鉴定真品的一项重要辅助指标。

① 真品青铜器所见耳部的铆接自锁结构，增强了耳部的强度和实用性。

② 耳部的铸接痕，外撇的鼎耳与鼎身属于铸接结构，而非仿品常见的直立于口沿之上的焊接结构。

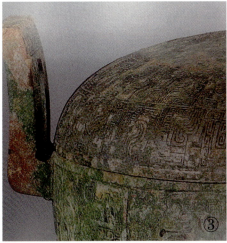

③ 真品鼎附耳处的分铸铸接痕迹。

④ 伪品附耳的粘接和焊接痕迹。

① 仿品附耳的粘接和焊接痕迹。

10. 龟裂

高锡青铜工艺铸造痕迹之一。镜子、兵器常见。或与泥模的干缩有关。这也成为鉴定高锡青铜器范铸工艺的一项重要指标。

② 铜剑标本表面所见龟裂纹现象。

11. 铜瘤

制范的粘连在青铜铸件上的反映。在翻制外范之时，由于黏土的特性，外范的泥被粘连掉一小块，补漏的不及时，反映在铸件上是与粘连掉的泥范等同大小的铸瘤。铸瘤一般会清理和打磨。那些漏网的铸瘤成为范铸法制造青铜所释放的一项重要信息。

12. 发气

由于排气系统考虑不周，加上范未干透，浇铸之后产生了气体，这些被憋的气体由于压强的作用，在冒口处将纹饰冲坏，使组织变松。这也成为范铸青铜所释放的一项重要信息。

13. 器底加强筋

西周以来在鼎、簋等礼器的器底的凸起人字形或网格形线条。其形成缘于铸前对底范的刻划。在增强铸件强度的同时，还能起到防止或减少夹渣、憋气等问题。

14. 活块模工艺信息残痕

用块范法制作高浮雕翘起的纹饰或部件时，必须在纹饰翘起处另作活块模，否则无法从模上直接一次性将外范翻下来。另外一些复杂的青铜器铸件也需要用活块模分别制范，然后再进行组装。如战国镜钮、礼器兽首及錾首等。器身上表现的活块模工艺信息残痕即是范铸工艺的一个指标特征。残痕本质上属于范线的一种，应具备真品范线的指标特征。

标本所见翘起的鸟翅范铸法铸造需另外制作一块活块模，否则无法拔模，图中翅膀下方的范线痕迹，即是活块模工艺信息残痕。

15. 修范痕

修范痕与外范的翻制工艺有关。翻制出来的外范或因为粘连而造成的坑洼需要修补，或需在外范上进一步雕饰底纹，又或者需要用竹刀或者布进行抹光，都会留下相应的工具痕迹，这些工具痕迹有时候能在青铜铸件中表现出来，成为模范法工艺的一大信息，并被用于鉴定。

① 图中宽阴线底所见的直丝纹应是泥范或泥型加工痕迹。

16. 打磨修整痕

　　青铜器的打磨修整是其铸制的最后一道程序，也是极为重要的一道程序。冶铸工艺史专家华觉明根据乾隆年间编撰的《钦定工部则例九十五卷》的记载结合实际的工艺流程进行了统计与计算，铸后打磨修整所产生的用工总量超过前面的铸造用工量。打磨修整主要包括脱范、清理、磨砺、抛光等工序。这些清理痕迹在容易出现范线、毛刺、飞边等铸造缺陷的地方，打磨工具的选择、打磨修整痕迹的特征、打磨修整痕的次生变化特征，都成为目前鉴定模范法铜器的一个重要信息途径。

② 真品标本所见打磨修整痕。一般而言，真品所见打磨痕与界面地子层互不影响，即打磨痕不破坏地子层，地子层也不覆盖影响打磨痕。

目前考古所发现的打磨工具包括铜削、铜刻针、磨石、木炭等等。通过对青铜器遗留的工艺痕迹分析，我们可以发现如下规律：1. 纹饰部分一般不见打磨痕迹。2. 非纹饰部位对范线的打磨会留下打磨痕迹和抛光痕迹。3. 范缝在器物的显眼处优先打磨。4. 范缝在腹底与足部连接处、扉棱凹槽、鋬首及环耳内等打磨困难处残留才是正确的范缝逻辑而不是相反。

① 范线残留在底足不显眼的位置，而表面常打磨去除。

② 真品标本所见纹饰带范线残余，而旋纹非纹饰区因打磨而不见范线残余。

③ 器物底与足的夹角处是打磨死角，因而也最容易见到范线残余。

二、范铸逻辑辨伪指标特征

历代的铸制工艺有各自的特征。所谓的范铸逻辑辨伪是指在青铜器的辨伪实践中，要应用科学的符合逻辑的范铸学原理进行分析，凡是应用范铸法制作的青铜器，必定符合范铸学的基本原理，反之凡不符合范铸学基本原理与逻辑的青铜制品，必定不是范铸法制作。那么范铸学的基本原理包括什么？又如何用到辨伪鉴定实践中呢？

1. 客观存在逻辑

凡是范铸法铸制的青铜器，其在青铜器本身上必然有范铸工艺的表征，这是客观存在的。基于我国青铜时代的青铜器铸制工艺完全依赖于范铸技术，也即我国青铜时代的青铜器必然具备范铸青铜的各种表征。这些表征也必然能被发现和认识，毫无范铸工艺表征的青铜器，则必然不是范铸法铸制，也就不是青铜时代的器物。

2. 齐步走的逻辑

所谓齐步走的逻辑是指，青铜器上所反映的范铸工艺特征，应与器形纹饰所反映的时代相符合，达到逻辑上的统一。通过工艺学考察判断一件青铜器的真伪，并不是简单地看是否有范线、垫片等基本的范铸工艺表征。而是范线的位置、垫片的使用以及其他一切范铸工艺表征是否符合本类器物本时代本区域的典型特征。一般而言，不同的时代，不同的区域，范铸技术并不完全一致，故而在青铜上也会出现不同的表征。比如商代早期的青铜器上，如果其范铸工艺表征出现了东周时期的典型特征，则显然不符合范铸逻辑。而东周时期青铜器上本应是典型分铸法所体现的范铸工艺表征，却出现商早期青铜器浑铸法范铸工艺表征的话，也明显地违背了范铸逻辑。

商晚期至西周时期的柱足青铜器，普遍采用更为先进的另制三角形底范技术，故而底部范线为三角形。图片中的仿品其底部范仍仿制商代早期以前自带底芯的范铸形式，留下Y字形范线形态，不符合齐步走的范铸逻辑。

3. 滞后性逻辑

这可以看作是对齐步走逻辑的补充。所谓滞后性逻辑是指，在后代的青铜器上使用了前代的铸制技术。这种情况在逻辑上是允许出现的，但是要具体分析。一般而言出现这种情况主要有以下两种原因：一是区域生产技术的滞后性造成了一个地区（尤其是边远地区）的范铸工艺，仍然使用了核心区域已经淘汰的生产技术；二是由于功能用途的改变，粗制滥造而使用了前代的简便工艺。这种情况在东周墓葬部分出土的专为陪葬而制作的青铜器上多有反映，大部分青铜器连范芯都未完全取出，范线也未进一步加工打磨，就匆匆随葬。那么我们在利用"齐步走"的逻辑辨伪鉴定的时候，就需要结合出土的地域、环境，器物的功能等各方面的情况具体分析，坚持普遍性与特殊性的辩证统一原则。

4. 必然性与偶然性相统一的逻辑

范铸法工艺铸造的青铜器会有范铸法工艺铸制的表征，这是必然的。然而青铜器铸造以后，会利用铸后加工工艺，对青铜器进行进一步的加工，清除范线、铸瘤等范铸工艺表征，以致美观。另一方面，由于次生变化造成的对范铸工艺表征的破坏和掩盖，这使得范铸工艺的表征被我们认识和发现具备一定的偶然性。必然性与偶然性相统一的逻辑，是在利用范铸工艺表征进行辨伪鉴定的时候，必须要遵循的基本逻辑。比如我们常常在器物的外底，尤其是足部与外底的交界处看见范线残余，而青铜器表面无范线表征，这即是符合必然性与偶然性相统一的原则。器表面为了美观，同时由于打磨的

真品青铜器标本所见范线在纹饰区可见，而在非纹饰区打磨消除。因纹饰处为立体装凹凸有致的羽翅纹，若打磨此处范线将不可避免地伤害高凸的纹饰。

方便，常常会打磨加工得比较彻底，故而不见范线特征。器外底并不影响美观，尤其是外底与足部的交界处打磨极不方便且并无必要，常常能看见范线特征。反之，如果器底没有范线而器表残留范线，则违背此逻辑，多为仿造者故意为了制造"范线"而在表面为之。又比如器表有纹饰的区域残留范线而光素无纹处不见范线，这也是必然性与偶然性相统一逻辑的体现。虽说器表面出于美观的需求会将残留的范线表征打磨，然而在器物的纹饰处，出于保护纹饰的需要，并不敢将其彻底打磨，以免伤及纹饰，故而在纹饰区，范线表征的出现有其必然性，反之亦违背此逻辑。

① 伪品在光滑的非纹饰区残留范线，而在纹饰区却无范线残余，这不符合铸后加工打磨的逻辑。

② 真品标本在腹底与足的交接处，范线丝毫未清理，还是铸后的参差不齐边缘锋利状，而在鼎外腹部有打磨修整痕迹。

5. 脱模的合理性逻辑

范铸工艺要求由模翻范，再进行合并模范以得型腔。在制作复杂器形和纹饰之时，要注意外范脱模的合理性问题。比如商代早期的圆鼎，由于器形及纹饰相对简单，只需要三分范即可，故而我们在其表能看见三条范线的表征。而商晚期的圆鼎，由于使用了三条扉棱作为装饰，尤其扉棱处还镂空，这就不得不在扉棱处进行再次分范，于是其器表的范线就应该表现为六条范线。又比如高浮雕的兽角纹饰，为了脱模的方便，会在兽角处重新分模制范，我们会看到兽角的下方，有两道明显的分模制范痕迹。

脱模的合理性逻辑要求我们在利用铸制工艺法鉴定青铜器的实践中，要注意科学的分析和还原青铜器的分型原理，设身处地地思考其脱模的方法和合理性诉求。而仿品由于多数非古代范铸法制作，常常由于不注意而违背脱模的合理性逻辑。

三、古代特种工艺的其他工艺学辨伪鉴定指标特征

嵌错、外镀、包贴、镂雕、螺钿等古代的特种工艺，由于流行和工匠的熟练操作，代表着一时的工艺巅峰。我们可以通过对古代具有特种工艺真品器物的研究和调查找寻到这些巅峰工艺代表性的指标特征，这些指标特征是其工艺纯熟的表现或者反映。尤其是那些仿古和复制品尚未注意或不再使用的加工方式，或者仿制品难以企及的工艺高度，都可成为辨伪鉴定的重要依据和指标特征。现将此类指标特征归纳如下：

1. 异质重鎏镀

我们常见的外镀工艺如镀锡、鎏金等，多是同种材料的鎏镀。部分标本同时使用两种鎏镀材质相互叠压，但不见于文献记载，因而目前尚未在仿品中发现使用，可作为真品的重要辅助指标。

① 真品标本所见"错金银"的效果,其真实的工艺流程是先将错金效果的纹饰以连点和阴刻线的形式錾刻出来,然后再通体鎏金一遍。最后在连点纹饰之外再进行二次异质鎏镀白色涂层(银或锡,未进行仪器检测)。在白色鎏镀层的盘磨脱落处,我们可以看见第一遍鎏镀的金层。

② 宽阴线楔嵌痕迹,宽阴线脱落处,可见明显的图书钉式的楔入形态。

2. 宽阴线楔嵌

真品错金银对窄线条可以直接在阴线条内填嵌金银丝。然而对于宽阴线而言,直接嵌错是容易脱落的。仿品常见用裁剪好的宽金银箔填嵌。然则根据真品标本的实际观察,我们看见真品的宽阴线是如订书钉那般以两道窄阴线为楔钉,以楔嵌的形式制造而成,甚至有可能以铸镶的形式制成。可作为真品的辅助指标特征。

3. 粘镶金属丝加固

在对非金属材质嵌错时,为了防止粘镶不牢固,也为了铸件表面与非金属嵌错物无缝紧密结合,达到更为美观的效果,往往借助金银等具有延展性的金属丝在非金属嵌错物周围填压加固弥缝。目前在新仿品上少见此类手法,可作为真品的重要辅助指标特征。

4. 原始磋磨痕

嵌错工艺、螺钿工艺、金银平脱工艺等，在完成嵌错金属或非金属，都有打磨抛光这道工序和环节。打磨的本意是为了嵌错、平脱的材料表面与青铜基体处于同一平面，故而打磨的线条痕迹也会跨越两种材质。我们将打磨痕迹线条在镶嵌处和青铜本体的连贯性跨越当作原始磋磨痕的一项指标特

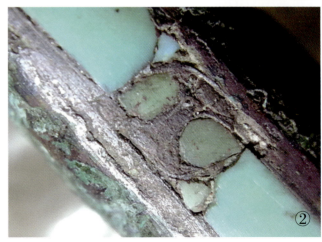

① 真品标本所见错镶绿松石工艺，绿松石周围以银丝弥缝加固的特征。

② 标本所见松石上的打磨线条跨越错镶的沟槽，与青铜基体连贯，是为原始磋磨痕指标特征。

征。而在老物件上后错后镶的伪品，青铜基体上原始磋磨痕线条不能与后错材料连贯，是鉴定此类器物真伪的重要辅助指标特征。

古代特种工艺的细节和关键工艺技术并不见于文献记载，多数需要我们通过对实物标本的研究以及实验性复制去获求，仿古作伪者在未研究这些工艺的关键技术细节的前提下去简单地制作，会与真品实际有较大的差别。通过研究古代实物标本，我们总结的如上辨伪指标体系中所述的具体指标还有很多，因辨伪鉴定实际操作的方便，在这里就不一一详述了，一旦此类辨伪参考指标揭示得越多，仿古做旧者越会刻意地模仿和复制，则其用于辨伪鉴定实际的参考价值也就越低。读者和收藏研究者可以以此思维方式自行总结更多的指标，以提高辨伪鉴定能力。

第二节 现代铸制工艺常见仿品信息

任何工艺技术都有其时代性。现代的铸制工艺信息亦有其自身的一些特征。应用现代的铸制工艺所制的仿古作品，其自身必然会留下现代铸制工艺的信息和特征。这些仿品身上释放出来的现代铸制工艺信息，便是我们从另一个角度进行辨伪的关键。正所谓：相反相成！我们可以通过真品的指示性特征来确定一件器物的真，更可通过常见的一些仿品特征来确定一件器物之伪。

以获取巨大经济利益为目的作伪青铜器，出于成本的考虑，并不会不惜代价去复原已经消失的古代工艺。即便有心不计成本地制作，也会因为种种客观技术难题而达不到古代工艺的真实水平和面貌。如果后期的做旧环节没有处理好，则更是前功尽弃。目前青铜器仿品的制作几乎都是采用现代简便可行的铸制方法。因此，掌握现代铸制工艺所常见的痕迹残留和信息，成为青铜器辨伪的关键环节之一。下文将介绍一些现代仿制工艺常见的特征：

1. 内壁随外形纹饰凸起而内凹

这是现代石膏模涮胎法制蜡型工艺的外在体现，也成为我们辨伪的一项重要指标性特征。当然由于铸造工艺的要求，真品青铜器截面厚薄差异不可过大，在某些高浮雕青铜器上，在浮雕之处有大致的内凹，以使得器壁整体厚薄趋向一致，但是这种内凹与现代涮胎法制蜡型工艺的内凹在细节上有所区别。鉴定的时候要尤为注意，切不可生搬硬套。

仿品标本所见外壁兽面纹凸起处，内壁下凹，与真品的平整内壁有较明显区别，为现代失蜡法工艺一大指标特征。

2. 石英砂制模壳残留

现代失蜡法铸造时，由于造价的成本和工艺的便利性，以蘸水玻璃沾细的石英粉或用硅酸乙酯洒刚玉、莫来石粉的方法，来制造模壳。浇铸完成以后，打碎模壳并清理白色石英砂、刚玉粉等现代铸制残留物。然而在器物内壁弯凹处、纹饰的低凹处、镂空器的腹内部、镜钮等孔洞处等等隐蔽地方，常常留下一些不易尽除的现代材料模壳残余物。这些特征只要发现一处，即可确定为当代仿品无疑，从而成为我们辨伪的一项重要指标特征。

仿品青铜簋标本錾耳内壁死角处隐秘残留的现代白色石英砂粉制模壳材料,是现代失蜡法铸造工艺的指标性特征。

3. 内壁蜡流痕

现代失蜡法工艺在高温失蜡之时,会产生蜡流痕迹,这些痕迹在铸型上以类似"泪痕"的形态表现出来。青铜器腹内、佛造像空腔内的这些蜡流痕,成为仿品的一项重要指标特征。

4. 无范线

现代失蜡法工艺内外模壳一体制成,无须分范合范,故而无范线。如果有,也是在蜡型上有意为之,常常表现为圆钝而无锋刃感,或者过于规整,矫揉造作。

5. 无垫片

6. 器形不规整，变形

在对蜡型进行烫接、纹饰精修等工艺步骤时，蜡温度控制在18至25度，低则开裂，高则易软化变形。另外在硬化模壳的工艺环节中，如果模壳硬化不够，也会造成铸件变形不规整。这也成为判断其为仿品的一些重要特征。

7. 表面粗糙不平、纹饰不精

现代失蜡法铸制工艺中，如果调蜡不均匀以及重复利用蜡，会造成表面粗糙不平，纹饰交代不清。即使对蜡型再进行精修，纹道也会变得混乱甚至面目全非。这也是仿品常见的特征。

8. 孔洞过多

因为失蜡法工艺对蜡的重复使用，会造成蜡质不良灰分多。在铸制过程中，会影响铸造质量，造成孔洞过多。这可以当作仿品一项重要的辅助指示性特征。

铸件表面孔洞过多，是当代仿制品的辅助性指标特征。

9. 网状小裂纹、分层、剥落

制造模壳时，如果水玻璃比重大，在模壳硬化的过程中就会有裂纹、分层和剥落的现象，这些现象最终会反映到青铜铸件中来，是现代失蜡法铸造所释放的一项重要信息。

10. 铸件轮廓发圆（浇不足），纹饰不清晰、利索

制作模壳时，如果模壳涂水玻璃黏度大，透气性不好，可能会对纹饰的清晰度表现有较大影响，会造成铸件纹道发圆不清晰的现象。这也是现代失蜡法铸造所释放的一项重要信息。

11. 表面不光洁

由于涂层黏度过低造成。

12. 刻痕

因现代失蜡法铸造的青铜器纹饰不清晰，铸件轮廓发圆，为了弥补此类

① 真品鼎耳边与口沿处范线链接，显示浑铸法制作。

② 仿品标本鼎耳宽度小于口沿，鼎耳处生硬的焊接，与口沿无浑铸连接痕迹。

缺陷，常常会在铸件的不清楚处用錾刀雕刻，留下錾刻痕迹。这是仿品的一项辅助性指标特征。

13. 现代电气烧焊痕

因铸件过大，小作坊受坩埚化铜水的限制，或者因为铸制模壳的简便操作性，将大器分块制作，然后用现代电气烧焊一体。现代电气烧焊痕迹以及焊后砂轮打磨痕迹，成为现代失蜡法铸造所释放的又一项重要信息。

小结

冶金考古，尤其是青铜器的铸制工艺研究，目前还处于起步阶段，尤其对不同时代、不同器类、不同区域的青铜器。古代青铜器的铸制工艺我们的认识和研究并不彻底，需要随时跟进和利用考古学及冶金学的最新成果进行辨伪鉴定。总之我们对真品的认识越深刻，仿品就越难乱真，也更容易被识别。同时我们要不断地跟进和总结仿品的制作工艺特征，使青铜器工艺辨伪鉴定这项武器发挥出越来越大的作用。

真品鼎耳的铸铆结构，鼎耳宽过口沿作接痕，结实坚固。

第九章

次生变化学与青铜器辨伪

第九章
次生变化学与青铜器辨伪

第一节 次生变化学辨伪的基本原理

次生变化学这是鉴定者自觉或不自觉在用的，并且应用最普遍的一种方法论，坊间通常称为"包浆"。"包浆"这一术语使用的频率很高，常被人们挂在嘴边，由于没有明确的定义，也常让外人不知所以。古玩行业内人士所谓的"包浆"，其实就是"光泽"，但不是普通的光泽，专指古物表面的一层光泽。它是古玩在传承使用岁月中因为灰尘、汗水，把玩者的手渍，或者土埋水浸，经久的摩挲，甚至空气中射线的穿越，层层积淀，逐渐形成的表面皮壳。它滑熟老旧，是与刚制作好的新货那种刺目的"贼光"，浮躁的色调，干涩的肌理相对而言的。也有人认为包浆是特指古旧物品上的一种"特殊膜"，不只铜器、木器、玉器、瓷器、牙雕等有包浆，连书画碑拓等薄如蝉翼的纸绢制品在内行人眼里也统统有包浆。客观来讲，"包浆"确实存在，理论上年代越久的东西，包浆越厚。

然而包浆一词由于其表述内容不准确，内涵不够明晰，而且见仁见智，每个人理解也各不相同。目前我认为用次生变化的表述更为确切。所谓的次生变化，也称次生灾害。所谓次生，即再次生成的、间接造成的、派生的。一件器物或一件艺术品自其诞生那一刻起，在大自然与空气和水接触，就可能发生各种各样直接或间接的派生变化。此种变化有的可能很剧烈，如外力引起的破碎、断裂；也有的是缓慢的，如氧化、虫蚀、锈蚀、污染、土沁、擦划、磕碰等等。次生变化的发生是不可避免的，它会随着年代的推移日积

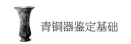

月累地产生。坊间所谓的包浆亦可被次生变化所涵盖。

次生变化学，指的就是研究器物自诞生起，在与空气、水、油污等自然界不可避免的物质接触的过程中，发生的各种变化，并研究其产生变化的原理的一门学问。我们通过研究器物次生变化的原理，于是便能分析何种变化是缓慢发生的，何种变化特征是短暂化学变化造成的，何种变化需要年岁的积累才能产生。慢积累的变化有何具体的指标特征，常见作伪手段造成的变化有何具体的指标特征，它们之间的区别和联系分别是什么？这一切都可以成为文物真伪辨别具体而微的指标特征体系。这些指标特征是可以被认识的，可以被大家论证和掌握的，是符合事物的发展规律和逻辑的，因而是客观的，也是科学的。可以说，次生变化学是科学的文物鉴定学的一个重要基础和方法论。

次生变化有如下几点特征：一，不可抗。器物自制成那一刻始，即不可避免地与空气、光、水等接触，产生各种各样的变化。二，形式多样、纷繁复杂。三，能被认识，有规律可循。次生变化学的根本原理在于，由历史形成的、缓慢的、有规律可循的次生变化与以仿古做旧为目的的化学作用、催化作用形成的次生变化，其在本质上有着不可调和的矛盾。这个不可调和的矛盾的客观存在是我们利用次生变化学辨伪的根本依据。

第二节　青铜器的次生变化与辨伪原理

青铜器的次生变化可以分为传世青铜器次生变化和入土青铜器次生变化或两者兼而有之。传世青铜器的次生变化反映在器物，主要包括污垢层、界外锈蚀层、界面皮壳层、胎内锈蚀层等几个层次。出土青铜器的次生变化则由外到内主要包括附着物粘连层、坑土层、界外锈蚀层、界面皮壳层、胎内锈蚀层等几个层次。每个层次之间有一些固定的规律、相存相依。比如界外锈蚀层必然不可能生于坑土之上，因为泥土本身是不会生锈的，生锈是金属矿物质的特性。我们在鉴定的过程中发现有锈蚀物在泥土上，极大可能就是造假者在锈、泥粘连的过程中，操作不当或者粗心大意而造成的有悖逻辑的现象。

在应用青铜器的次生变化学进行辨伪鉴定时，我们应注意以下基本原理：

第一，每一种次生变化都因其自身的特征而构成一些客观的科学的鉴定指标。我们第一步先要认识真品的各种次生变化的指标特征与规律。识真是辨伪的重要前提，对真品次生变化规律特征认识得越深刻，辨伪就越容易。换句话说，当对真品的次生变化认识得越具体，越深入，造假的难度也就会越大。对于真品次生变化的认识我们目前最重要的方法是理性经验的总结。也就是应用统计学的原理，将那些在各类真品上反复出现的老态特征加以描述和分析，并在鉴定实践中归纳其基本特征，将其统计为真品的普遍特征。因为这个特征是从真品上分析统计出来的，能够在其他真品上再现，具有客观性，也能够被大家认识和掌握，因而是科学的。对于真伪鉴定有极其重要的意义。但是在鉴定实践中，要考虑到地下埋藏环境以及传世过程的盘磨损耗的复杂性，要灵活理解和应用真品次生变化的特征，做到普遍性和特殊性的统一。

第二，各种次生变化之间，有相互的客观的影响与被影响的关系，又会形成一些具体的鉴定指标。我们通过研究还可以发现每一项具体的次生变化之间，有的是相生的关系，有的是相克关系。所谓的相生关系就是指有次生变化指标A就必须有次生变化指标B伴随，否则有悖科学原理。所谓的相克关系，说的是有次生变化指标特征C就必须不能有次生变化指标特征D，否则违背客观的逻辑。造假做旧者如若不理解其中的基本原理，不注意这样或那样的关系，在造假做旧的过程中就会漏洞百出。

第三，统计常见的造假青铜器次生变化特征。正所谓相反相成，奇正相生。我们在认识真品的特征的同时，要注意调查、归纳并总结造假青铜器的次生变化特征。识真与辨伪是对立统一的。对造假做旧手段和仿品青铜器次生变化特征认识得越多，辨伪能力也就越强。

青铜器真品的次生变化包括内容较多，在下文我将分门别类进行介绍和描述。青铜器从外到内的坑土粘连物层、坑土层、界外锈蚀层、界面皮壳层、胎内锈蚀层等各个层次，都可以用统计学的方法归纳和统计各自具备的指标特征。再加上指标特征之间由于相生关系和相克关系而具备的衍生指标特征，最后能构建真品青铜器的指标特征体系。这个体系是一个庞杂的系统，需要我们下足功夫去仔细辨认和确认。当这个庞大的指标特征体系建立之后，由于其系统性和科学性，伪品青铜器在仿制之时，常常会顾此失彼，造成各种不可避免的失误，从而远不能达到所谓乱真的地步。

第三节 真品青铜器次生变化主要种类及特征

一、附着物

附着物是真品青铜器常见的次生变化，既包括传世青铜器附着的污垢、烟炱；也包括出土青铜器附着的坑土、编织物、可溶性矿物凝结物等等。

1. 真品污垢特征

真品包浆污垢层。

真品的污垢也称"包浆"，是灰尘、汗水、把玩者的手渍层层累积的结果。其常常表现为一种熟旧与润亮的色泽在器物的低洼下凹处厚度比高凸易触处更为深厚而不是相反。

2. 真品烟炱特征

烟炱痕指的是饪器或燎祭器等由于使用的原因,造成附着的烟炱现象。真品的烟炱痕经过长时间的锈蚀,锈蚀物与烟炱痕连为一体,呈现你中有我的相生状态。在辨伪鉴定中尤其还需注意如下两点:首先烟炱痕的位置需符合使用的特定位置,其次出现烟炱痕的器类需与其特定的功能相对应。在造假做旧中,烟炱痕是常被忽视的次生变化,因此可作为真品的辅助性指标特征。

真品标本所见烟炱痕特征。

3. 坑土特征

坑土指的是青铜器埋藏坑的附着土。无论是墓葬还是窖藏，典型的埋藏形式都是有一定的深度的。附着的土多是由于雨水等原因，裹挟上层的极细的泥浆渗透于墓室或窖藏坑中，层层沉积，与青铜器黏附在一起。故而真品的典型坑土首先是极其细腻的沉积黏土，而不是较大颗粒的沙石。其次，典型的坑土分层。尤其在被坑土填满的容器内部，可明确见到层状结构。即便是在器壁的附着表面，此种层状结构也可被细察到。再次，典型的坑土附着牢固，却与胶粘做旧的附着有明显区别。其掉落状态为片状掉落。第四，典型坑土常见蜂窝孔状结构。第五，典型坑土的剥落面有锈蚀物附着。第六，坑土片状剥落露铜处可见极为干净的地子，并有润亮的光泽。当然在一些特殊环境或者某些生活遗址出土的一些小件器物如钱币等，由于埋藏较浅，埋藏状态不符合典型埋藏形式，其坑土特征不完全符合典型坑土附着特征，需要区别对待。

① 真品坑土呈片状剥落，且并不污染和影响锈蚀物。

② 真品坑土剥落边缘清晰呈片状。

4. 丝织物印痕

有的器物在入土埋藏的时候,表面常会包裹上一层丝织物。由于埋藏的因素,丝织物变异或发生置换作用,其纹理牢固地附着在青铜器的表面。目前考古所见无论礼器还是兵器,都较为常见丝织物附着印痕,呈变异状态仅可辨其纹理,与锈蚀物交替混杂,其具体的细微特征成为我们辨伪鉴定的重要指标特征。

① 真品织物附着,与锈蚀物混结。

② ③ 此二标本微拍所见织物已经异质化为锈蚀物,仅具原织物经纬形态。

5. 竹席附着

其状态与特征同于丝织物印痕，常见于墓葬出土物中。推测应该是随葬器物上面先铺一层竹席，然后再填土所致。

① 出土青铜器上的席纹附着，注意与锈的相互穿透，强力附着。

② 真品面具上的席纹附着。

6. 銎内功能性部件附着

戈矛的镦部、车马器的銎孔内部、剑鞘与剑身贴合处、大型建筑构建的内部等等，常见竹木等有机物腐朽附着，牢固地贴合于与之相关联的青铜器管銎内部，多数腐蚀仅见残痕，其老化痕迹特征成为辨伪鉴定极其重要的指标特征。

7. 可溶性矿物凝结

地下水分所饱含的可溶性矿物，在特定的环境和条件下，凝结附着于青铜器上，形成可溶性矿物凝结斑块。其附着力极其牢固，不容易清理。在强外力作用下可以呈片状剥落。多呈乳白色，其本身无味。仿品以化学物质为之，常见刺鼻的气味。

标本所见銎内木质的碳化附着现象。

右上角可溶性矿物凝结呈乳白色，片状剥落是其主要特征。

8. 食物附着

食物附着是青铜食器的常见现象，如太原赵卿墓考古发掘报告所见鼎内腐肉、动物骨骼残留；马王堆汉墓所见食器内莲藕肉骨汤等等。典型的食物附着是有机物几乎腐朽挥发殆尽，仅存骨质残渣。骨质常被青铜锈蚀物染成蓝绿颜色。部分汤羹一类的食物在液体挥发殆尽后，仅在器底残留有食物残渣，极为结实牢固地与器底附着在一起。

9. 液态自然挥发

酒容器在入土前常常盛满各类酒水，由于密封性不好，多数酒容器腹内酒水已经挥发殆尽。这种挥发并非一日之功，而是地下数百上千年的次生变化现象，故而我们能在器物内腹部看见一层一层由高到低的"水位线"逐次下降的印痕，这是极难做旧的一种痕迹，可作为真品青铜器重要参考指标特征。当然也有一部分容器，在偶然的环境下器身与器盖锈结在一起，客观上形成了极为密闭的环境，液态不再挥发，至今还有液体残余，由于铜离子的融入，呈暗绿或褐黄色。

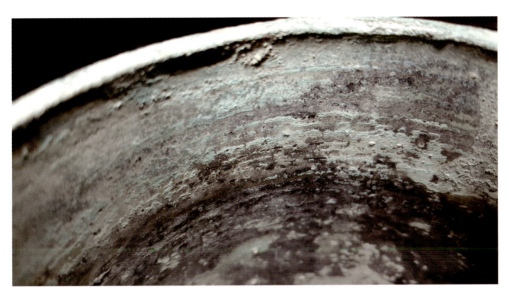

真品标本所见容器内壁液态自然挥发印痕。

二、锈蚀物

锈指的是合金与环境发生化学、电化学作用而产生的异质化、矿化现象。青铜作为铜、锡、铅等金属的合金，是由自然界的矿物质冶炼而成的，本身为不稳定的状态，在特定的环境下，慢慢发生变化而回到原来矿物质的稳定状态，故而生锈。蚀指的是青铜因异质化、矿化进而分离剥落产生的缺失状态。锈与蚀是青铜器次生变化极其重要的内容，是辨伪鉴定的关键。常见的锈蚀现象按其颜色可分为红锈、蓝锈、绿锈、紫锈、白锈、黑锈等；按其形态可分为颗粒锈、晶体锈、珠状锈、锈泡锈、层状锈、粉状锈、丘状锈、皲裂、腐蚀中空（蚀洞）、通体矿化等；按其附着状态可分为斑点状锈、贴骨锈、釉锈等；按其形状还可分为片状锈、条状锈、丘状锈等。对各种真品经过长期的慢氧化的锈蚀物次生变化特征认识得越具体，就越能将其与通过其他极端环境刺激作用急速生成的锈蚀物次生变化特征相区别，识真与辨伪的能力也就越强。

1. 真品锈蚀物的总体特征

第一，质地坚硬。因其本质上为青铜合金成分的矿物质，致密度较高，质硬。

真品矿化锈蚀物呈致密的矿物状态，有珐琅釉质效果。

第二，有层次。理论环境下锈蚀一般由表及里沿树枝晶间进行。理论上断面呈层状，层与层之间基本平行于基体，点腐蚀会打破层状结构形貌，垂直于基体形成蚀坑。蚀坑内填充物是较为均匀的混合物，以氧化亚铜为主，表面被层状锈蚀产物覆盖。

青铜器断面放大镜下所见锈蚀物的层状叠压。由外到内依次为蓝锈层、绿锈层、红锈层、青铜基体。

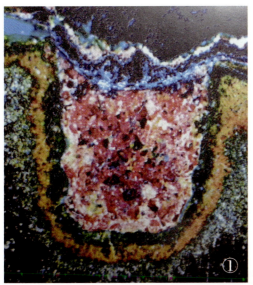

① 点腐蚀形成机理。点腐蚀空洞为锈蚀混合物，其下由外至内为蓝锈层、绿锈层、黄锈层，大致呈平行条带状叠压分布。

② 实物标本截面所见，由外到内依次为界外炸裂锈、绿锈层、红锈层、胎体的层次。

③ 呈矿化状态的晶体锈蚀物，表面有镜面反光。

第三，呈现矿物质的基本特征，半透明有矿石晶莹颗粒感，有半透明光泽，晶体状锈在光照下有呈镜面反光。

第四，界面锈层干爽晴亮。

① 层状锈下干爽晴亮的地子。

第五，有厚度。长期自然老化形成的锈蚀物有一定的厚度，真品的锈层不是一次形成的。考古发现青铜器表面紧贴基体部位有氧化亚铜存在，在光的照射下产生光生空穴和光生电子，高能量的光生空穴可以从金属原子得到电子发生腐蚀。同时在光的照射下，氧化亚铜可吸附氧，高活性的吸附氧就会沿着松散的孔隙向铜合金基体接近，腐蚀合金组分，使表面锈层不断增厚。故而其脱落状态可见清晰的断面。

② 真品锈蚀物有厚度，故而形成层状。本图所见层状绿色锈蚀物外力脱落，有一定的厚度，其下为铅灰色界面锈层。

① 真品锈蚀物的层状剥落，显示其有一定的厚度。

第六，锈层之间叠压或相生关系清晰。仿品往往锈层混乱，交代不清。

② 标本所见左侧红斑锈层叠压绿锈层，右侧绿锈层叠压浅蓝锈层，浅蓝锈层叠压界面地子层，交代清晰。

第七，同一颜色的锈，非单一色度，其色系差异较大。因合金成分本身包含多种金属及杂质元素，在缓慢的自然老化过程中，各类金属以及杂质元素多会生产颜色各异的各类锈蚀物，同一金属元素，由于埋藏环境的问题，也会形成不同的化合物，如铜、锡、铅的氯化物、硫化物，碱式盐等，长期埋藏在地下会与土壤中水分和微量化学物质发生缓慢的化学反应，形成色彩丰富的铜锈。

标本所见蓝锈、绿锈、红锈均有深浅不同的颜色。

2. 各类锈蚀物的自然老化特征

红锈层特征：红锈自身以氧化铁或氧化亚铜为重要的组成成分。其生成的原因在于青铜合金的胎质里面由于各种铜料的不纯净，包含着铁元素，在日积月累的次生变化过程中，胎质里面的铁元素受氧化，生成红色的四氧化三铁或其他形态的化合物，溢出于胎体而造成的。随着年代的积累，这种化合物会越来越多，慢慢就会连成一片，形成层次。由于这个层次不是一次生成的，所以其自身有丰富的变化。从颜色来看，其可以由深红到浅红到黄色不等，五彩斑斓，伪品常常回避红锈，因为较难仿制其斑斓的特征。从其结构来看，呈现颗粒状。就像一粒粒珠子，这种视觉效果不是仿品常见的化学或者矿物颜料能做到的。从其空间位置来看，其往往被绿锈层叠压。因为绿锈的形成机理与铜的氧化物有关。从化学元素周期表来看，铜元素的活性要低于铁元素的活性。在相同的条件下，铜的化学反应要慢于铁的化合作用。所以在青铜器与空气、水接触的自然慢氧化过程中，以铁元素为形成主因的红锈层要先于以铜元素为主因的绿锈层，这便成了一个客观规律。于是我们往往在真品青铜器上看见先长出来的红锈层被后生成的绿锈层所叠压。

 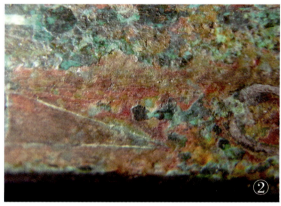

绿锈层特征：绿锈是青铜器最为常见的锈种，绿锈层的主要成分为碱式硫酸铜、孔雀石或者石绿。其表现形态主要是呈层状分布于地子层上下。常常与红锈伴生，在层位关系上，常常叠压红锈层。金属光泽感稍弱，有半透明质感，与其他锈种差异明显，过渡清晰。有一定的厚度，故而其断面亦呈片状剥落。

蓝锈层特征：蓝锈相对绿锈来说较少，常常与绿锈伴生，其主要成分为硫酸铜、硫化铜、蓝铜矿等，光泽度较强，有明显的结晶感。在层位关系上，常常叠压绿锈。

① 真品的红锈层常与黄锈伴生，绝少单一红色。

② 真品绿锈与红锈层叠压关系清楚，且红锈层自身颜色丰富，有黄色参与，形成五彩皮色。

① 真品绿锈层呈半透明质感，有一定的厚度。

晶体锈特征：本质上是金属元素的矿化，是自然老化的一种典型特征。有针状、正方、长方、三角形各种形态，呈镜面反光，主要伴随红锈、蓝锈出现，常在密闭空间出现。

② 真品蓝锈自身有深浅变化，有较强的结晶感，在本器上表现为叠压绿锈。

③ 标本所见晶体锈特征。其本质上仍属于单质铜在特定条件下的矿化状态。

颗粒锈特征：圆顶，呈不规整颗粒状，有光泽，大小不一，本质上属于生发态，独立于氧化层地子之上。自身可以是多种颜色，是锈蚀物最为基本的状态。

① 标本所见顶部圆亮呈颗粒状的锈蚀物，是锈蚀物最基本的形态。

② 不规整丘状的贴骨锈。已经破坏界面皮壳层，即便去除也无法再现界面皮壳层。

贴骨锈特征：亦称铁骨锈。顾名思义，与胎结为一体，由胎内生发，破坏氧化地子层，坚硬异常，极不易清理，即便物理清除，由于地子层的缺失，会留下明显的"伤疤"。其本身呈山丘状，多为褐红色或黑褐色。常见于低锡青铜器上。

③ 标本所见贴骨锈状态，呈丘状凸起，坚固地顶起地子层。

釉锈特征：长于地子之上，多见于使用器，即入土之前有长期使用之器。由地子的细小蚀坑中生发，故而清理时不伤地子。其本质推测应是各细小蚀坑独立呈锈泡锈连接成片而成，极少数是颗粒锈自行发育而成，故而层状锈内部有独立态，多数情况下有半透明质感，有光泽。层状的斑驳剥落是其主要表现形式。

① 绿色釉锈呈半透明状态，如同珐琅釉质，有光泽。右上角剥落露出地子层。剥落处边缘清晰。

吃胎粉状锈（有害锈）特征：呈嫩粉绿色粉末状，硬物可刮除。其本质为铜的氯化物，非稳定状态。故而会持续反应和生长，直到胎骨全部粉化。在修复学界，被当作有害锈，是需要清理去除的一种锈。

② 标本中嫩粉绿色者即为吃胎粉状锈，其穿破氧化的界面皮壳层，继续由外到内往胎骨深处生长。

次生变化学与青铜器辨伪

地子层特征：由青铜器原始铸造面自然老化而成，有一定的厚度，一般而言呈现平整、光滑、颜色丰富的特征。地子层是所有青铜器具有普遍规律的一个特征，在所有的真品青铜器中，地子层不可或缺。也是仿品青铜器做旧的第一步。由于埋藏环境的不同，青铜器的地子也会各异。根据地子层的颜色可以分为：黑漆古、绿漆古、水银古、泛金地子等等类型。放大镜下观察地子层自身有受腐蚀而呈的极细密坑点，并向青铜基体呈现过渡的特征，是一种自然老化的典型特征。

黑漆古皮壳。

绿漆古皮壳。

水银古皮壳。

蚀坑特征：青铜器的锈蚀主要可分为层状锈蚀和点状锈蚀两种形式。蚀坑就是由于青铜器点状锈蚀状态造成的孔洞。有的孔洞或者已经超过了青铜器自身的厚度，故而形成蚀洞。由于是由表及里的锈蚀，蚀洞常常表现为上大下小状态，在锈透呈孔的地方，亦可看到由于缓慢逐步锈蚀而造成的边缘锋利状态。这是辨伪鉴定的关键点。

① 穿透的蚀坑可见由边缘向洞中心逐步锈透的坡度过程。

② 真品所见蚀坑由边缘到中心逐步加深，在穿透的状态下可见厚薄的过度坡度。

三、真品常见自然老化痕迹特征

1. 锈泡锈

呈套叠形式，大锈泡内发育小锈泡，小锈泡内继续发育更小锈泡。锈泡的破裂呈大致圆形，不规整。锈泡内常有针状晶体锈，应为珠状锈自然老化和生长演变而来。锈泡锈目前无法物理仿制，传统的点土拨锈法绝不可能做到锈泡锈的状态，故而能当作真品锈的典型指标特征。

真品锈泡锈标本，呈不规则鼓包状，部分顶部破裂大锈泡内部可见细密排列的顶部圆亮的珠状锈。

2. 晶体锈

晶体锈是青铜合金成分元素矿化回到原始矿物晶体的状态。这是金属单质在特定的环境和条件下的自然老化过程，尤其通过反复的统计学观察，我们发现晶体锈常形成于密闭空间，且有层状锈伴生。我们在对仿品的统计学考察中，几乎不见酸碱腐蚀等常规做旧方法能产生晶体锈现象。故而将晶体锈当做真品锈蚀物的典型指标特征。

① 标本所见呈晶体状独立形态的矿化物。

3. 条状锈

呈条状，有一定的厚度，突出于地子层，以绿锈和白色"钙化锈"最为常见，其自身亦需符合绿锈和"钙化锈"各自的特征。应是地下环境特殊所造成。在对仿品的统计学考察中，甚少有仿制者作条状锈蚀状态，部分以强酸滴流腐蚀做旧者，其条状锈蚀物常呈腐蚀下凹状态，与真品锈蚀物有明显区别。故而符合真品锈蚀物所有特征的条状锈可以列为真品锈蚀物的典型指标特征。

② 容器内壁成条状的绿色锈蚀物，位于界面锈层之上。

4. 金属疲劳

金属疲劳是指一种在交变应力作用下，金属材料发生破坏的现象。由于青铜内部结构并不均匀，从而造成应力传递的不平衡，有的地方会成为应力集中区。与此同时，金属内部的缺陷处还存在许多微小的裂纹。在力的持续作用下，裂纹会越来越大，材料中能够传递应力部分越来越少，直至剩余部分不能继续传递负载时，金属构件就会全部毁坏。疲劳过程包括疲劳裂纹萌生、裂纹亚稳扩展及最后失稳扩展三个阶段。在青铜器的地子层上，我们常见表面有裂纹的状态，即是金属疲劳过程的物化表现，是一种自然老化现象的典型特征，故而列为真品青铜器的典型指标特征。

5. 锈蚀炸裂

锈蚀物在由表及里自然生长的矿化过程中，由于膨胀系数不一，造成的金属内部开裂现象，称之为锈蚀物炸裂。由于青铜是一种性能较为优良的合金，其自身有良好的韧性和耐腐蚀性。新铸的青铜韧性极为良好，仿制锈蚀物的炸裂现象是一个较为艰难的技术问题。真品青铜器炸裂特征是一个常见的现象，而在对仿品的统计学调查过程中，几乎不见真品青铜器炸裂特征。故而将锈蚀炸裂列为真品青铜器的重要参考指标特征。

① 器物底足的锈蚀炸裂纹，此为真品青铜器典型次生变化。

② 器物耳部的炸裂纹，是真品自然老化的一项重要指标特征。

6. 红斑

在青铜器辨伪的实践中，我们常总结真品青铜器具备"红斑绿锈"。具有真品指示性指标特征的红斑，并不是指单纯的红锈，它实质上是白色的锈蚀物与红锈共生的一种状态。其表现为白色锈蚀物叠压红锈突出于地子之上，位于器物的最外表，有一定的厚度，呈斑块状，故而称为"红斑"。叠压的白色锈层有光泽，多呈气泡状聚合结构，半透明。呈片状的白色锈蚀物中间可见有裂纹。统计学观察中，我们发现红斑较为普遍地存在于大多数真品青铜器之上，由于特征比较明显，仿制起来也比较困难。故而被列为真品的指示性指标特征。

标本所见"红斑"现象，由红色釉锈或贴骨锈层与其上所覆盖的白色半透明锈蚀物组成，有一定的厚度，呈斑块状。

7. 漆皮绿

所谓漆皮绿是指锈蚀物如同绿色的凝结的漆汁一样，半透明，呈墨绿色的矿物状态。有金属的光泽感，区别于漆皮，其内部由细小的颗粒锈连接成片而成，故而放大镜下可以观察到其内部有锈蚀颗粒。当然也有极少数漆皮绿由颗粒锈单独发育而成，整体以致密的矿物质形态出现。统计学观察，仿品漆皮绿的特征主要以漆汁调和沙绿的矿物粉末涂成，凝固以后硬度和金属质感皆不如真品矿化而来的漆皮绿锈蚀状态。

① 漆皮绿锈标本，呈墨绿色，内部有不规整颗粒锈蚀物构成，有一定的金属光泽与质感，呈片状剥落形态。

8. 自由铜

自由铜新相是严重腐蚀的同时产生的电化学反应过程，铜离子发生重新沉淀再结晶而成。常发生于高锡青铜中。自由铜是长期电化学作用的结果，目前可以当作真品的充分条件。

② 标本所见自由铜新相，与锈蚀物伴生，呈颗粒状，铜红色。

四、使用痕迹

使用痕迹是次生变化的一项重要内容。青铜作为一种优良的材料，其制作成器具有良好的使用功能。在上篇中，我们对于各种器类青铜器的划分也是根据其使用功能来划分的。饪食器用于炊煮、兵器用于斩杀、农具用以收割、饮器用于盛饮……不同的器类其功能不同，势必要造成其使用方法的不同，也会形成各具特征的使用痕迹。这些使用痕迹是有科学规律的，掌握了这些规律以后，我们就能利用使用痕迹进行青铜器辨伪鉴定。

一般而言，使用痕迹主要包括磕碰、擦划、盘磨、烟炱等等。

1. 磕碰痕

磕碰痕是最为常见的使用痕迹，一般分布于剑刃、容器口沿等脆弱处。

① 剑刃磕痕。
② 口沿磕痕。

2. 擦划痕

多分布于剑身、容器表面、器底接触面。

① 口沿擦划痕。

3. 盘磨痕

多分布于錾首、突出部位、使用抓提处、钮孔处。

② 钟钮处由于长期使用吊磨的盘磨痕迹状态。

4. 烟炱痕

多分布于炊器的底部或其他受火或烟的地方。

青铜甗腹底烟炱痕。

利用使用痕迹进行辨伪鉴定的实践中我们要注意以下几点:

(1) 使用方向造成痕迹的方向合理性

比如说铲形工具,其使用的划痕应与用铲的方向一致,也就是铲身上应形成竖向的与刃部垂直的划痕。如果是以砂质打磨做旧产生的与刃部平行的划痕,则不符合常理与逻辑,即成为做旧的可疑点。

(2) 使用位置造成的分布合理性

不同的器物有不同的使用方法和特定的使用位置。使用造成的擦划、盘磨磨损等痕迹,必须符合客观实际。比如说壶类器物,其肩部最为突出,故而擦划盘磨磨损理应最为严重,而做旧者出于做旧的方便,故意在斜收的下腹部打磨做旧者,则显然违背逻辑。

龙虎尊所见在高浮雕凸起处的磕痕与完整的地章形成鲜明对比。

第四节 真品青铜器次生变化的辨伪逻辑

次生变化是客观存在的，也是有规律的。这些能被认识的规律符合特定的逻辑，这是青铜器次生变化学辨伪的关键。真品青铜器应该符合科学的次生变化学逻辑，而不符合次生变化学逻辑的，则违背了科学的规律和原理，在道理上讲不通，因而不能判断为真品。通过对真品青铜器次生变化学的研究，我们可以总结如下辨伪逻辑：

1. 非均匀腐蚀逻辑

即是说真品青铜器的腐蚀状态在器身各个部位并非完全一致。较为典型的情况是青铜器表皮的非均匀腐蚀态，如图所示，有些区域明确为晴亮的地子，而有些区域却锈蚀严重，地子层缺失。这是电化学腐蚀的不均衡性决定的，本质上源于胎内晶体的非单一铸相。不同的铸相腐蚀速率不一，一般而言界相的腐蚀先于晶间的腐蚀，晶间的腐蚀先于晶内的腐蚀。在统计学的观

真品犀牛尊上所表现的非均匀腐蚀原理，表面呈斑驳态腐蚀严重，局部残留莹亮地子。

察中，鉴定此类特征尤其需要注意皮壳层的统一性。即皮壳层具有非连续式的通体统一，以防局部做旧造成的伪的非均匀腐蚀态。

2. 锈蚀物叠压逻辑

真品的锈蚀物是青铜合金各元素在特定环境下发生的矿化过程。这个过程是极其漫长的，随着时间的推移，地下埋藏环境也会发生改变，这种改变也会使得锈蚀物的主体发生改变，再加上合金各元素的惰性不一，各自生成的锈蚀物也会有先后顺序。锈蚀物就会呈现出层状叠压的状态。通过统计学的观察，白色锈蚀物常常叠压红色锈蚀物，蓝绿锈会相伴生长，并且蓝锈多在最外表，绿锈层是最为常见的锈层，常常叠压红锈层或者灰黑色皮壳层，红锈层常常叠压皮壳层而被其他各色锈层叠压。这种叠压关系其生成原理需要结合其他自然科学做出更为合理而科学的解释，然而在统计学的观察中，他们的叠压关系是明确而典型的。一般而言，真品的锈蚀物要符合典型的叠压逻辑而不是相反。在修复与复制青铜器以及对它进行物理做锈的时候，经常不注意叠压逻辑而造成违背叠压逻辑的情况，是仿品常见的特征。

标本所见白锈层、绿锈层、红锈层、氧化皮壳层的叠压关系。

第九章 次生变化学与青铜器辨伪

① 标本所见蓝绿锈伴生现象及蓝锈、绿锈、红锈叠压层次。

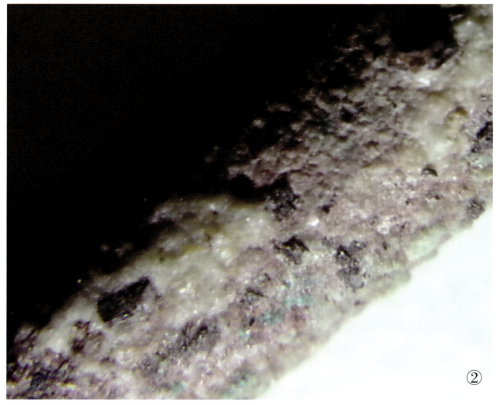

② 标本所见白色锈蚀物叠压红锈位于器物最外表。

385

3. 就高逻辑

在统计学对真品锈蚀物的观察中，常见在个体青铜器几何外形最高处最多量地分布锈蚀物，而在低洼下陷处锈蚀物出现较少。如铜镜常表现为钮部及镜缘凸起处锈蚀物最多见，青铜容器常见兽头、扉棱等高浮雕处锈蚀物多于器表，等等。这即是青铜器锈蚀物的就高逻辑。高处是最容易接触外界的地方，也是在传承使用中磕碰次数最多的地方，理应也是最为脆弱最容易发生锈蚀反应的地方。仿品用强酸腐蚀，强酸溶液往低处流淌，常常有违锈蚀物的就高逻辑，而造成相反的情况。

铜镜标本所表现的锈蚀物就高原则，在钮、缘等高处锈蚀物较多见，而纹饰区低浅处地子光洁，锈蚀物较少。

4. 选择性腐蚀逻辑

两种不同的金属在一起，易受腐蚀的金属会加速腐蚀。同一青铜器内不同的金相，易受腐蚀的金相会加速腐蚀，客观保护了不易受腐蚀的金相。我们在对真品的统计学观察中，常见嵌错红铜的器物，红铜处锈蚀极为严重，而青铜表面光洁如新。在包金或者鎏金器中，我们常见到包金及鎏金层下青铜基体腐蚀严重造成层下中空的现象，这些都是选择性腐蚀逻辑在真品青铜器上的反映。而仿品或是不能达到鎏金层下中空的状态，或有见嵌错红铜器红铜的腐蚀程度竟低于青铜者，皆是不符合真品青铜器选择性腐蚀逻辑原理的情况。

① 真品所见错红铜纹饰腐蚀严重呈粉状绿色，而青铜氧化皮壳光亮如新。

② 仿品标本所见错红铜处光亮如新，青铜地子处反而锈迹斑驳，不符合选择性腐蚀逻辑。

第五节 常见造假青铜器次生变化特征

在对真品自然次生变化的深入研究与认识的同时，我们提倡对常见的造假青铜器的做旧方式作调查研究，并对其常见的与真品不相符合的典型特征作总结。建立伪品青铜器指标特征库，相反相成，为青铜器的辨伪鉴定提供更为有效的补充证据。

依据伪品青铜器做旧的内容，可以将其细分为胎质做旧（界内锈做旧）、皮壳做旧（界面锈做旧）、锈蚀物造假（界外锈造假）、附着物造假、磨损痕造假等。依据伪品青铜器做旧的方式可以分为物理做旧法和化学做旧法以及混合做旧法几种。物理做旧指的是用各种颜料、漆及黏结剂上色的涂色法；化学法是用一些化学试剂制成溶液后，浸渍或涂布，以烧腐成各色皮色。目前常见的造假做旧方法分类如下。

一、界面锈做旧

化学方法传统的工艺是将铜绿、胆矾、硇砂等混合后，加入氨水、食醋等酸碱性溶液，用文火煮至各组成成分充分反应成浓汁后，制成着色液。将伪品青铜器以涂抹或浸渍的方式进行着色。为加快着色过程，还可加热。或以土埋的方式埋入浇有上述溶液或其他一些酸碱溶液的土中，经过一段时间再取出，使新铜器在腐蚀中得以着皮色。上述工艺在南宋《洞天清录集》、明代《格古要论》《宣炉博论》《遵生八笺》等书籍中都有记载。

物理方法一般用硝基清漆和各色瓷漆，调和配色。采用取画、拓拍、喷弹、点染、摩擦等方法做地子皮壳层。干透以后，用细纱布或水砂纸、椴木炭等蹭擦。蹭擦完毕还需用玛瑙或玉压子压亮。如过亮还需用布或棉喷粘漆料在其上按压找补，使其光亮闷暗，再用粗布抛柔，使光泽达到最佳效果。如需作高锡青铜兵器或镜子的水银古地子，一般用银粉涂刷法或镀锡法。一般又可分为热镀法和冷镀法。用羊毛毡团涂抹锡汞剂对器物进行擦磨，使被处理的表面形成富锡层。富锡层表面在空气中有逐渐氧化形成二氧化锡为主要成分的微晶态透明薄膜，做成水银古的皮色。

二、界外锈做旧

在界面地子层之外做发锈、釉锈、贴骨锈、红斑、钙化锈等界外锈蚀物，传统技法上分为南北两派。北派以北京地区为主，多用弹、拓、画手法；南派以苏州地区为主，采用点、擦、抹方法。总之根据不同类型的锈，使用抹、刷、描、画、拓、弹、点、擦、蹭等技法，将调和好的蓝、绿、黄、红、黑、白、紫、灰、十等各色填料施之于器物表面，且每种色料又有深浅不同的更多颜色。这些做锈的稠状颜料主要包括漆汁、石膏、立德粉、黄泥、苯、树脂、佛青、沙绿等各色无机颜料、虫胶水等黏合材料。

做界外锈以乱真是一个极为细致的工作，要求根据层状锈、釉锈、贴骨锈、糟糠锈、发锈、套色锈等各自的形态用合适的方法不断地尝试、找补，无论从形态、观感还是层次、光泽等各方面都达到逼真。做好以后还要仔细检查锈色不自然的"发熟""发肉"处，用毛笔蘸色浆或用酒精拌和的黄土稀泥，补充着色和覆盖不自然处。

在辨伪鉴定的过程中，鉴定工作者要熟知常见的做锈技法，并快速跟踪各种新出现的和改良的做旧方法，且需对各种材料性状有一定认识，从而能细心地找出真伪次生变化的差距，并给具合理的解释。以下是对上述传统的复制、仿制青铜器制品的次生变化常见的特征简要概述。

1. 皮色单一少变化

以化学法做界面锈，皮壳层较均匀且薄，不吃骨，一般而言不会产生斑驳的锈斑。在高处或凸起处常因把玩鉴赏而造成盘磨缺失，露出新铜地子的情况。

① 仿品皮色单一，做旧的地子层较薄，高凸提梁兽头处盘磨已经露出新铜地子。

② 伪品红锈的单一红色地子。

①

②

2. 红锈层不伴生黄锈而呈单一状态

因真品红锈的锈色深浅表现异常丰富，且常伴随黄锈间杂其中，而仿品红锈常用硼砂涂于器表，在火上烘烤烧红。多数呈单一红色状态，成为伪古铜器常见特征。

3. 无晴亮地子

哑光状态是化学溶液浸渍常见的形态，尤其对于前期没有进行抛光处理的青铜器，没有真品青铜器的自然不均衡腐蚀而多处保持原界面皮壳和光泽的效果。

① 仿品青铜器均一腐蚀，无真品典型的晴亮地子层。

4. 锈土混杂

针对上文所述的传统的做旧方法，以色浆和黄泥结合锈粉不断喷弹上的各种颜色料，其致密度与矿化状态的真锈层没法比拟，有的因为做锈时需要用细泥围挡以在冲洗后得到真锈那种清晰的边缘，故而有见锈蚀物在土层之上的现象，这种锈土混杂的现象成为常见的一种做旧指标特征。

② 仿品标本所见的颗粒状锈土混杂，为仿品的指示性指标特征。

③ 仿品所见锈粉掺和细土堆叠混杂，与矿化的真锈相比，致密度不高。

5. 漆皮卷曲

上述的传统做旧方法，多数在原料都用到了漆汁。调好的漆汁做界面锈或层状锈，由于连续涂抹，在日后的次生变化中会出现起皱、卷曲或是橘皮状形态，是常见的做旧指标特征。

6. 绿锈粉状掉落

以化学试剂浸渍并土埋做旧法所制得的绿锈，常常浮而无根，手抠即掉，呈粉状。以漆汁调和的矿物颜料物理法做锈，也常见此种状态，掉落的粉状锈手捻易染色。

① 仿品腐蚀绿锈手扣呈粉状掉落，附着力不牢，其下红锈颜色单调，没有黄锈作支撑。

7. 高分子有机化合物皮壳

这是现代作黑漆古常用的一种手法，以火攻的方式能烧掉。

② 黑漆古皮壳高分子有机材料涂层，火攻可去除，无界外锈蚀物层次。

8. 疙瘩土

疙瘩硬土常以胶强力附着，有胶质反光，以火攻能燃烧，为常见的伪古指标特征。

9. 枣红胎

呈蜂窝状，单一红色而无界内锈蚀物从外到内的过渡颜色及特征。是当代以陶土加铜粉锌粉烧结物，可作为伪古青铜器常见指标特征。

① 标本所见疙瘩土状态，有白色胶质。

②③ 造假者常仿破坏性次生变化以露枣红铜胎，显示锈蚀深入胎骨。其实无由表及里的颜色过渡，与真品胎质锈蚀差距甚远。

10. 现代机械打磨痕

在器底及表面为了打磨加工浇注口、流铜等现象，使用了现代机械工具打磨和后加工。放射状的车磨痕迹、螺旋状的机磨痕迹等现代机械打磨痕是伪古青铜器的充分指标特征。

11. 颜色锈

直接以化学颜料刷涂的锈层，仅有薄薄的一层，缺少真品层状锈的厚度。

① 后增纹饰青铜器，表面纹饰线条有现代电动工具加工痕迹，为仿品常见特征。

② 本品绿锈层无厚度，为化学颜料刷涂做旧。

12. 粘腻混合物

以细灰、鞋油等油脂物涂蹭，以作脏色，手摸生涩，深浅不一，锐物抠刮或酒精擦涂能去除。

13. 盘磨痕与使用事实不符

真品盘磨痕是长期使用的结果，其使用痕迹与其功能和使用方式及使用方向等有直接关系。仿品并不懂其使用原理，而反复以细尘、脂油、手汗沁摸。造成局部油光脏色，仿真品盘磨使用痕迹。然痕迹分布的位置不合理且不自然。

14. 酸蚀泛白

在酸性做旧浸渍腐蚀性，伪品青铜器出现整体泛嫩粉状白锈现象。与真品层状锈、珠状锈、锈泡锈呈鲜明的对比。

① 典型做旧的脏腻地子。

② 仿品标本所见盘磨痕逻辑混乱，在内圈的凹陷处最应该藏污纳垢的地方，可见做旧不到位的新铜地子，与整体底部均匀一致。

① 仿品标本所见嫩粉绿色的酸蚀泛白现象，为仿品的重要指标特征。

15. 叠压混乱

次生变化学原理讲过，真品锈蚀物有一定的叠压逻辑，而仿品在做界外锈蚀物时，常常因疏忽而忽视此叠压逻辑，故而成为一大辨伪指标证据。

伪品青铜器的常见做旧特征还有很多种，这里仅就部分伪品指标作分析和展示。我们在辨伪鉴定的实践过程中遇到各种新仿之物要留下资料，多作总结，不断地跟踪市场的新的仿古做旧手段和文物复制最新研究成果，发现一起总结一起，将总结的典型做旧特征归纳入仿品常见指标特征库中来，为辨伪鉴定提供更多真实有效的证据。

② 仿品标本所见红绿锈层次混乱，红锈层叠压绿锈层现象与典型真品指标特征不相符。

第十章

青铜器造假揭秘

第十章
青铜器造假揭秘

正所谓相反相成，奇正相生。青铜器的辨伪鉴定，是博物学的范畴，既需要我们认识真品、研究真品，也需要我们对常见的一些作伪做旧的方式方法有所了解。从反方向去认识物，有利于我们更客观全面地认识物的本质。

本章对青铜器常见的作假手段进行揭示，以便在辨伪鉴定的实践中规避一些陷阱，让鉴定程序更加科学严谨。以下是目前常见的一些造假手段：

一、整体造假

整体造假指的是用新的铜、锡材质整体复制、仿制古代青铜器的一种方法。可以分为仿制和复制两种形式。一般而言，仿制品与实物可能不完全一致，纯粹是造假者根据个人对青铜器的理解来进行的。这类型的作品，常常由于作者对器物标型学理解方面的偏差造成这样或那样的差错，做旧手段和方法也是千差万别，不一而足。结合器物标型学、工艺学、次生变化学的基本原理，可以比较容易地鉴别出来。对于复制品，尤其是原比例或者是原物翻模的复制品，标型学的指标特征已经不足以进行真伪鉴别，这需要结合材质学、工艺学、次生变化学的指标体系进行综合的辨伪。假的真不了，仿制品要想同时吻合材质学、器物标型学、工艺学、次生变化学全部指标体系，那几乎是不可能的。

二、局部造假

局部造假指的是对真品青铜器的局部加以改造，以达到增加原器历史价值或者艺术价值的效果。局部造假最常见的是增铭和增纹饰。

1. 增铭

传统的金石学注重对青铜器铭文的考释与研究，并通过对铭文研究古代历史。故而同类别的青铜器有铭者价值要高于无铭者。民国年间古玩行业更有甚者，以铭文字数的多少论价。一些铜器修复的手艺人和造假者，往往用价值偏低的素面青铜器后刻商周金文，以昂其值，成为一种常见的作假方式。增铭的手法又可分为以下几种：

第一：錾刻法。直接在青铜器地子上錾刻铭文。此类增铭的破绽较多。一方面是会破坏界面锈地子，使界面皮壳层不能连贯；另一方面是容易与器物标型学特征相抵触，因为素面青铜器多数为汉代器物，在汉代器物上模仿商周金文字体，不伦不类，尤其在錾刻时又需防止用力过大造成的破坏性断裂，小心翼翼，字体笔画不连贯，一道长笔常由数道短笔接连而成。

第二：腐蚀法。在青铜器地子上用橡皮泥等材质的物质作双钩线条围挡，然后以强酸或强碱咬蚀字体部分，仿制青铜器铸造阴铭。此法做假，线条腐蚀程度不一，边沿不够利落，依然有较多不足。

第三：粘贴法。此法先铸出或以铜铁丝盘出单个铭文，然后以粘焊的方式逐个附着于青铜器表面，伪造青铜器的铸造阳文或者钱币上的钱文。然后在粘焊周围均匀地作一层锈蚀次生物，或者污垢包浆，掩盖由于粘焊造成的突兀感。此法做旧较费功夫，流行于20年前人工成本较低的时代，现今新仿少见此法。

第四：镶嵌法。此法有用残碎的有铭青铜器底、内壁等，以铸镶的形式，嵌于真品青铜器之上，有较大的迷惑性。可惜缺周围做旧痕迹，地子处不能连贯，且难逃透视仪器检测。

2. 增纹饰

增纹饰的方法与增铭的方法略同，錾刻法与粘镶法为其常见技法，辨伪鉴定的关键可参考增铭。唯见一种在真器上，以高分子有机材料贴塑并模印纹饰者，在近年的造假手段中屡屡使用，由于器身内部为真品，有较强的迷惑性，可用火攻鉴定。

总之局部造假，相比较整器全伪而言，辨伪的难度增大，因为青铜器的主体部位是真品，无论工艺学指标、次生变化学指标都能符合。这时尤需了解造假的主要方式，有针对性地选取不同的鉴定方式，尤其需要细查原始界面锈蚀皮壳层的连贯性和完整性，必要时可利用相关的科学仪器作辅助鉴定。

三、拼凑组装

拼凑组装是一种典型的作假方式。青铜器的收藏市场上，因为经历年深日久自然或人为的破坏，有不少器物仅残存耳、足，或部分腹身，如同瓷器碎片一样，仅可作收藏的标本参考。而造假者往往利用这些残器标本以拼、切、粘、焊等方式，将其拼凑成完整器。还有一部分较平常价格低的完整器，有时候为了增加其特殊性，故意增加提梁、三足、錾耳等等，以异于常制，达到物以稀为贵的效果。拼凑组装可以分为全部真器拼凑和局部真器组装两种手法。

四、减料改器

减料改器的手法主要为了追求器型的完整效果。比如说铜镜、钱币的边缘锈蚀严重甚至局部缺失，可以直接截去边缘，获得相对完整的小型镜子或钱币。又比如一些牺形灯的灯盘损毁，作假者直接截去牺背以上的灯柄部，将之改成一件完整的动物形摆件。减料改器作为一种较常见的造假手段，其破解的方法一要依据标型学指标进行鉴定，对各类器物的表面特征要了然于胸，凡异于常制者，需仔细辨析。另一方面是要留心器物的边缘、附属构件的连接处，观察其次生变化如界面锈蚀物、界外锈蚀物等等能否连贯一致。

五、局部做真

局部作真主要是移植真品的自然老化现象到仿品青铜器上。主要有两种形式：

第一，移植真锈。将锈蚀物从真品器物中剥离，然后粘贴在仿品青铜器上的方法，称为移植真锈。有些釉锈能整片剥离，是移植真锈的较佳材料，也有将碎铜皮直接反转弯折崩落真皮上的锈蚀物，跌落于仿品之上，然后用小镊子和放大工具，将崩落的真品锈蚀物在假青铜器上找补，呈自然分布状态，由于锈蚀物是从真品上取样的，具有较大的迷惑性。破解此类造假方法，一般可用荧光手电照射，看有无胶质物反应。另一方面要严格执行锈蚀物次生变化学，注意锈蚀物的叠压逻辑，仿品移植锈常常叠压逻辑紊乱。还有就是要注意界面锈地子层，因为真品地子层不可或缺，对于仿品常见的仿界面锈地子的几种手段要熟知，移植真锈的前提是作假地子，地子不过关，移植真锈的意义就会大打折扣。

第二，移植真皮。以薄胎青铜器的破碎铜皮为材料，或者从厚壁青铜器残片上片切割表皮，以粘、嵌、错等形式附于仿制青铜器的表面，以达到乱真的效果。此类做旧方法常见于器物耳錾等局部的包裹真皮做旧，抑或是器身的局部，器身整体移植真皮者甚罕见。由于所移植的真皮经过自然老化锈蚀，多数韧性不足，延展性差，所以所包裹的局部多呈方形，由数片长条形的真皮相连续包裹而成。鉴定此类造假方法，主要先审视其造型是否转折生硬。尤其在面与面的转折处，注意看铜片之间的粘接或焊接过渡是否自然，是否有故意以脏色来弥补此类粘接的缺憾。另外，也可以辅助一定的科技仪器进行检测。

小结

为应对多种手段的造假做旧方式，有必要在辨伪鉴定的过程中利用一些科学仪器进行完残度的鉴定，避免触及一点而不及其余，影响鉴定结论的出入。故而一套科学而符合严密逻辑的青铜器文物艺术品鉴定规程就成为必要。下一章我们谈谈青铜类文物鉴定操作规程。

第十一章
青铜器鉴定操作规程

第十一章
青铜器鉴定操作规程

文物鉴定作为一种技能，因其有一套严密的方法论体系，在实际的鉴定操作中也必有一套严格的操作规程。这套操作规程是学科成熟的标志之一。作为一名合格的文物鉴定工作者，必须接受严格而系统的训练，熟练掌握文物鉴定学自有的独特的规程体系，在鉴定工作中有法可循，尽量使器物描述符合规范；使鉴定报告符合要求，使操作的过程中尽量减少失误以及保护文物不受次生灾害。

第一节 青铜类文物鉴定工作的注意事项

文物鉴定是近距离接触文物的过程，在鉴定青铜类文物的过程中，必须要了解保存情况，必须对青铜类文物的脆弱及容易发生次生灾害的部位有足够的了解。鉴定前的注意事项主要包括两个方面，一是为了保护文物及伪古艺术品在鉴定过程中免受次生灾害，其二是保护鉴定工作者不受出土物的细菌的感染。

一、鉴定工作者的自我保护

青铜文物鉴定研究的对象是一切的古代青铜器及伪古青铜艺术品。古代青铜器包括出土文物和传世文物两大类。一般来说，传世文物由于经过人们的长期保养、把玩、保护，对鉴定工作者的危害性较小，不需要采取特别的措施。而出土的文物比较复杂，有的表面残留着很多对人体不确定危害的细菌，我们尽可能在接触过后勤洗手，正确地洗手就是最有效的保护方法。伪古青铜艺术品由于作伪的需要，往往会经过强酸、强碱等各种化学物品的腐蚀，其残留在器物表面的不能直接接触皮肤的化学物品对人体可能有不可预知的危害，跟人的体液接触可能会造成皮肤瘙痒、红肿等症状。最好的方法是采取必要的防护措施，如戴上手套等。

另外有的传统的鉴定经验将次生变化学的气味当作重要的鉴定指标，往往喜欢喷水闻"土腥味"。这个方法作为辅助手段，目前看来对人的健康没有大碍，但是会有潜在的不确定的影响，尽可能不用此法。

还有的鉴定工作者认为凝结在青铜器表面的可溶性矿物，也称"碱斑"，其本身是无毒无味的，用舌头品尝的方法可以区别。笔者甚至亲见某著名鉴定专家亲自演示过，但这种方法并不可取，不建议采用。

二、鉴定工作者对文物的保护

每一次的实物鉴定过程，都会或多或少的引发鉴定对象的又一次次生灾害。这些次生灾害有的不可避免，也有的确实由于操作不当，引发不必要的对文物本身的破坏性次生灾害。比如故宫博物院在2011年因为工作人员操作不当引发的哥窑损坏事件，就是由于操作人员对于操作规范的认识不够或者执行不力造成的。所以，在鉴定实物之前一定要首先了解青铜材料特征和性能，还要懂得青铜器保护和保养的基本知识，包括矿物学、颜料学、化学、工艺学、生物学等自然科学的相关理论知识。在使用仪器操作的过程之中，还要了解仪器的工作原理，严格按照规范的操作进行，尽量减少对鉴定对象的次生破坏。

在具体的操作过程中，文物鉴定工作者经过长期的实践，对被鉴定对象的搬运与放置、观察、接触、敲弹、嗅闻、取样等各个环节都总结出了一套行之有效的方法，使被鉴定对象尽量减少损失。

（一）搬运与放置注意事项：1. 最好有毡布铺垫，尽量避免被鉴定对象与硬的接触面直接接触。2. 器物的交接过程中，绝不可手对手交接。最好的办法是被交接者等交接人将器物放至指定地点以后，再从指定地点拿起。这样做同时还能避免不必要的责任纠纷。3. 器物的耳、足、头等连接处，其本身就有可能是分制后再后接而成，经过了长时间的次生灾害，是极为脆弱的地方，切不可以之为受力点直接抓拿。应该选择被鉴定物的主体部位能受力之处持拿。4. 切不可单手搬运大件器物。5. 尽量不一次搬动一件以上文物。6. 大件器物应该由两人共同抬运，以相互照应避免视觉盲点的磕碰。7. 被鉴之物需要长途搬运时应做好文物包装处理。

（二）观察、接触注意事项：1. 轻拿轻放。2. 双手持拿。3. 保持手要清洁干燥。4. 对于表面粗糙防滑性好的器物要戴上手套。5. 尽可能保持器物原有的次生变化。

（三）嗅闻注意事项：1. 加湿是一种常见的鉴定方法，属于次生变化学鉴定的一种。其基本原理是，出土文物由于在地下环境经过长时间的埋藏，有一股特殊的土香味，与酸蚀及其他化学物品浸泡的刺激性气味有明显的区别。这种土香味在遇潮后会更加强烈。所以往往有鉴定工作者辅助此法鉴定。在加湿的过程中应该使用喷壶雾状加湿，尽量避免用水直接浇淋其上。2. 配合化学试剂的涂抹。3. 火攻。在鉴定者对被鉴定文物有绝对把握的情况下会应用此法，往往在鉴定一些用高分子聚合材料仿制青铜时用到。

（四）弹敲注意事项。1. 需要确保被鉴定物有足够的强度，不可一敲即破。2. 在不可确定其强度的情况时，需告知送鉴者，获其许可。

（五）取样分析注意事项。取样分析是文物鉴定方法中的新技术，有广阔的发展前景。21世纪是高科技迅猛发展的新时代，创新技术工艺和仪器设备必将渗透到文物鉴定部门，并促使青铜器鉴定学的新发展。取样分析的过程中应注意以下事项：

1. 不可改变文物原貌。在对待鉴定物进行取样分析的技术过程中，要以对器物无损、非破坏性为前提，破坏性的取样应绝对禁止。应该在器物的不明显处、不影响器物的总体观感，或者取器物劣化变质处取样。

2. 准确无误地选择分析试样。材料分析检测是技术性强、精确度高的科研工作，在分析检测文物的过程中，对试样和测试点的选择必须准确无误且具有代表性，否则会得出错误的结论。这里应该特别留心器物是否有修补，在修补的地方取样，可能会得出截然相反的结论。

3. 选择合理的分析方法。应该熟练掌握各种测验技术的限定条件，结合材质，做出科学的选择和判断。

4. 将材料分析的结论当作文物鉴定结论的重要参考，而不是绝对参考。因为器物的存世辗转过程中有很多的偶然性，如黄铜的大规模使用是在明代以后，但并不妨碍在青铜器初创阶段有偶然使用伴生矿所铸制的黄铜器。

5. 各部门合作，统筹建立青铜器材质学、标型学及次生变化学分析数据库。

第二节　青铜器鉴定的步骤

　　鉴定工作既然是一项科学化的工作，其操作步骤也应该科学化。这套科学化的步骤应该是合乎文物鉴定工作规律的，是能够有效得出鉴定结论的一套程序和方法。关于文物鉴定的步骤，自古以来的文物鉴定工作者往往凭个人的喜好和倾向，形成各自的方法。各自为战，不成体系，所以鉴定的过程让人觉得杂乱无章，有的人通过观察、触摸、嗅闻，有的人通过声响，也有的人通过交谈不用观察就直接做结论，故而不少人对文物鉴定产生高深莫测的神秘感，也有人对这种包含鉴定者主观过多的鉴定方法持怀疑态度。其实这些传统的经验和步骤，很多情况都是在遵循事物客观规律的前提下进行的，是丰富的实践知识的浓缩。

　　比如了解了器物类型学的原理，当然能够从交谈中就得知哪些东西必假，如西周的一坑青铜器中会有一个蒜头壶？也比如了解金属的锈蚀原理，就会在上手青铜器的时候感觉近代制品的坠手感。但有时同一件文物不同的鉴定者通过不同方面的考察可能会得出不同的结论。这一定程度上造成了公众对鉴定专家的怀疑，也容易让大家对鉴定工作科学性产生怀疑。如果文物鉴定工作有一套科学严密的方法，有一套可供文物鉴定工作者操作的规程，大家能够按步骤逐项进行，不急于得出结论，完整地操作完一套鉴定程序，那么即使结论不一，公众也能从鉴定的过程中看到鉴定结论产生差异的原因，知道文物鉴定工作者在执行程序上的差错。这样有助于把文物鉴定工作纳入到令人信服的科学的轨道中来。

关于青铜器鉴定的规程和步骤，前辈学人也多多少少作了一些思考和总结。比如20世纪北京市文物局的一名文物工作者程长新先生就对青铜器的鉴定步骤做了总结并变成口诀：先看型、再看花，拿到手里看底下，铭文要细察，紧睁眼、慢开口，铜质是关卡。现在的文物鉴定工作者，在总结前人的基础上，自觉不自觉地都实践了一些科学鉴定的步骤和方法，只是未有人进行过系统的论证和总结。笔者结合各位文博工作者的鉴定实例，总结文物鉴定的规程和步骤如下：

1. 辨别待鉴定器物的材质。材料是一切器物组成的基本要素。原材料的好坏在很大程度上决定了对这件器物的价值评判。不同时代或不同器物门类对青铜器合金元素的配比不一致，而现代造假亦常常用一些高分子化学材料来代替青铜合金，以仿造因次生变化造成的古旧青铜器的轻飘感。对于这种情况，须在鉴定过程中讲清楚判断的基本方法和原理。如有条件和必要的话，对送鉴物辅以科学仪器的检测和分析更为妥当。

2. 为待鉴定器物定名。定名的原则参见下文。

3. 指出待鉴定器物的用途。这是博物学很重要的一项内容，要完成对一类器物的认识，对此器物用途的考订是极为重要的环节。器用制度不明，则认识可能会有很大的局限性甚至是缺憾。

4. 结合标型学确定器物的应属年代。任何事物都不能脱离其所处的年代凭空出现，其一定受到时代背景的影响。比如文化倾向、制造工艺水平、政治经济条件、审美、宗教信仰、习惯等因素，都会决定一件器物的最终形态和纹饰。这些形态和纹饰的组合是属于特定的历史时期的，因而能通过其标型学特征来断别其应属年代。比如三足青铜器在商代早期流行尖锥状；在商晚期至西周中期流行圆柱状；而在西周晚期至东周流行兽蹄状。又比如商代流行兽面纹；西周中期流行长冠大凤鸟纹；东周流行蟠螭纹等等……这些现象受各时代工艺水平及审美取向的制约，具有普遍意义，故而能通过标型学特征来断代。

5. 分析器物的铸制工艺。每个时代都会因为生产技术的发展有各自的主流生产工艺，青铜器的铸制工艺也是有着时代局限性的。我们要认识和掌握每一种铸制工艺的起源、流行时期、基本流程和原理、外在表征等等方面的知识。并能通过科学的观察，必要的时候可以通过仪器辅助，分析器物身上所释放出来的各种工艺信息，并准确地判断出其铸制工艺。

6. 解读器物的次生变化及其原理。次生变化是不可避免要产生的，因而是客观存在的。青铜器的各种次生变化都有其生成原理和自然规律，我们只有掌握了这些规律，并通过严密的逻辑和分析，辨别这些次生变化是根据其生成原理和规律自然产生的，还是人为做旧刻意为了造假而仿制的，从而能得出客观的结论。在这个环节中，切记要利用统计学的基本原理，结合大量的实证现象，做到有理有据。

7. 辨别器物的真伪。结合标型学、材质分析、铸制工艺以及次生变化等各方面的指标和原理，得出器物真伪的客观结论。一般而言，否定一件器物为伪品，只需指出其任何一条伪品的证据即可。而肯定一件器物为真品，则需符合标型学、铸制工艺学、材质学以及次生变化学各个方面的指标特征。

8. 完残度鉴定。结合X光照相技术等辅助手段，确定被鉴物的完残程度和品相。

9. 存世量分析。稀缺度是评估一件文物艺术品价值极为重要的方面，因而结合考古学、历史学等方面的基础知识，客观如实地对被鉴定的器物类别进行存世量分析，是鉴定操作的一个不容缺失的环节。存世量分析既需要鉴定工作者有比较扎实的考古学、历史学相关常识，又需要其平时注意收集和统计文物艺术品市场同类物品的数据情况，是比较能够反映鉴定工作者水准和功力的一个环节。

10. 评判。结合材料学、历史学、科技史学、艺术史学对被鉴定物的材质珍稀程度以及所包含历史价值、科技价值及艺术史地位做出客观的评判，这是文物艺术品鉴定极其重要的一个步骤。

11. 书写鉴定评估报告。鉴定评估报告是对鉴定程序的规范和鉴定结论的汇总，尤其自身的写作格式和注意事项，是实现鉴定科学化的重要手段。下一章将专题介绍如何进行青铜类文物鉴定报告的写作。

第三节 青铜类器物的定名与断代

一、定名的实质与功用

鉴定青铜器，首先需要对器物进行准确的定名，这也是鉴定青铜器的第一步。定名的目的是揭示并规定事物的本质特征。文物名称应是该物品所含基本信息的总括或概述。要做到能沟通人的感官，与实物整体印象的联系，使人闻其名如见其物。对于不同质地的铜器，能标明被鉴物的类别，使见名即能识别其质体；对于被鉴物的不同种别，使见名即能识别在同类别中不同的品种；对于形制多样的青铜器，通过定名显示被鉴物的型，使见名即能识别其在同品种中不同的型制。总之，青铜器定名是对实物基本信息正确的概括反映，是鉴定工作者第一步的科研成果，也是对被鉴物的进一步研究与鉴定的基础。

二、青铜器定名的方法

青铜器定名应以中国传统逻辑学的"达名""类名"和"私名"三个概念为理论基础，以确定准确的私名为首要目标。由于青铜类文物离我们所处的时代很久远，大多数器物我们已不再使用，也有些器物虽然还在延续使用，但是其形态与其祖形产生了太大的变化，再加上文献记载的缺失，我们已经很难确定某一具体实物的私名。私名的确立属于文物鉴定的一项重要内容，当然也有其科学的方法。这一方法可参见青铜器形名辨识与断代章节。

然而作为文物鉴定操作规程的重要环节，对作为艺术品拍卖标的或博物馆藏品等青铜器的定名鉴定，具体的要求即要达到闻其名似见器物的标准，对此可参考国家对博物馆藏品定名的一些基本规定。《博物馆藏品管理办法》对博物馆文物藏品的定名有原则性规定，其中关于历史文物定名条款指出："一般应有三个组成部分：即年代、款识或作者；特征、纹饰或颜色；器形或用途。"在这个原则的指导下我们对青铜类被鉴定物定名应遵守如下要点：

1. 定名原则要完整、准确，能直接表述物品的外在形式和最本质的内涵特征

完整性与准确性是文物定名的两个基本要求，二者是相辅相成的。只有完整才能达到准确，只有准确才能形成完整。可以说，完整与准确是从整体和局部两方面共同完成藏品的定名过程。完整的定名应达到见名如见物，见名如见类，见名如见种，见名如见型。如"蟠螭纹青铜壶"这一名称包括类—青铜，种—壶，型—蟠螭纹。这种多层次的限定，最终表述了一个完整的实物。当然，概括主要，删除枝节，使名称简明扼要，是保证定名完整性不可忽略的一个重要环节。例如"战国错金银嵌宝石云纹铺首衔环耳铜壶"。可以删去一些不重要的直接或间接特征，简称为"错金云纹铜壶"。

定名的准确性包括判断准确和用语准确。用语准确来源于判断准确，因而，判断是定名准确的关键环节。判断准确要求定名者具有较高的业务修养，其中包括个人的知识构成、鉴别能力、研究能力和工作经验等。此外，还应制定一些必需的参数标准。正如文物的通称中不可避免有一些诸如瓮与

缸、碗与钵、盘与碟、碟与盏等相互难以区分的器物。青铜器定名中也常常会碰到一些难以界定的概念。如觚与尊、觯，鼎与鬲、敦，提梁壶与卣等等。碰到这种情况，定名者往往根据个人的习惯和感觉加以判断，由于无明确的判断标准，往往出现因人或因时的不同，而定出同物异名的现象。因此，由国家有关部门制定一批必要的参数标准，在解决文物定名的规范化问题时，是十分重要的。判断过程也就是研究过程，这是确保文物藏品定名的完整性和准确性的基本功。

2. 对被鉴物定名要规范，规范化的定名应包括特征、质地和通称三要素

铜器类藏品的特征，包含了众多组成因素，如年代、作者、族别、产地、铭文、款识、纹饰、颜色、制作工艺、装饰手法、形状、用途等。主要可分为直接特征和间接特征两类：所谓的直接特征是指直接存在于实物上，可见性很强的有关因素，如铭文、款识、纹饰、颜色、外形等。而间接特征是指那些多需靠人为记载、描述或判断加以显现的有关因素，如时代、作者、族别、产地、用途、制作工艺及装饰手法等。

本着完整、准确、简明的原则，结合文物鉴定的实践，我们认为规范化的藏品名称=间接特征＋直接特征+质地+通称。定名时，藏品的间接特征和直接特征可能会有一种或多种，如果每种特征的组成因素是二种以上，只能保留其中一种。如"战国错金银嵌宝石云纹铺首衔环耳铜壶"中"错金银"与"嵌宝石"则是同属于青铜器铸制工艺的嵌错工艺，定名时只能选择占主要地位的一种。对由两种以上质地组合成的文物藏品，定名时应取主要的作为通称质地，但必要时可以次要质地作为修饰或辅助表述，使修饰语呈现该文物的直接特征或间接特征。如："铜柄［（外形）直接特征］铁剑"，"绿松石［（装饰手法）间接特征］铜牌饰"。

结合铜质文物艺术品的属性和特征，铜器（不包括铜币）常见的名称组成因素主要为：特殊工艺、铭文、纹饰、外形、质地和通称。举例如下：

例一：汉鎏金三足铜盆

间接特征	直接特征	质地	通称
汉 鎏金 （时代 装饰工艺）	三足 （外形特点）	铜	盆

例二：汉"元始三年"铜澡盆

间接特征	直接特征	质地	通称
汉 （时代）	"元始三年" （铭文）	铜	澡盆

结合铜质货币的属性和特征，常见的名称组成因素为：时代、铸钱地或发币机关、钱文、纹饰、面值、质地和通称。举例如下：

例一：清宝黔局造"光绪通宝"铜钱

间接特征	直接特征	质地	通称
清 宝黔局造 （时代 铸地）	"光绪通宝" （钱文）	铜	钱

第四节 青铜类器物描述

器物描述是文物鉴定的一个重要环节，也是对文物进行介绍的一个重要手段。目前在博物馆藏品的征集、保管、展示以及在学术出版物、艺术市场器物图录等场合都会应用到器物描述的理论和实践。统一的、科学的、成体系的器物描述方法有利于提高文物鉴定的客观性和准确性，从而能促进鉴定走向规范化和科学化。

青铜类器物描述一般分两部分：一是状态描述，主要指青铜器的外形（如质地、造型、纹饰、铭文和制作工艺）特征的描述，二是价值分析，主要评价某件被鉴定青铜器的历史价值、科学价值和艺术价值。

青铜类器物描述的方法，是我国文博事业工作长期以来经验和方法的总结，是一套行之有效的科学的方法，它将规范描述用词、规范描述的顺序与过程，尽可能使用统一的专业术语，减少歧义，使得文物鉴定工作者有共同的术语体系，能更加确切地研究问题和解决问题。

青铜类器物描述的程序与方法应该遵循文物鉴定学器物描述的规程进行，本着由上到下、由内到外的基本原则来进行，依照器形、纹饰、铭文、工艺、次生变化、价值评判的先后顺序逐一进行描述，用词要符合学术规范、用语尽量做到简明、准确。所谓简明就是指文字简洁精练，所谓规范就是填写的内容和格式要按照规定的标准执行。切忌纯客观的记述，也不能笼统或一味地赞美，应如实地肯定文物的优点或指出它的缺点。

一、青铜容器类器物各部位的名称及规范语词

1. 口部。泛指各容器类青铜容物最高处的一圈。按其形状有方形、圆形、椭圆形以及不规则形等类别。按其表现形式主要可分为侈口、直口、敛口、子母口四种。侈口器口部呈外撇形态，敛口器口部向内收敛，而子母口是为了器盖扣合得严密所增设的一个边栏，以利于器盖的扣合及稳定。

2. 唇部。口沿的最外沿称为唇部。按其形态可以分为尖唇、圆唇、方唇数种。

3. 颈。唇部以下为颈部，但也有省略颈部或颈部不明显者。有长颈、短颈之别，按其形态可以分为直颈、束颈两类。

4. 肩。颈部以下为肩部，但也有省略肩部或肩部不明显者。肩部按其形态可以分为广肩、平肩、耸肩、溜肩等类别。

5. 腹。肩部以下为腹部，是青铜容器的主体部位。有深腹和浅腹之别。按其形态可分为直腹（桶型腹）、鼓腹、垂腹等类别。

6. 底。腹下为底。按其形态可分为平底、圜底、内凹底、尖底等类型。

7. 足。底下为足部，但也有无足器。足部按其形态可分为圈足、三足、四足、多足等类型。

8. 柱。青铜爵、斝等器类直立于口沿之上的装饰物。按其形态常表现为钉形、菌形、伞形等等。

9. 鋬。于腹侧便于持拿之部位称为鋬。鋬有扁平状和圆体等类型，常作为断代的标志之一。

10. 捉手。盖顶正中心的凸起部位，方便对器盖的捉拿。按其形态可分为瓜棱形、圈足形、动物形、几何形等多种形态。

11. 流。指容器类出水的部位。有长短、曲直、宽窄之分。

12. 尾。指容器类横向部位的后端。有长短、尖平之别。

13. 提梁。位于容器的上端，方便提拿搬运。按其制作方式有软提梁和硬提梁之分。软提梁指的是提梁部位分段铸接而呈活链的形式，硬提梁是一体铸造的。

二、青铜兵器工具类

1. 锋。刀剑等刺伤类兵器最前端尖部。

2. 刃。刀剑等刺杀劈砍类兵器作用于被劈砍物的接触线。

3. 内。戈、戟等装柄使用兵器纳入柄部的部位。按其形态可分为直内、曲内、銎内等形制。

4. 胡。特指戈、戟内部向下延伸的部位，其上设穿，以更加牢固地绑定于柄部，有长短之分。按其形态可分为无穿、单穿、两穿或多穿等形制。

5. 栏。各部位的分界线称为栏。如戈的体部与内部的分界处常设栏。上半部为上栏，下半部为下栏。

6. 首。刀剑类兵器便于持拿一端的最顶部。既有便于牢固持拿的使用功能，又有一定的装饰效果。按其形态可分为圆首、兽首、同心圆首等等形制。

7. 格。刀剑类兵器茎与身的交接处隔断物，以起到护手及装饰等作用。

8. 茎。刀剑类兵器的持拿处。按其形态可分为扁茎、圆茎等形制。

9. 柄。刀、铍类兵器为方便持拿及护手，所安装的木质、竹质、金属质或其他材质的使用端。

10. 脊。刀剑类兵器的主梁及核心部位。脊部的韧性及强度是兵器性能的重要保障。

11. 本。特指箭镞的翼部与铤部交接的点。

12. 关。特指箭镞的体部与铤部交接的线。

13. 铤。特指箭镞安插于箭杆上所设的尾部，一般为尖状，有长短之分。

14. 望山。弩机上的部件，起连接枢纽作用的装置，也是简易的瞄准器，有的带有刻度。

15. 悬刀。弩机上的部件，起连接枢纽作用的装置，也是弩机的发射器。

16. 牙。弩机上的部件，起连接枢纽作用的装置。张弦装箭时，用以扣住弓弦。

17. 机心。弩机上的部件，起连接枢纽作用的装置。用以卡住悬刀刻口，以带动牙上升勾住弓弦。

18. 缑。刀、剑类工具用以缠柄、茎的麻绳，在执拿时以起到防滑及护手作用。

19. 骸。矛的后端，中空，以便矛柲纳入。按其形态可分为无系、单系、双系等形制。

20. 柲。戈、矛类兵器所联装的竹、木或其他材质的柄。横截面多呈椭圆形，以方便执拿。

21. 柲帽。戈、戟类兵器柲顶的金属套，用以保护柄端并兼装饰作用。多为动物形。

22. 镦。戈矛类兵器柲末的金属套，用以保护柄端。形制多样，有平底、圜底、尖底多种形制。

23. 缘。铜镜等扁平类工具的边缘。按器形态可分为平缘、卷缘、三角形缘等。其上或光素无纹，或装饰有各种图画。

24. 钮。位于铜镜或其他工具的中心，多有穿孔以系绳方便抓拿使用。按其形态可分为圆形钮、兽形钮、桥形钮等类。

三、青铜钱币类

1. 郭。青铜钱币外缘或孔缘的一圈凸起,用以保护钱文减缓使用时的长期磨损,是金属铸币发展到规范阶段的产物。按其形制有宽、窄之别。

2. 肉。指钱币内外郭之间无文字图案部分。其形制有厚、薄之分。

3. 首。特指布币或刀币的头端。布币的首端按其形制可分为空首和平首两类,刀币的首端有针首、尖首和截首等多种形制。

4. 肩。特指布币首以下的部位。按其形态可分为平肩、耸肩、圆肩多种形制。

5. 足。特指布币下端两足。按其形态可分为尖足、圆足、方足、桥形足等等。

6. 面。钱币的主体一面,其上多有铸纹或字符,有记重、记地名、记年号、记钱值或是其他趋利避祸的吉祥语或纹饰。

7. 背。钱币的非主体一面,多光素无纹,也有少量记号,以示年代或铸地等区别。亦有少量面背钱文如一,称作合背钱。

8. 地章。特指钱文以下的地子。

9. 穿。指钱身之孔,也称孔。按其形制有方穿、圆穿之别。

四、青铜乐器类

1. 舞。钟类乐器合瓦型腔体的顶面称为舞。其上置用以悬挂的钮或甬。

2. 衡。钟类乐器甬的顶面位置称为衡。

3. 鼓。钟体的正面用以敲击的部位称为鼓。

4. 铣。位于鼓之两边,常作为合瓦型腔体的分界线。

5. 于。钟的口沿部位。

6. 钲。钟类乐器鼓部的上方正中心部位。其上常作铭文的载体。

7. 篆。钟类乐器鼓的上方钲两侧的位置。

8. 枚。篆上螺旋状或尖锥状凸起。

9. 遂。钟类乐器合瓦型腔体内侧的调音槽。通过打磨调节遂的深浅来起到调音的目的。

10. 舌、丸。铃类乐器腔体内部的悬锤或圆球，通过振动悬锤以撞击铃体发音。

11. 座。

第五节 青铜类器物描述的举例

例一：

永康元年神兽镜。圆钮，圆钮座。内区饰有四辟邪，下为东王公，上为西王母，左面为皇帝及侍从，右面为伯牙弹琴，一旁似钟子期。外区铭文铸于十二方块内，共四十八字："永康元年，正月午日，幽炼黄白，早作明镜，买者大富，延寿命长，上如王父，西王母兮，君宜高位，位至公侯，长生大吉，太师命长。"字多反书。镜缘为两圈纹饰，内圈有两组，一组神人御龙车，另一组羽人骑独角兽、羽人骑龟乘鸟。两组纹饰间以神人捧日捧月。外圈是菱形纹连续图案。此镜纹饰精丽。永康元年为公元167年。

例二：

提梁鸮壶取像于两鸮背立状。椭圆形口，鼓腹，圜底，中空蹄形四足。器盖由两鸮头组成，盖面隆起，盖中央设菌状钮。颈部两端设半圆环，与提梁两端兽首相套合，提梁饰鳞纹，兽首两侧饰夔纹。器腹为鸮身。前胸两侧有翅，共四组，每组均有扉棱相间隔，胸饰鳞纹。下腹有四只小鸟纹，四足饰有卷曲夔纹。器通体以云雷纹衬地。底外饰有一龟形图案。造型生动，构思巧妙，装饰繁缛、工艺精湛，为商晚期青铜器的代表之作。

例三：

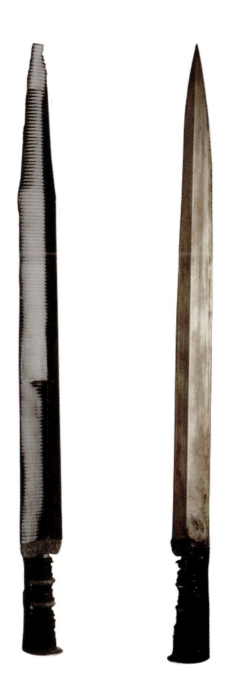

越王者旨於赐剑。剑作斜宽格式。中脊起线，两从斜弧，双刃呈弧形于近锋处收狭，然后前聚成锋。倒凹字形宽剑格，圆茎上有两道凸箍，箍上饰勾连云纹，剑茎上丝质缠缑保存较好。圆盘形剑首铸有同心圆突棱五道。剑格两面铸有双钩鸟书铭文六字："戉王者旨於赐"，此即为越王勾践之子鼫与。此剑附有黑漆剑鞘。

例四：

鸟纹方罍。带盖，盖作四阿式，盖顶为四阿式钮。直颈，腹部往下收敛，平底。盖和颈部各饰兽面纹，肩饰鸟纹，窄面的龙纹间各有以兽首，宽面的龙纹间有一个兽面小耳，腹上部饰一周涡纹，间饰小龙纹，下腹部饰垂叶龙纹，宽面的一侧垂叶龙纹中有一兽首鋬。整个器形上的纹饰均以云雷纹为地。器形浑厚大气，纹饰精细繁复，为此时代青铜器之精品。

例五：

　　楚公逆钟。同墓出土八件一套。钟体呈合瓦形腔，长甬封衡。甬的断面呈方形，有旋有干。旋饰目雷纹。舞部两侧微下倾，饰宽带卷云纹。钲、篆、枚部位之间，隔以夹有乳刺的双阴线。枚为平顶两段式，篆间饰长脚蝉纹。鼓部饰龙、凤、虎纹纠结图案，两组对称排列。右鼓以长耳鳞身兽形为基音点标志。钲部和左鼓铸铭文六十八字，为研究楚国历史提供了珍贵的文献资料。

例六:

羽人器座。羽人作跪坐状,大耳披发,尖鼻阔嘴,眉骨、颧骨隆起。着无领右衽长衣,束带,赤足。背部有双翼,膝下也有垂羽。双膝间有半圆形凹穴,用以插物,羽人双手作捧持状。羽人形象在汉代画像中多见,应与当时流行的神仙思想有密切的关系。

例七：

直内戈。戈呈短胡直内式。长条形援，援末呈圭首形，援中脊凸起呈菱形，有上下栏。短胡，胡上有一长方形穿。内呈长方形，末端有倒刺。

例八：

鎏金兽纹带钩。带钩呈长方牌型，蛇头形钩首。钩背略显内凹，中部略偏向钩尾一侧有圆形钩钮。通体鎏金，钩面半浮雕兽纹。前端浮雕一龙头，钩体中部雕饰两条螭龙，与浮雕龙头相互交错缠绕在一起。浮雕兽满身装饰极细密的针刺羽纹、针刺点纹。此件带钩制作精致，浮雕兽翅、爪、尾各部位交代清晰，具有较高的艺术水平，为典型的战国遗物。

第六节 青铜类文物的定级与评估

为了在有限的人力和设备条件下更好地保护和利用藏品，《中华人民共和国文物保护法》和《中华人民共和国文物保护法实施细则》的有关规定，将我国文物藏品分为珍贵文物和一般文物。珍贵文物分为一、二、三级。具有特别重要历史、艺术、科技价值的为一级文物；具有重要历史、艺术、科技价值的为二级文物；具有比较重要历史、艺术、科技价值的为三级文物；具有一定历史、艺术、科技价值的为一般文物。然而在鉴定实践的过程中，对于重要、比较重要、特别重要的操作标准却有一定的难度。为此我国文物主管机关还颁发了《文物藏品定级标准》，以便掌握。对于古钱币的评级还通行"十级制"评定方法进行评定。即：一级大珍、二级列、三级罕贵、四级罕、五级稀罕、六级稀、七级甚少、八级少、九级较多、十级多泛。

青铜类文物的定级与评估也应按照目前通行的《文物藏品定级标准》作为重要的指导原则，同时参考一些其他分级评定方法，将青铜类文物的历史、科技、艺术等价值作为定级和评估的基础。结合青铜类自身的属性和特征，可以将青铜类文物的定级评估要素细化为造型、纹饰、铭文、出土地（考古价值）、工艺、品相、存世量、国内外市场行情等等。

国宝级：造型、纹饰精美绝伦的孤品；能代表某个时期工艺的最高水平和创造力，有明确的出土地点可作为断代及辨伪的标准；铭文反映重大历史事件、重要历史人物能起到正经补史作用或书法艺术水平有突出造诣的。如商代的后母戊鼎、四羊方尊，西周的何尊、利簋、毛公鼎、虢季子白盘，春秋时期的莲鹤方壶，战国时期曾侯乙尊、编钟，越王勾践剑，西汉的错金银云纹犀尊等等。

一级：造型、纹饰精美；能代表某个时代工艺的水平，有确切出土地点可作为断代及辨伪的标准；铭文反映重大历史事件、重要历史人物能与史书记载相参照、或书法艺术水平高的；在工艺发展史上具有特别重要的价值。

如商代的牛方鼎、妇好鸮尊、龙虎纹铜尊，西周的子龙鼎、陕西眉县杨家村窖藏青铜器，春秋的浑源犀尊吴王夫差盉、蔡侯申铜方壶，战国宴乐渔猎攻占纹青铜壶，西汉的见日之光铜镜，明代的针灸穴位铜人等等。

二级：造型纹饰优美，品相完好，能反映某个时代的典型造型及工艺水平，有确切出土地点，或者虽无出土地，真品无疑可作为辨伪的标准；有铭文且符合某个时代的典型特征，可作为断代参考；

三级：标准同于二级，唯锈蚀较为严重，品相较差者。

一般品：属于文物的范畴，具有一定的历史价值、艺术价值和科技价值，能一定程度上反映各个历史时期的生产力和生产关系及其经济制度、政治制度，有一定研究价值。

随着青铜器艺术品收藏的兴起，虽然我国国家在一定程度上限制青铜器收藏品流通，但是仍有法律法规许可范围内的文物艺术品越来越多地参与到社会的经济生活中来。这些文物艺术品有交换价值，属于财产的范畴，故而应当能以货币的形式来衡量其经济价值。青铜器的评估即是青铜器艺术品在收藏、转让、流通之中，对其进行包括经济价值在内的客观公正的评估。

青铜器艺术品的评估应该包括存世量分析，历史价值、艺术价值、科技价值分析，以及当前经济价值评估几项内容。对于青铜器艺术品的存世量分析、历史价值、艺术价值、科技价值等本身属性的研究，需要我们对考古学、历史学、艺术史学、科技史等相关学科有较为深入的理解和准确的把握。作为一种稀缺的资源、特殊的商品和财产，青铜器艺术品的经济价值具有评定标准不易把握，供求关系不易平衡，价格不易确定等因素，其价格往往适合以拍卖的形式来体现。

第十二章
青铜器鉴定报告写作

第十二章
青铜器鉴定报告写作

第一节 文物鉴定报告的含义

所谓的文物鉴定报告是指以书面报告的形式论述待鉴文物艺术品的品名、材质、年代、功能用途、真伪、价值等方面的内容。鉴定的本意是指，具有相应能力和资质的专业人员或机构受具有相应权力或管理职能部门或机构的委托，根据确凿的数据或证据、相应的经验和分析论证对某一事物提出客观、公正和具有权威性的技术仲裁意见，这种意见作为委托方处理相关矛盾或纠纷的证据或依据。文物鉴定是以特定的器物为对象，然而也应该具有鉴定的基本属性。即文物鉴定的工作应该是具有文物鉴定能力和资质的专业人员或机构来进行，他们根据确凿的数据和证据、相应的经验和文物鉴定方法论，分析和论证某一具体的待鉴定器物，对这一器物进行客观的、公正的、具有权威性的技术仲裁意见，这种鉴定意见以报告的形式展示出来，为此件实物所引发的一切行为提供证据或依据。

第二节 文物鉴定报告写作的意义

文物鉴定报告的写作是文物工作者最核心的技能，鉴定报告是否符合学术规范，鉴定程序是否科学严密，鉴定用语是否符合专业术语要求及准确反映被鉴定物的基本信息，鉴定结论是否依据充分合理等等，在文物鉴定实践工作中将起着至关重要的作用。它直接体现了鉴定工作者的认识能力和鉴定程序的科学性。同时文物鉴定意见以报告的形式出现，直接标志了文物鉴定工作的成熟性和科学性。

第三节 青铜类文物鉴定报告写作的格式与主要内容

由于不同门类的文物在材料选择、工艺制作、次生变化等方面的差异性，各不同的文物门类在鉴定操作规程中会有不同的侧重点，故而在文物鉴定报告写作方面亦各自有所侧重。一般而言，青铜文物鉴定报告结合自身的艺术门类特征，在鉴定报告写作中应包含如下主要内容：

1. 封面和目录。应包括鉴定报告编号、标题、委托人、鉴定评估机构、鉴定评估师及资格证书编号、日期等内容。目录包括按前后顺序列出的鉴定评估报告的各组成部分及附件的名称、副标题及对应的页码。

2. 致委托人函。致委托人函是正式呈送给委托人的鉴定评估报告结果的信件，其内容应包括如下几个方面：致函对象、致函正文、致函落款、致函日期。

3. 鉴定评估师声明。这是一封鉴定评估师为自己所鉴定评估对象负责的声明，一般要求所有参与该项目的鉴定评估师签字、盖章。具体内容应包括如下几个方面：对事实陈述的真实性、完整性、准确性；报告中的分析意见和结论的公正性；鉴定评估师与鉴定评估对象没有任何利益关系；在鉴定评估中得到的专家的帮助；按照行业规范形成意见和结论；所依据的鉴定方法及设备。

4. 鉴定档案。鉴定档案指的是鉴定评估师应提供涉及鉴定对象的一切有必要的文字、图片、检测数据等，应包括品名、尺寸、照片、器物描述、鉴定过程（标型学、材质学、工艺学、次生变化学各分类指标鉴定意见）、鉴定结论，以及各种检测报告附件。

5. 评估档案。评估档案指的是鉴定评估师按照一定的方法和程序，为评估对象确定其价值的过程。青铜器艺术品评估档案应包括存世量分析，历史价值、艺术价值及科技价值分析，近期同类物品拍卖定价市场的成交价参考，客观公正的市场价值评估等内容。

第四节　青铜文物鉴定报告写作范例

青铜提梁壶鉴定评估报告

委　托　人：＿＿＿××××××××××××＿＿＿＿＿

鉴定评估机构：＿＿＿×××××××××××＿＿＿＿＿

鉴　定　评　估　师：＿＿＿×××＿＿＿＿＿＿＿＿＿＿＿＿＿＿

鉴定评估师证书编号：＿＿＿＿＿＿＿＿＿＿＿＿＿＿＿＿＿＿＿

鉴定报告日期：＿＿＿＿＿＿＿＿＿＿＿＿＿＿＿＿＿＿＿＿＿

××××××××××文物鉴定中心

致委托人函

尊敬的×××××××××公司：

受您委托，我公司对您提供的青铜提梁壶的真伪及现时市场价值进行了评估。

鉴定评估目的是为确定青铜提梁壶的真伪提供参考依据并评估其质押价值。评估人员根据估价目的，遵循估价原则，按照估价程序，选用科学的估价方法，在综合分析影响青铜提梁壶价格因素的基础上，经严谨测算，确定估价对象为汉代真品，然腹部有一处修复。结合其品相，确定其客观市场价值为人民币10万元(大写：人民币壹拾万圆整)。

附函提供青铜提梁壶鉴定评估报告2份。

××××××有限公司(盖章)

法定代表人：×××(签章)

2015年11月15日

声　明

　　本公司为北京市工商局注册并依法成立的具有文物艺术品鉴定评估业务的机构，下属的所有鉴定评估人员均取得国家相关部门的职业资格证书，以本公司自主研发的文物艺术品科学鉴定评估指标体系为鉴定与评估的主要依据。本次鉴定评估得到国内青铜鉴定专家刘雄、孔祥星、贾文熙等先生的指导和帮助。鉴定评估人承诺与鉴定对象无任何利益关系，本鉴定评估报告仅对鉴定评估对象的真伪及现时市场价格结论本身负责，对其他一切与鉴定评估结论无关的一切行为，概不负责。

　　　　　　　　　　　　　　　　　××××问道科技有限公司文物鉴定中心(盖章)

　　　　　　　　　　　　　　　　　　　鉴定评估师：×××(签章)
　　　　　　　　　　　　　　　　　　　2015年11月15日

鉴定档案

品名：西汉提梁熊足青铜鋞

材质：青铜

（一）图片

正面　　　　　　　　　　　侧视

（二）器物表述

铜鋞呈筒形，有盖，带龙形软提梁，熊足。盖顶为铺首衔环钮，直口，颈部两侧各饰一铺首衔环耳，龙形提梁通过活链与环耳相连。通身素面无纹，器形周正，造型别致。

（三）标型学鉴定意见

铺首衔环耳与熊足具有明确的战汉特征，此器与2015年发掘的南昌西汉海昏侯墓筒形器造型相似，然提梁为软提梁。又日本宁乐美术馆藏三足铜鋞与本器造型若一，唯提梁缺失。器壁有刻铭"河平元年共工昌造铜鋞……"，如此，本器为西汉器物当为稳妥。

（四）材料学鉴定意见

通身经鉴定为锡青铜材质。各金属元素在青铜合金中的比例并未检测。

（五）工艺学鉴定意见

器腹较薄，周身多处肉眼可见方形垫片（见图①），器底可见范线打磨痕（见图②），为典型的古代范铸工艺特征。唯龙形软体连由两边各三个共六个活环链接而成，铸制较为复杂，表现了古代工匠高超的工艺水平。

（六）次生变化学鉴定意见

活链的链接处多处见长期使用的磨损痕（见图③），器身周身经长期的氧化形成一层黑色的氧化层，器腹侧多处可见红斑与钙化锈的组合锈蚀物（见图④），为典型的自然锈蚀痕迹特征。器腹内肉眼可见器内液体（因其使用功能疑为酒）逐年自然挥发所形成的水位线锈蚀痕（见图⑤），为典型的自然老化痕迹特征。

鉴定结论

经本公司鉴定员结合相关专家的鉴定意见，本器确认为西汉时期提梁铜鋞真品，具有较高的历史价值。

评估档案

一、近十年同类器物拍卖成交记录

暂无

二、存世量分析

西汉时期最为流行的酒器为锺与钫，其他酒器还包括扁壶、蒜头壶、鐏等。提梁桶形的铜鋞相对较少，国内外有著录者也并不多，属于西汉时期酒具门类里较有时代特征及个性者。

三、历史价值、艺术价值及科技价值分析

提梁铜鋞为西汉时期典型器，本器物铺首衔环、龙形提梁、熊足均可作为汉代的标型特征，具有较高的历史价值。铜鋞在汉代的出现并非偶然，早在西周宝鸡強国墓地曾有造型一致的提梁桶形器出土（见图⑥），早年学者将其命名为"提梁卣"。如今铜鋞的定名的确定，似可为先秦同类器定名作参考。

本器周身器壁较薄，使用范铸法浇铸，工匠在控制器壁的厚薄及稳定器形方面表现了极为高超的分型合范工艺技法，龙形活链的链接铸制较为复杂，表现了较高的工艺水平。龙头神完气足，熊足憨态可掬，周身规整爽利，具有一定艺术价值，一定程度上反映了汉代的审美标准和文化背景。

四、客观市场价格评估

由于同类器并未见于拍卖，其价格可参照西汉时期其他酒器。目前古玩艺术品市场相同品相的锺、钫为人民币5—8万元，结合本器的客观历史价值、科技价值及艺术价值，以及目前行业的市场行情，评估其客观的市场价值为人民币8—10万元。

① 方形垫片。

② 范线打磨痕。

③ 活链使用磨损痕。

④ 红斑组合锈蚀物。

⑤ 液态挥发"水位线"锈蚀痕。

⑥ 西周提梁桶形器。

附 录

附 录

一、铜镜常见铭文

● **汉代常见铭文有：**

（1）大乐贵富，千秋万岁，宜酒食。

（2）大乐贵富，得所好，千秋万岁，延年益寿。

（3）大乐未央，长相思，愿毋相忘。

（4）见日之光，所言必当。

（5）见日之光，时来何伤。

（6）见日之光，长毋相忘。

（7）见日之光，美人在旁。

（8）见日之光，天下大阳，服者君王。千秋万岁，长乐未央。

（9）见日之光，天下大阳。服者君卿。延年益寿，敬毋相忘。幸至未央。

（10）见日之光，天下大明，服者君卿。镜辟不羊，富于侯王，钱金满堂。

（11）心思美人，毋忘大王。

（12）愿长相思，久毋见忘。

（13）修相思，愿毋相忘，大乐未央。

（14）长相思，毋相忘，常贵富，乐未央。

（15）常与君，相驩（欢）幸，毋相忘，莫远望。

（16）道路辽远，中有关梁。鉴不隐请，修毋相忘。

（17）愁思悲，愿见怨君不说。相思愿毋绝。

（18）与天相寿，与地相长。富贵如言，长毋相忘。

（19）常贵富，乐未央，长相思，不相忘。

（20）洁清白而事君，怨阴骥（欢）之宾明，焕玄锡之流泽，志疏远而日忘，慎糜美之穷皑，外承骥（欢）之可说，慕窈窕于灵泉，愿永思而毋绝。

（21）君行卒，予志悲，久不见，侍前稀。

（22）久不见，侍前稀。秋风起，予志悲。

（23）内而清而以而昭而明而光而夫而日而月而。

（24）日有烹，宜酒食，长贵富，乐毋事。

（25）日有熹，月有富，乐毋事，常得意，美人会，竽瑟侍，贾市程，万物平。老复丁，死复生。醉不知，醒旦星。

（26）日有熹，月有富。乐毋有事，宜酒食。居而必安，无忧患。竽瑟待兮，心志骥。乐已哉乎，固常然。

（27）角王巨虚日有熹。延年益寿去忧事。长乐万世宜酒食。子孙贤，家大富。

（28）玄金之清。可取信诚。

（29）与天相寿，与地相反（长）。

（30）天上见长，心思君王。

（31）内请(清)质以昭明，光辉像夫日月，心忽穆而愿忠，然雍（壅）塞而不泄，怀糜美之穷皑，外承骥（欢）之可说，慕窈佻之灵景，愿永思而毋绝。

（32）调治佳镜子孙息，长保二亲得天力，传入后世乐无极

（33）炼冶铜华清而明，以之为镜而宜文章，延年益寿辟不羊，与天无极如日光。千秋万岁乐未央。

（34）吴造明镜，神圣设容。服者卿公。

（35）尚方御竟（镜）大毋伤，巧工刻之成文章，左龙右虎辟不羊，朱鸟玄武顺阴阳，子孙备具居中央，长保二亲乐富昌，寿敝金石如侯王兮。

（36）尚方作竟（镜）真大好，上有仙人不知老，渴饮玉泉饥食枣，浮

游天下敖四海，寿敝金石为国保。

（37）尚方作竟佳且好。良时吉日顺天道。便姑公利父母。长保二亲宜孙子。

（38）汉有善铜出丹阳，和以银锡清且明，左龙右虎主四彭，朱爵玄武顺阴阳。

（39）此有佳镜成独好，上有山人不知老，渴饮澧泉饥食枣，浮游天下敖四海，寿敝金石为国保。长生久视今常在。云何好。

（40）作佳镜成真大好，上有仙人不知老，渴饮玉泉饥食枣，寿如金石。

（41）王氏作镜佳且好，明而日月世之保。服此镜者不知老，寿敝东王公西王母。山人子侨赤松，长保二亲宜。

（42）朱氏明镜快人意，上有龙虎四时宜，常保二亲宜酒食，君宜官秩家大富，乐未央，宜牛羊。

（43）杜氏作竟（镜）四夷服，多贺新家人民息，胡虏殄灭天下复，风雨时节五谷熟，长保二亲受大福，传告后世子孙力，官位高。

（44）吕氏作镜自有纪，长保二亲 孙子，辟去不羊（祥）宜古市，为吏高升官人右，寿如金石。

（45）侯氏作镜大毋伤，巧工刻之为文章，左龙右虎辟不阳（祥），七子九孙居中央，夫妻相保如威央兮。

（46）吾作佳镜自有尚，工师刻做主文章，上有古守（兽）辟非羊（祥），服之寿考宜侯王。

（47）吾作明竟（镜）幽炼宫商，周罗容象，五帝天皇，白牙单琴，黄帝除凶，朱鸟玄武，白虎青龙，君宜高官，子孙番昌，建安十年造大吉。

（48）吾作明竟（镜），幽炼三商兮（方枚铭）。"元兴元年五月丙午日天大赦，广汉造作尚方明竟，幽炼三商，周刻无极，世得光明，长乐未央，富且昌，宜侯王，师命长，生如石，位至三公，寿如东王父，西王母，仙人子，立至公侯。"（铭文带）。

（49）黍言之始自有纪。涑治锡铜去其宰。辟除不详宜古市。长葆二亲利孙子。

（50）三羊作竟自纪。明而日月囗未有。囗大富保母。五男四女凡九子。女宜贤夫。男得好妇兮。

（51）吾自作明竟，幽涑三商。雕刻无祉，配像万强。白牙举乐，众神见，天禽四首，衔持维冈。边则太一，乘云驾龙。导从群神，五帝三皇。诛讨鬼凶。常服者富贵，师命长。

（52）吾作明竟，幽练三商。囗囗序道，配象万强。曾年益寿，子孙番昌。功成事见，其师命长。

（53）青盖作镜四夷服，多贺国家人民息，胡虏殄（舔）灭天下服，风雨时节五谷熟，长保二亲得天力。

（54）盖作竟（镜）自有纪，辟去不羊（祥）宜古市，长保二亲。

（55）福禄进兮日以前，天道得物自然。参驾蚩龙乘浮云，白虎失，上大山，凤皇下，见神人。

（56）福熹进兮日以前，食玉英兮饮澧泉，驾交龙兮乘浮云，白虎引兮上泰山，凤皇集兮见神仙。保长命兮寿万年，周复始兮八子十二孙。

（57）金之菁，视吾形，见至诚，长思君，时来游，宜子孙，乐无忧。

（58）上太山，见神人，食玉英，饮澧泉，驾交龙，乘浮云，君宜官秩保子。

（59）清浪铜华以为镜，昭察衣服观容貌，丝组杂逻以为信。清光兮宜佳人。

（60）九子竟，清而明。利父母，便弟兄。

（61）君宜高官。（内区）富且昌，乐未央，师命长，宜侯王。（外区）

（62）惟始建国二年新家尊，诏书数下大多恩。贾人事市不躬啬田，更作辟雍治校官，五谷成熟天下安，有知之士得蒙恩，宜官秩，葆子孙。

（63）建宁元年九月九日丙午造作尚方明镜，幽炼三商，上有东王父，西王母，生如山石，长宜子孙，八千万里，富且昌，乐未央，宜侯王，师命长，买者大吉羊(祥)，宜古市，君宜高官，位至王公，长乐央兮。

（64）天纪元年，岁在丁酉，师徐伯所作明镜，买者宜子孙，寿万岁大吉。

（65）永康元年正月丙午日，作尚方明竟，买者长宜子孙。买者延寿万年。上有东王父西王母。生如山石，大吉。长宜高官。

（66）青龙三年，颜氏作竟成文章。左龙右虎辟不详。朱爵玄武顺阴阳。八子九孙治中央。寿如金石宜侯王。

（67）景初三年，陈是作镜，自有经述。本是京师，绝地之出。吏人诏之，位至三公，母人诏之，保子宜孙，寿如金石兮。

（68）赤乌元年，五月廿五日丙午，造作明镜，百涑清铜。服者君侯，宜子孙，寿万年。

（69）太平二年，造作明镜，可以昭明。宜矦王。家有五马千头羊。天王日月。

（70）黄初二年十一月丁卯朔廿七日癸巳，扬州会稽山阴师唐豫命作镜，大六寸清冒。服者高迁。秩公美，宜侯王。子孙番昌。

（71）建安廿四年元月辛巳朔二十五日乙巳奇，吾作明竟宜侯王。家有五马千头羊。官高位至车丞出，止非人命芣生。安口日月以众。

（72）建安元年五月廿四日，示氏作竟，幽涑宫商。周亥容象，五帝天皇。白牙单琴，黄帝吉羊。三公。君宜官。君宜官。

（73）延熹二年五月丙午日天大述，广汉西蜀造作明竟(镜)。幽涑三商，天王日月，位至三公兮，长乐未英(央)，吉且羊(祥)。

（74）永平七年正月作。公孙家作竟。竟直三百

（75）居摄元年自有真。家当大富，籴常有陈。周之治吏为贵人。夫妻相喜，日益亲善。

● 隋唐常见铭文

（1）光正随人，长命宜新。

（2）窥庄益态，辩皂增妍，开花散影，净月澄圆，窥庄益态，韵舞鸳鸯，万龄永保，千代长存，能明能鉴，宜子宜孙。

（3）昭仁炳德，益寿延年，至理贞壹，鉴保长全。

（4）灵山孕宝，神使观炉，形圆晓月，光清夜珠，玉台希世，红妆应图，千娇集影，百福来扶。

（5）绝照览心，圆辉属面，藏宝匣而光掩，挂玉台而影见，鉴罗绮于后庭，写衣簪乎前殿。

（6）玉匣聊开镜，轻灰暂拭尘，光如一片水，影照两边人。

（7）团团宝镜，皎皎升台，鸾窥自舞，照日花开，临池似月，睹貌娇来。

（8）美哉圆鉴，览物称奇，雕镌合矩，镕铣应规，仙人累莹，玉女时窥，恒娥是埒，服御攸宜。

（9）仙山并照，智水齐名，花朝艳彩，月夜流明，龙盘五瑞，鸾舞双情，传闻仁寿，始验销兵。

（10）阿房照胆，仁寿悬宫，菱藏影内，月挂壶中，看形必写，塑里如空，山魑敢出，冰质慭工。卿书玉篆，永镂青铜。

（11）赏得秦王镜，判不惜千金，非关欲照胆，特是自明心。

（12）镜发菱花，净月澄华。

（13）光流素月，质禀玄精，澄空鉴水，照迥凝清，终古永固，莹此心灵。

（14）照日菱花出，临池满月生，官看巾帽整，妾映点妆成。

（15）花发无冬夏，临台晓夜明，偏识秦楼意，能照美妆成。

（16）有玉辞夏，惟金去秦，俱随革故，共集鼎新，仪天写质，象日开轮，率舞鸾凤，奔走鬼神，长悬仁寿，天子万春。

（17）炼形神冶，莹质良工，如珠出匣，似月停空，当眉写翠，对脸傅红，绮窗绣幌，俱含影中。

（18）盘龙丽匣，凤舞新台，鸾惊影见，日曜花开，团疑璧转，月似轮回，端形鉴远，胆照光来。

（19）兰闺畹畹，宝镜团团。曾双比目，经舞孤鸾。光流粉黛，采散罗纨。可怜无画，娇羞自看。

（20）写月非夜，凝冰不寒。影含真鹿，文莹翔鸾。粉壁交映，珠帘对看。潜窥圣淑，丽则常端。

（21）藏宝匣而光掩，挂玉台而影见，鉴罗绮于后庭，写衣簪乎前殿。

（22）冬朝日照梁，含怨下前床。帷褰竹叶带，镜转菱花光。会是无人觉，何用早红妆。

（23）发花流采，波澄影正。月素齐眉，鉴秦逾净。别春驰忧，结恋离愁。

（24）对凤皇舞，铸黄金蒂。阴阳各有配，日月恒相会。白玉芙蓉匣，翠羽琼瑶带。同心人，心相亲，照心照胆保千春。

- **宋代常见铭文**

（1）团圆青鸾镜，莫将明月比，明月有时缺，此镜长如此，将镜比佳人，佳人隔千里，谁知团圆心，却与月相似。

（2）福寿家安，清素传家，永用宝鉴。

（3）忠孝之家，长命富贵，家和永昌。

（4）八面玲珑，口坐不受。

（5）商标镜文镜类：所谓商标铭文，是在镜钮的一侧或两侧的长条格中铸出铭文，其内容多为铸镜的地区、店铺、字号和工匠姓氏等。人们以铸镜地区的不同分为：湖州镜、建康镜、成都镜、杭州镜、饶州镜……

- **明代常见铭文**

（1）龙凤呈祥

（2）五子登科

（3）状元及第

（4）长命富贵

（5）为善最乐

二、典型器物描述示意图

腹类别				
	直腹（桶型腹）	鼓腹	垂腹	
底类别				
	平底	圆底	内凹底	尖底
足类别				
	圈足	三足	四足	多足
柱类别				
	钉形	菌形	伞形	
口类别				
	侈口	直口	敛口	子母口
唇类别				
	尖唇	圆唇	方唇	

类别 \ 颈				
	直颈	束颈		
类别 \ 肩				
	广肩	平肩	耸肩	溜肩
类别 \ 鍪				
	扁平	圆体		
类别 \ 捉手				
	瓜棱形	圈足形	动物形	几何形
类别 \ 胡				
	无穿	单穿	两穿	多穿
类别 \ 刀币				
	针首	尖首	截首	

类别\布足				
	尖足	圆足	方足	桥形足
类别\内				
	直内	曲内	銎内	
类别\缘				
	平缘	卷缘	三角缘	
类别\钮				
	圆形钮	兽钮	桥形钮	
类别\肩				
	平肩	耸肩	圆肩	

三、文化部文物藏品定级标准(2001年)

根据《中华人民共和国文物保护法》和《中华人民共和国文物保护法实施细则》的有关规定，特制定本标准。

文物藏品分为珍贵文物和一般文物。珍贵文物分为一、二、三级。具有特别重要历史、艺术、科学价值的代表性文物为一级文物；具有重要历史、艺术、科学价值的为二级文物；具有比较重要历史、艺术、科学价值的为三级文物。具有一定历史、艺术、科学价值的为一般文物。

(一)一级文物定级标准

(1)反映中国各个历史时期的生产关系及其经济制度、政治制度，以及有关社会历史发展的特别重要的代表性文物；

(2)反映历代生产力的发展、生产技术的进步和科学发明创造的特别重要的代表性文物；

(3)反映各民族社会历史发展和促进民族团结、维护祖国统一的特别重要的代表性文物；

(4)反映历代劳动人民反抗剥削、压迫和著名起义领袖的特别重要的代表性文物；

(5)反映历代中外关系和在政治、经济、军事、科技、教育、文化、艺术、宗教、卫生、体育等方面相互交流的特别重要的代表性文物；

(6)反映中华民族抗御外侮，反抗侵略的历史事件和重要历史人物的特别重要的代表性文物；

(7)反映历代著名的思想家、政治家、军事家、科学家、发明家、教育家、文学家、艺术家等特别重要的代表性文物，著名工匠的特别重要的代表性作品；

(8)反映各民族生活习俗、文化艺术、工艺美术、宗教信仰的具有特别重要价值的代表性文物；

（9）中国古旧图书中具有特别重要价值的代表性的善本；

（10）反映有关国际共产主义运动中的重大事件和杰出领袖人物的革命实践活动，以及为中国革命做出重大贡献的国际主义战士的特别重要的代表性文物；

（11）与中国近代（1840—1949）历史上的重大事件、重要人物、著名烈士、著名英雄模范有关的特别重要的代表性文物；

（12）与中华人民共和国成立以来的重大历史事件、重大建设成就、重要领袖人物、著名烈士、著名英雄模范有关的特别重要的代表性文物；

（13）与中国共产党和近代其他党派、团体的重大事件，重要人物、爱国侨胞及其他社会知名人士有关的特别重要的代表性文物；

（14）其他具有特别重要历史、艺术、科学价值的代表性文物。

（二）二级文物定级标准

（1）反映中国各个历史时期的生产力和生产关系及其经济制度、政治制度，以及有关社会历史发展的具有重要价值的文物；

（2）反映一个地区、一个民族或某一个时代的具有重要价值的文物；

（3）反映某一历史人物、历史事件或对研究某一历史问题有重要价值的文物；

（4）反映某种考古学文化类型和文化特征，能说明某一历史问题的成组文物；

（5）历史、艺术、科学价值一般，但材质贵重的文物；

（6）反映各地区、各民族的重要民俗文物；

（7）历代著名艺术家或著名工匠的重要作品；

（8）古旧图书中有具有重要价值的善本；

（9）反映中国近代（1840—1949）历史上的重大事件、重要人物、著名烈士、著名英雄模范的具有重要价值的文物；

（10）反映中华人民共和国成立以来的重大历史事件、重大建设成就、重要领袖人物、著名烈士、著名英雄模范的具有重要价值的文物；

（11）反映中国共产党和近代其他各党派、团体的重大事件，重要人物、爱国侨胞及其他社会知名人士的具有重要价值的文物；

（12）其他具有重要历史、艺术、科学价值的文物。

（三）三级文物定级标准

（1）反映中国各个历史时期的生产力和生产关系及其经济制度、政治制度，以及有关社会历史发展的比较重要的文物；

（2）反映一个地区、一个民族或一个时代的具有比较重要价值的文物；

（3）反映某一历史事件或人物，对研究某一历史问题有比较重要价值的文物；

（4）反映某种考古学文化类型和文化特征的具有比较重要的价值的文物；

（5）具有比较重要价值的民族、民俗文物；

（6）某一历史时期艺术水平和工艺水平较高，但有损伤的作品；

（7）古旧图书中具有比较重要价值的善本；

（8）反映中国近代（1840—1949）历史上的重大事件、重要人物、著名烈士、著名英雄模范的具有比较重要价值的文物；

（9）反映中华人民共和国成立以来的重大历史事件、重大建设成就、重要领袖人物、著名烈士、著名英雄模范的具有比较重要价值的文物；

（10）反映中国共产党和近代其他各党派、团体的重大事件，重要人物、爱国侨胞及其他社会知名人士的具有比较重要价值的文物；

（11）其他具有比较重要的历史、艺术、科学价值的文物。

（四）一般文物定级标准

（1）反映中国各个历史时期的生产力和生产关系及其经济制度、政治制度以及有关社会历史发展的具有一定价值的文物；

（2）具有一定价值的民族、民俗文物；

（3）反映某一历史事件、历史人物，具有一定价值的文物；

（4）具有一定价值的古旧图书、资料等；

（5）具有一定价值的历代生产、生活用具等；

（6）具有一定价值的历代艺术品、工艺品等；

（7）其他具有一定历史、艺术、科学价值的文物。

（五）博物馆、文物单位等有关文物收藏机构

均可用本标准对其文物藏品鉴选和定级。社会上其他散存的文物，需要定级时，可照此执行。

（六）本标准由国家文物局负责解释

附 件

一级文物定级标准举例

一、玉、石器。时代确切,质地优良,在艺术上和工艺上有特色和有特别重要价值的;有确切出土地点,有刻文、铭记、款识或其他重要特征,可作为断代标准的;有明显地方特点,能代表考古学一种文化类型、一个地区或作坊杰出成就的;能反映某一时代风格和艺术水平的有关民族关系和中外关系的代表作。

二、陶器。代表考古学某一文化类型,其造型和纹饰具有特别重要价值的;有确切出土地点可作断代标准的;三彩作品中造型优美、色彩艳丽、具有特别重要价值的;紫砂器中,器形完美,出于古代与近代名家之手的代表性作品。

三、瓷器。时代确切,在艺术上或工艺上有特别重要价值的;在纪年或确切出土地点可作为断代标准的;造型、纹饰、釉色等能反映时代风格和浓郁民族色彩的;有文献记载的名瓷、历代官窑及民窑的代表作。

四、铜器。造型、纹饰精美,能代表某个时期工艺铸造技术水平的;有确切出土地点可作断代标准的;铭文反映重大历史事件、重要历史人物的或书法艺术水平高的;在工艺发展史上具有特别重要价值的。

五、铁器。在中国冶铸、锻造史上,占有特别重要地位的钢铁制品;有明确出土地点和特别重要价值的铁质文物;有铭文或金银、镶嵌等精湛工艺的古代器具;历代名人所用,或与重大历史事件有直接联系的铁制历史遗物。

六、金银器。工艺水平高超,造型或纹饰十分精美,具有特别重要价值的;年代、地点确切或有名款,可作断代标准的金银制品。

七、漆器。代表某一历史时期典型工艺品种和特点的;造型、纹饰、雕工工艺水平高超的;著名工匠的代表作。

八、雕塑。造型优美、时代确切，或有题记款识，具有鲜明时代特点和艺术风格的金属、玉、石、木、泥和陶瓷、髹漆、牙骨等各种质地的、具有特别重要价值的雕塑作品。

九、石刻砖瓦。时代较早，有代表性的石刻；刻有年款或物主铭记可作为断代标准的造像碑；能直接反映社会生产、生活，神态生动、造型优美的石雕；技法精巧、内容丰富的画像石；有重大史料价值或艺术价值的碑碣墓志；文字或纹饰精美，历史、艺术价值特别重要的砖瓦。

十、书法绘画。元代以前比较完整的书画；唐以前首尾齐全有年款的写本；宋以前经卷中有作者或纪年且书法水平较高的；宋、元时代有名款或虽无名款而艺术水平较高的；具有特别重要价值的历代名人手迹；明清以来特别重要艺术流派或著名书画家的精品。

十一、古砚。时代确切，质地良好、遗存稀少的；造型与纹饰具有鲜明时代特征，工艺水平很高的端、歙等四大名砚；有确切出土地点，或流传有序，制作精美，保存完好，可作断代标准的；历代重要历史人物使用过的或题铭价值很高的；历代著名工匠的代表作。

十二、甲骨。所记内容具有特别重要的史料价值，龟甲、兽骨比较完整的；所刻文字精美或具有特点，能起断代作用的。

十三、玺印符牌。具有特别重要价值的官私玺、印、封泥和符牌；明、清篆刻中主要流派或主要代表人物的代表作。

十四、钱币。在中国钱币发展史上占有特别重要地位、具有特别重要价值的历代钱币、钱范和钞版。

十五、牙骨角器。时代确切，在雕刻艺术史上具有特别重要价值的；反映民族工艺特点和工艺发展史的；各个时期著名工匠或艺术家代表作，以及历史久远的象牙制品。

十六、竹木雕。时代确切，具有特别重要价值，在竹木雕工艺史上有独特风格，可作为断代标准的；制作精巧、工艺水平极高的；著名工匠或艺术家的代表作。

十七、家具。元代以前（含元代）的木质家具及精巧冥器；明清家具中以黄花梨、紫檀、鸡翅木、铁梨、乌木等珍贵木材制作、造型优美、保存完好、工艺精良的；明清时期制作精良的髹饰家具；明清及近现代名人使用的或具有重大历史价值的家具。

十八、珐琅。时代确切，具有鲜明特点，造型、纹饰、釉色、工艺水平很高的珐琅制品。

十九、织绣。时代、产地准确的；能代表一个历史时期工艺水平的具有特别重要价值的不同织绣品种的典型实物；色彩艳丽，纹饰精美，具有典型时代特征的；著名织绣工艺家的代表作。

二十、古籍善本。元代以前的碑帖、写本、印本；明清两代著名学者、藏书家撰写或整理校订的、在某一学科领域有重要价值的稿本、抄本；在图书内容、版刻水平、纸张、印刷、装帧等方面有特色的明清印本（包括刻本、活字本、有精美版画的印本、彩色套印本）、抄本；有明清时期著名学者、藏书家批校题跋、且批校题跋内容具有重要学术资料价值的印本、抄本。

二十一、碑帖拓本。元代以前的碑帖拓本；明代整张拓片和罕见的拓本；初拓精本；原物重要且已佚失，拓本流传极少的清代或近代拓本；明清时期精拓套帖；清代及清代以前有历代名家重要题跋的拓本。

二十二、武器。在武器发展史上，能代表一个历史阶段军械水平的；在重要战役或重要事件中使用的；历代著名人物使用的、具有特别重要价值的武器。

二十三、邮品。反映清代、民国、解放区邮政历史的、存量稀少的；中华人民共和国成立以来具有特别重要价值的邮票和邮品。

二十四、文件、宣传品。反映重大历史事件，内容重要，具有特别重要意义的正式文件或文件原稿；传单、标语、宣传画、号外、捷报；证章、奖章、纪念章等。

二十五、档案文书。从某一侧面反映社会生产关系、经济制度、政治制度和土地、人口、疆域变迁以及重大历史事件、重要历史人物事迹的历代诏谕、文告、题本、奏折、诰命、舆图、人丁黄册、田亩钱粮簿册、红白契约、文据、书札等官方档案和民间文书中，具有特别重要价值的。

二十六、名人遗物。已故中国共产党著名领袖人物、各民主党派著名领导人、著名爱国侨领、著名社会活动家的具有特别重要价值的手稿、信札、题词、题字等以及具有特别重要意义的用品。

注：二、三级文物定级标准举例可依据一级文物定级标准举例类推。

参考文献

一、古文献资料：

（1）徐正英、常佩雨译注：《周礼》，中华书局，2014年。

（2）管锡华译注：《尔雅》，中华书局，2014年。

（3）万献初：《说文解字注》，中华书局，2013年。

（4）彭林译注：《仪礼》，中华书局，2012年。

（5）王黼编撰：《重修宣和博古图》，广陵书社，2010年。

（6）闻人军译注：《考工记译注》，上海古籍出版社，2009年。

（7）潘吉星译注：《天工开物译注》，上海古籍出版社，2008年。

（8）刘熙等：《释名疏证补》，中华书局，2008年。

（9）孙海通译注：《庄子》，中华书局，2007年。

（10）缪文远等译注：《战国策》，中华书局，2006年。

（11）吕大临：《泊如斋重修考古图》，北京图书馆出版社，2003年。

（12）王文锦译解：《礼记译解》，中华书局，2001年。

二、青铜器图录资料

（1）〔美〕凯莱、陈梦家：《白金汉所藏中国铜器图录》，田率译，金城出版社，2015年。

（2）《滇国铜魂——云南李家山古滇文物集萃》，云南人民出版社，2015年。

（3）方勤：《礼乐中国：湖北省博物馆馆藏商周青铜器》，湖北人民出版社，2014年。

（4）湖北省博物馆：《大宗维翰：周原青铜器特展》，文物出版社，2014年。

（5）陕西省考古研究院等编：《周野鹿鸣：宝鸡石鼓山西周贵族墓出土青铜器》，上海书画出版社，2014年。

（6）淅川省博物馆编：《淅川楚国青铜器精粹》，中州古籍出版社，2013年。

（7）容庚：《颂斋吉金图录》，中华书局，2012年。

（8）容庚：《宝蕴楼彝器图录》，中华书局，2012年。

（9）容庚：《善斋彝器图录》，中华书局，2012年。

（10）吴镇烽：《商周青铜器铭文暨图像集成》，上海古籍出版社，2012年。

（11）曹玮主编：《萌芽、成长、融合：东周时期北方青铜文化臻萃》，三秦出版社，2012年。

（12）曹玮：《汉中出土商代青铜器》，巴蜀书社，2011年。

（13）孟繁放编译：《西清古鉴疏》，北京工艺美术出版社，2011年。

（14）丁孟：《故宫青铜器图典》，紫禁城出版社，2010年。

（15）中国钱币博物馆：《中国钱币博物馆藏品选》，文物出版社，2010年。

（16）曹玮：《陕北出土青铜器》，巴蜀书社，2009年。

（17）李夏廷：《晋国青铜艺术图鉴》，文物出版社，2009年。

（18）旅顺博物馆：《旅顺博物馆藏文物选粹：青铜器卷》，文物出版社，2008年。

（19）杜廼松：《中国青铜器定级图典》，上海辞书出版社，2008年。

（20）中国社会科学院考古研究所，安阳市文物考古研究所编著：《殷墟新出土青铜器》，云南人民出版社，2008年。

（21）杨正宏、肖梦龙主编：《镇江出土吴国青铜器》，文物出版社，2008年。

（22）李飞：《中国古代青铜器纹饰图典》，浙江古籍出版社，2008年。

（23）丁孟：《你应该知道的200件青铜器》，紫禁城出版社，2007年。

（24）何林主编：《你应该知道的200件铜镜》，紫禁城出版社，2007年。

（25）刘雨、汪涛：《流散欧美殷周有铭青铜器集录》，上海辞书出版社，2007。

（26）湖北省文物考古研究所：《曾国青铜器》，文物出版社，2007年。

（27）湖南省博物馆：《湖南出土殷商西周青铜器》，岳麓书社，2007年。

（28）鄂尔多斯博物馆：《鄂尔多斯青铜器》，文物出版社，2006年。

（29）曹玮：《汉中出土商代青铜器》，巴蜀书社，2006年。

（30）王士伦编著：《浙江出土铜镜》，文物出版社，2006年。

（31）山西博物院：《山西博物院珍粹》，山西人民出版社，2005年。

（32）陈佩芬：《夏商周青铜器研究》，上海古籍出版社，2004年。

（33）肖梦龙、刘伟：《吴国青铜器综合研究》，科学出版社，2004年。

（34）陕西省文物局：《盛世吉金——陕西宝鸡眉县窖藏青铜器》，北京出版社，2003年。

（35）梅宁华：《北京文物精粹大系青铜卷》，北京出版社，2002年。

（36）丁孟：《故宫藏先秦青铜器》，紫禁城出版社，2001年。

（37）河南博物院：《新郑郑公大墓青铜器》，大象出版社，2001年。

（38）张增祺：《滇国青铜艺术》，云南美术出版社，2000年。

（39）保利藏金编委会：《保利藏金》，岭南美术出版社，1999年。

（40）河南省文物考古研究所，郑州市文物考古研究所编著：《郑州商代铜器窖藏》，科学出版社，1999年。

（41）陈芳妹：《故宫商代青铜礼器图录》，台北故宫博物院，1998年。

（42）上海博物馆：《李荫轩所藏中国青铜器》，1996年。

（43）中国青铜器全集编辑委员会编：《中国青铜器全集》，文物出版社，1996年。

（44）黄光男：《馆藏青铜器图录》，"国立"历史博物馆，1995年。

（45）中国社会科学院考古研究所编：《殷墟青铜器》，文物出版社，1985年。

（46）《河南出土商周青铜器》编辑组：《河南出土商周青铜器》，文物出版社，1981年。

（47）陕西省考古研究所等：《陕西出土商周青铜器》，文物出版社，1979年。

三、考古发掘报告与青铜器研究专著

（1）董子俊：《范铸工艺》，北京艺术与科学电子出版社，2016年。

（2）万全文：《长江流域的青铜冶铸》，长江出版社，2015年。

（3）周卫荣：《钱币学与冶铸史（二）》，科学出版社，2015年。

（4）日本泉屋博古馆：《泉屋透赏：泉屋博古馆青铜器透射扫描解析》，黄荣光译，科学出版社，2015年。

（5）中国科学院自然科学研究所等：《鉴古证今——传统工艺与科技考古文萃》，安徽科学技术出版社，2014年。

（6）陈建立：《中国古代金属冶铸文明新探》，科学出版社，2014年。

（7）许淳淳：《金属文物保护——全程技术方案》，化学工业出版社，2012年。

（8）宋建忠：《绛县横水西周墓地青铜器科技研究》，科学出版社，2012年。

（9）胡东波：《文物的X射线成像》，科学出版社，2012年。

（10）陈建立、刘煜：《商周青铜器的陶范铸造技术研究》，文物出版社，2011年。

（11）张懋镕：《古文字与青铜器论集》，科学出版社，2010年。

（12）中国机械工程学会铸造分会：《铸造手册》，机械工业出版社，2010年。

（13）斯考特：《艺术品中的铜和青铜、腐蚀产物、颜料、保护》，科学出版社，2009年。

（14）吴晓筠：《商周时期车马埋葬研究》，科学出版社，2009年。

（15）杜廼松：《青铜礼乐器》，上海科学技术出版社，2008年。

（16）金正耀：《中国铅同位素考古》，中国科学技术大学出版社，2008年。

（17）郑小炉：《吴越和百越地区周代青铜器研究》，科学出版社，2007年。

（18）姚智辉：《晚期巴蜀青铜器技术研究及兵器斑纹工艺探讨》，科学

出版社，2006年。

（19）董亚巍：《范铸青铜》，北京艺术与科学电子出版社，2006年。

（20）岳洪彬：《殷墟青铜礼器研究》，中国社会科学出版社，2006年。

（21）西北大学文博学院、陕西省文物局、赵丛苍：《城洋青铜器》，科学出版社，2006年。

（22）汪少华：《中国古车舆名物考辨》，商务印书馆，2005年。

（23）陈梦家：《西周铜器断代》（上、下），中华书局，2004年。

（24）李海荣：《北方地区出土夏商周时期青铜器研究》，文物出版社，2003年。

（25）中国社会科学院考古研究所：《中国考古学·夏商卷》，中国社会科学出版社，2003年。

（26）王然主编：《中国文物大典》（第1卷），中国大百科全书出版社，2001年。

（27）王宏钧主编：《中国博物馆学基础》，上海古籍出版社，2001年。

（28）华觉明：《中国古代金属技术——铜和铁造就的文明》，大象出版社，1999年。

（29）王世民：《西周青铜器分期断代研究》，文物出版社，1999年。

（30）李伯谦：《中国青铜文化结构体系研究》，科学出版社，1998年。

（31）山西省考古研究所：《侯马陶范艺术》，普林斯顿大学出版社，1996年。

（32）谭德睿、陈美怡主编：《艺术铸造》，上海交通大学出版社，1996年。

（33）苏荣誉等：《中国上古金属铸造技术》，山东科学技术出版社，1995年。

（34）李西奥：《陕西青铜器》，陕西人民美术出版社，1994年。

（35）山西省考古研究所：《侯马铸铜遗址》，文物出版社，1993年。

（36）宝鸡市博物馆、卢连成、胡智生：《宝鸡强国墓地》，文物出版社，1988年。

四、青铜器鉴定与辨伪专著

（1）李震、贾文忠：《青铜器修复与鉴定》，文物出版社，2012年。

（2）贾文熙、贾汀：《历代铜器鉴定与辩伪》，中国书店出版社，2011年。

（3）王文昶：《青铜器辨伪三百例》，紫荆城出版社，2009年。

（4）朱凤瀚：《中国青铜器综论》，上海古籍出版社，2009年。

（5）贾文忠主编：《中国青铜器鉴定实例》，紫禁城出版社，2009年。

（6）丁孟：《中国青铜器真伪识别》，辽宁人民出版社，2009年。

（7）周宝中：《文物修复和辨伪》，大象出版社，2007年。

（8）马承源：《中国青铜器》，上海古籍出版社，2003年。

（9）丁孟：《铜镜鉴定》，广西师范大学出版社，2000年。

（10）叶其峰：《古玺印与古玺印鉴定》，文物出版社，1997年。

（11）容庚、张维持：《殷周青铜器通论》，文物出版社，1984年。

（12）杜廼松：《青铜器鉴定》，广西师范大学出版社，1993年。

后　记

　　2005年创办北京北大资源研修学院文物系以来，学院一直以古器物学的研究方法指导教学与研究，将辨伪鉴定作为教学核心与目标。然而文物鉴定之学虽然在我国有着悠久的历史，但始终未成为一门现代化的学科。如果这门学问不能明确其研究对象和引入独立的研究方法作为指导，在教学过程中，则总是逃不开考古学和博物馆学的基本思路，最终沦为考古学及博物馆学的附属，偏离了其学科的本初意义和目的。这是目前多数院校虽然开设文物鉴定与保护专业方向，却始终把握不了教学规律，达不到教学目的的根本原因。

　　我是学考古学出身的，在从事文物鉴定教学的十年时间里，深知考古学者并不能解决文物艺术品的辨伪鉴定与收藏市场的问题。然而却从未间断过思考如何用一套科学的方法论体系来统领文物鉴定领域的研究，使文物鉴定有法可依，而不是头绪纷杂。鉴于考古学与文物鉴定在研究对象方面有一定的重合之处，故而萌生了利用自己所受过的考古学的系统学科训练，来整合文物鉴定这门古老学问的念头，用现代学科化的思维和研究方法来整合传统的经验"眼学"，使文物鉴定这门古老的学问最终走向学科化、科学化和现代化。我坚信理论源于实践，因而在文物系开创以来，一直坚持以博物馆鉴定部门、修复部门、社会仿古做旧手艺人、文物艺术品经纪人等领域的行业精英来主导教学，让辨伪鉴定的古老的经验在学院里面作总结和扬弃。随着对"眼学"经验的系统总结和教学实践的深入开展，文物鉴定的学科定义、研究对象、研究方法论、研究目的和意义等理论问题亦慢慢地在脑海中日益成熟起来。如此，计划着以此理论为基础，总结十余年的办学经验和教学成果，出版一套适合文物鉴定教学的系列教材，以推动文物鉴定学科的发展和建设，培养科班的文物鉴定专门人才，服务文物艺术品市场，服务社会。

　　我将想法与北京大学出版社杨书澜老师沟通，哲学专业出身的她，对文物鉴定这门学问学科化的思路给予了充分的鼓励和支持，并亲自促进北京大学出版社通过选题计划。使得这系列丛书的第一部《青铜器鉴定基础》得以有机会面世。在此，应该对杨老师表示由衷的感谢！同时要感谢出版社责任编辑魏冬峰博士，是她事无巨细的沟通与反馈和不厌其烦的校正与付出，才有书稿今日的模样。回想这些年的求学、治学、教学生涯，也许是历史的际遇让我能在特定的年代从事文物鉴定这门特殊学问的研究，并且有机会能在这个历史的节点上，与我的团队一起为这门学问的学科化建设而努力，这着实是令人兴奋的一件事情。特别感谢我的第一任硕士研究生导师侯毅教授，是他以老北大人的渊博知识和情怀感染了我并把我引入考古学研究的道路中来，其音容笑貌和言行举止对我影响至深，亦是我求学治学的重要动力。同时感谢师母郑爱珍老师在恩师仙逝后惠赠其藏书，并勉励我不忘勤奋治学，此份恩情无敢忘怀。先师以建设文物鉴定与保护学为志，唯有承其志而时时自勉以报。还要感谢我的博士研究生导师袁广阔教授在我研究生学习阶段的指导和不遗余力的关爱，让我在硕士及博士阶段扎实地掌握了基本的治学方法和研究门径。书稿的出版亦惠蒙老师亲自向北京大学出版社书面推荐。另外在我的研究生治学之路上，还要感谢曾为我开设"商周考古"课程的国家博物馆李维明研究员，是老师的严谨治学态度，让我敬畏学术，不敢有丝毫懈怠。在文物鉴定学科的建设和思考的路途上，受益于中国社科院考古研究所白云翔先生的多次指导。在我思维困顿和阻滞的时候，白老师总是像个哲学家一般高屋建瓴，令人茅塞顿开，敬服其广阔的学术视野！

最后还要感谢首都师范大学考古学系钱益汇教授，钱老师在百忙中为我审阅书稿，并提出了许多宝贵的修改建议，使章节体例更为科学合理。

在工作生涯里，特别要感谢我的前任领导亦是文物系的创办人李彦君先生，是他搭建了一个百花齐放和百家争鸣的平台，使得大家的智慧与学识能在学院里面总结和沉淀。十年来，更要感谢孔祥星、贾文熙、贾文超、何林、尚力、宋宝财、李臣、严裕国、曹洪、张小兵、都福宽、宫文武、陈玉泉、王森田、丁哲、鹿克虎、申晓旭、赵君、柏漫林等三十余位在院开课授课的老师们，是大家的智慧火花和经验的总结和传授，才使文物学院生息不止，人才辈出。

　　书稿完成之时，曾如释重负；书稿即将出版之际，却诚惶诚恐。受过史家"字字有根据，句句有来源"的训诰，总害怕出错，交稿之前仍在一而再地核对文字的出处和来源，对一些观点的论述我依然颇多不满意，深感不安。在这还要特别感谢我2013级的学生盛蒋琦和2014级学生滕子纯、霍泽行，他们在选择、核对和处理图片方面给了我不少的帮助。因教材的性质，书中所引用的部分观点未能完全一一注明出处，列入参考文献，一并表示感谢。限于本人的才疏学浅，书中纰漏之处定是不少，还望学界前辈和同仁给予批评和指正。